Johann Rist, Christian Flor

Neues musikalisches Seelenparadies, in sich begreifend, die allerfürtrefflichste Sprüche der heiligen Schrift

Johann Rist, Christian Flor

Neues musikalisches Seelenparadies, in sich begreifend, die allerfürtrefflichste Sprüche der heiligen Schrift

ISBN/EAN: 9783742899361

Hergestellt in Europa, USA, Kanada, Australien, Japan

Cover: Foto ©Lupo / pixelio.de

Manufactured and distributed by brebook publishing software (www.brebook.com)

Johann Rist, Christian Flor

Neues musikalisches Seelenparadies, in sich begreifend, die allerfürtrefflichste Sprüche der heiligen Schrift

Die allerfürtreflichste Sprüche der heiligen Schrifft/ Alten Testaments/

Jn gantz Lehr- und Trostreichen Liedeen und HertzensAndachten/ (welche so wol [a]uf bekante/ und in den Evangelischen Kirchen gewöhnliche/ alß auch gantz Neue/ von dem fürtreflichem Musico, Herren **Christian Flor**/ der Kirchen [z]u Sanct Lambrecht in Lüneburg/ wolbesteltem Organisten/ so künst- als lieblich- und andächtig gesetzete Melodien können gespielet und gesungen werden) richtig erklähret und abgefasset/

[Nu]nmehr aber/ zu Beförderung Göttliches und Fohrtpflantzung des heiligen und [seligma]chenden Wohrtes/ wie auch Wideraufrichtung [wieder] faß gantz zerfallenem Christenthumes/ an d[as] licht gebracht/ und mit einem dreifachen Reg[ister] oder Blattweiser hervor gegeben

von

Johann ###

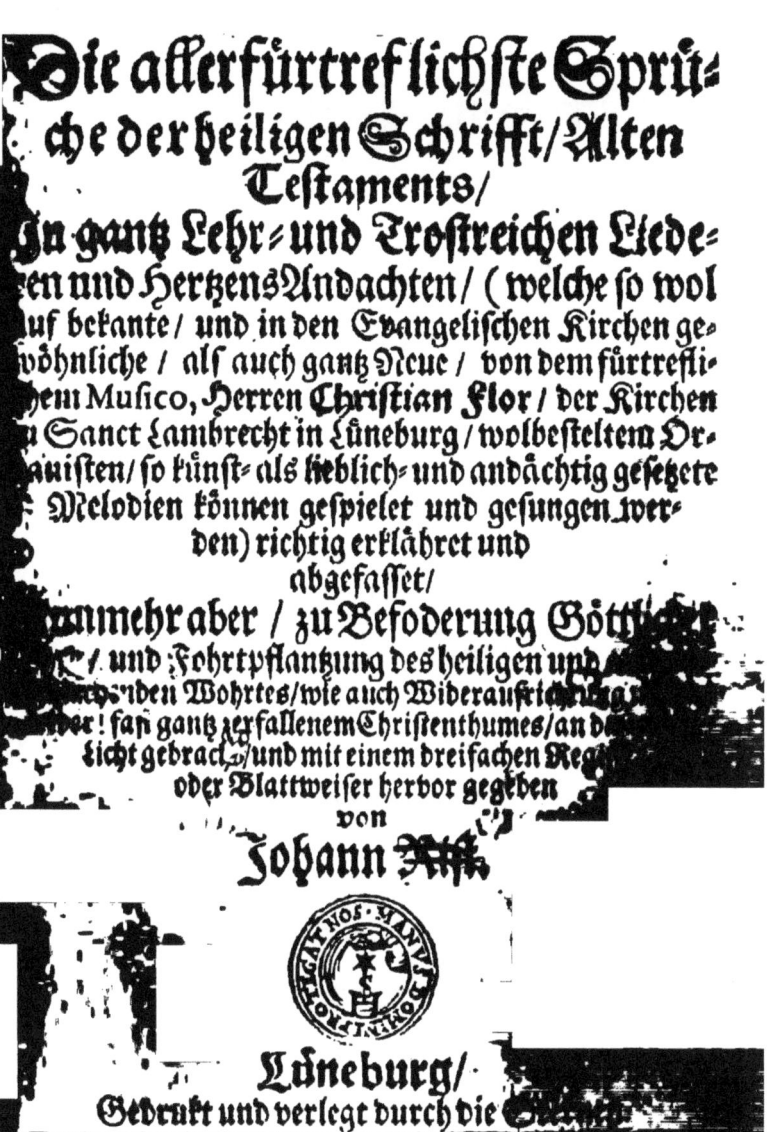

Lüneburg/
Gedrukt und verlegt durch die ###
M DC LX.

Dem Durchläuchtigsten / Gr
mächtigsten Fürsten und
Herren /

H. Johann Georg

dem Anderen /
Des Heil. Römischen Reic
Ertz Marschallen und KuhrFürste
Burggrafen zu Magdeburg / Hertzoge
Sachsen / Jülich / Kleve und Berg / Land
fen in Thüringen / MargGrafen zu Meis
Ober= und NiederLausnitz / Grafen zu d
Mark und Ravensberg / Herren
zu Ravenstein /

Meinem Gnädigsten Kuhrfürs
und Herren.

Durchläuchtigster/ Grosmächtigster Kuhrfürst/ Gnädigster Herr!

MAn liesset in den Römischen Geschichten/ von Einem fürtreflichem Bürger zu Rom/ Namens/ Julius Drusus Publicola, daß/ nachdeme derselbe ein staatliches Wohnhauß lassen bauen/ und solches von einem kunsterfahrnem Baumeister besichtiget worden/ hat diser zwahr die kostbahre Steine/ Holtz/ und alles andere/ waß zu Außführung besagten Pallastes gebrauchet worden/ nicht weinig gerühmet/ dagegen aber hat er auch dises zum höhesten getadelt/ daß das Gebäu also were verfertiget/ daß unterschiedliche / von des Publicola Nachbahren hinein sehen/ und fast alles/ waß im Hause vorgienge/ gantz kläßrlich konten bemerken. Diweil nun/ erwähnter Zimmermeister/ solches einen gahr zu grossen Mangel hielte/ und dabei gedachte/ Publicola nebenst Ihm/ eben derselben Meinung sein würde/ erbohte er sich gegen demselben / daß/ wen er sich nicht beschwehren würde/ nur fünf Talenta (machet unserer Müntze etwan dreitausend Kronen) daran zu wenden/ wolte er disen Fehler so kűnstlich verbesseren/ daß ins Künftige von al-

a ij

...nen Nachbahren / keiner mehr hinein
...en / noch das jenige / was im Hause ge=
...lt würde / anderen solte nachsagen kön=
...der / der tugendhafte Julius Publicola, gab
...Baumeister dise hochvernünftige unnd
...rühmliche Antwohrt: Mein Freund /
...wil dir nicht fünfe / sondern gan=
...hn Talenta / das ist / Sechstau=
...Krohnen geben / wen du mir mein
...also kanst bauen / Ja wen du es
...hr durchsichtig kanst machen / daß
...allein meine Nachbahren / son=
...auch die sämtliche Jnwohner di=
...ssen Statt Rom / ausdrüklich /
...d klahr können sehen / wie in mei=
...ause wird gelebet / ja daß sie alles
.../ was darin gehandelt wird / kön=
...ndig werden.   Sehr denkwürdig
... des Drusi Meinung unnd Antwohrt /
...ster Kuhrfürst und Herr / welche nicht al=
...m Römischen Baumeister ertheilet / son=
...uch / einem jedweden ehrlibenden Man=
... sich seines Thuns / Lebens und Wan=
...durchaus zu schämen nicht begehrt / zur
...folge ist verzeichnet worden. Den / so
... der Drusus sich hat gescheuet / einem
...den / seines Lebens und Wandels hal=
...echensch... Rede und Antwohrt zu ge=
...So weinig sollen aufrichtige Leute / ab=
...ich wir / die... im öffentlichem Lehr=
und

Augen zustellen / und also jedermänniglich kund und offenbahr zu machen. Und/warum wolten wir nicht zugeben / daß unsere Kirchen / Häuser und Studirstuben gleichsahm durchsichtig sein/oder/daß unsere Arbeit allen und jeden solte bekant werden/ da wir doch/ sowol für dem Angesichte Gottes / als auch der hohen Obrigkeit / und der gantzen Christlichen Kirche öffentlich müssen wandlen / daß jenige/waß unser Amt und Gebühr erheischet/ mit höhestem Fleisse und Treue außzurichten und zu vollenbringen? So sol demnach alles dasselbe / waß wir / die wir den Namen der Theologen oder Gottesgelehrten führē/durch unser Lehren/Dichten/Lesen und Schreiben bauen oder außfärtigen / also beschaffen sein/ daß wir es nicht allein den Gegenwärtigen / sondern auch den Zukünftigen und Abwesenden/ohne einige Furcht oder Scheu öffentlich für die Augen stellen/ja der gantzen Welt dörfen bekant machen. Den/ die Jenige/ welche das Licht zu meiden/und nur die Tunkelheit/ ja die verborgene Winkel zu suchen/ein sonderes Beliben tragen/sind ins gemein eines verkehrten und betrieglichen Gemühtes: Dagegen aber andere/welche sich heftig fürchten/im Finsteren zu wandelen / sintemahl sie ihres Hertzens Freude und Lust an dem Lichte haben/

a iij

Unterthänigste UberEignungsSchrifft.

...en / derer Seelen sind mit Aufrichtigkeit geschmükket / und sie / als offenhertzige Leute / tragen gantz und gahr keine Scheu/ ihre Meinung und Gedanken / allen und jeden getreulich zu offenbahren. Am allermeisten aber thun sie dasselbe in der Lehre und Bekäntnisse des Glaubens / welche also und dergestalt sol beschaffen sein / daß sie sich auch für den allergrimmigsten Tyrannen / Ich geschweige den / für einigen tadelsüchtigen Verläumdern/oder ohnmächtigen Lästerern/im geringsten nicht dörfen fürchten/ noch entsehen.

Diweil aber / Durchläuchtigster/ Großmächtigster Kuhrfürst / Gnädigster Herr / grosse und gewaltige Potentaten / eben diselbe schöne und helglänzende Lichter sind / welche Gott nach Seiner unbegreiflichen Weißheit/ an den grossen RegimentsHimmel hat gesetzet; So thun wir gahr recht und wol daran / daß wir dasJenige / was wir zu Beförderung der Ehre GOTTes / Erbauung Seiner Kirchen/ und Fohrtpflantzung des wahren Christenthums/ in unserem schwehren Amt und hochwichtigen Bedienungen haben außgearbeitet / von den Strahlen solcher helscheinenden Lichter / gnädigst lassen beleuchten / damit aller Welt/ so viel besser müge kund und offenbahr werden / das jenige / was wir durch Ingeben des heiligen Geistes bißhero gelehret / gedichtet/ geschrieben und gesungen.

Wen aber/ Eure Kuhrfürstliche Durchläuchtigkeit/ ohne eintzigen Zweifel und Wiederrede/

daß

daß allerhelleste Licht/ ja gleichsahm die Sonne ist/ unter allen Evangelischen Potentaten in Teütschland; So handlen diejenige nicht allein recht/ sondern meines Erachtens/ bezeigen sie sich auch vernünftig / welche ihre Arbeit/ Eurer Kuhrfürstlichen Durchläuchtigkeit helscheinendem Glantze unterthänigst darstellen/ damit/ wen sie von denselben wird bestrahlet/ daß Licht solcher nützlichen Schriften durch gantz Teütschland aufgebreitet/ und vermittelst dessen/ viele Seelen zum ewigen Leben gantz herrlich und kräftig mügen erleuchtet werden.

Und dises/ Grosmächtigster Kuhrfürst/ Gnädigster Herr/ vermeine Ich allein Uhrsache genug zu sein/ daß Euer Kuhrfürstlichen Durchläuchtigkeit/ Ich dises mein Neues Musikalisches Seelenparadiß/ in unterthänigster Demuht zuzueignen/ mich habe erkühnen / und deroselben herrlichen Glantz/ über dises mein geringfügiges Werk aller gehohrsamst erbitten dörfen. Ich könte zwahr fast unzehliche andere / theils auch hochwichtige Uhrsachen alhie beibringen/ die mich gahr stark/ auch schon fürlängst gereitzet und bewogen / mir Unwürdigen/ und meinen/ zwahr schlechtgültigen Schriften/ den allerwürdigsten Evangelischen Schutzherren / der im gantzen Römischen Reich bei diser Zeit zu finden/ unterthänigst zu erbitten. Ich könte hie weitläuffig anführen/ wie Eure Kuhrfürstliche Durchläuchtigkeit/ auf dem alten/ königlichen Teutschen Geschlechte der Wedekinden/ und seiner theuren Nachkömlin-

a iiij ge

ge (da gleichsahm immer ein Herkules auf den
anderen/ein Achilles auf den anderen/ein Hek=
tor auf den anderen / ein Ulysses auf den an=
deren gefolget) höchstrühmlichst entsproſ=
ſen: Wie ferner Eure Durchläuchtigkeit ein ſo
groſſer Potentat / auſ dem uhralten Sächſi=
ſchen Heldenhauſe/ darin Sie den unvergleichli=
chen Kuhrfürſten/weiland Johann Georgen den
Erſten und Groſſen / zu Ihrem Herren Vatter/
den AllerChriſtlichſten Chriſtian/den Erſten/ zum
Herren Groſvatter / den Allermildreichſten Au=
guſtum zum Herren Eltervatter/den AllerGott=
ſeligſten Henricum/ zum Herren Oberältervat=
ter / den Allertapferſten Albertum zum Herren
GroſElter vatter / und / daß Ichs kurtz ma=
che / die Allerruhmwürdigſten Helden zu Seinen
Anherren gehabt hat/ſei erzeuget und geboh=
ren. Damit es aber das Anſehen nicht gewin=
nen müge/als wen Eurer Kuhrfürſtlichen Durch=
läuchtigkeit gleich himliſche Tugenden und Ei=
genſchaften/ Ich von deroſelben Glorwürdig=
ſten Vorfahren wolte entlehnen; So könte Ich
in diſer unterthänigſter zuEignungs Schrift/
deroſelben eigene hohe Gaben und hochfürſt=
liche Qualitäten / welche ſo groſ und fürtref=
lich ſind/ daſ keines Redners Zunge/ noch ei=
nigen Dichters Feder / diſelbe zur Genüge
kan darſtellen/ohne alle Heuchelei gahr weit=
läuffig zu Papir ſetzen. Ich könte alhier /
Euer Durchläuchtigkeit hohen Verſtand/dē Sie
in den allerwichtigſten Regierungs Sachen/
nicht allein/ Ihre eigene/weitläufftige Lande
und

Unterthänigste UberEignungs Schrifft.

und Leute / sondern auch / daß gantze heilige/ Römische Reich betreffend/bißanhero so klärlich hat laſſen blikken / weitläuffig erheben/ und ohne einiges Libkosen/der gantzen Welt für die Augen ſtellen.

Ich könte hie mit guhtem Grunde der Wahrheit/jedermänniglich erzehlen (welches gleichwol faſt keinem Menschen der Welt/die jenige nur/welche keinen Verſtand haben/auß genommen/unwiſſend oder verborgë (wie daß Eure Kuhrfürſtliche Durchläuchtigkeit / in allerhand rühmlichen Künſten und Wiſſenſchafften / gahr hoch erfahren/in den allerherlichſten Geschichtbüchern / über die Mahſſe wol bewandert/und/demnach Sie von dem Allerhöheſten Gott/ auch mit einem ſehr treflichen Gedächtniſſe begabet / ſo wol die wichtigſte und merkenswürdigſte Händel/welche in denſelben Büchern enthalten / als auch Ihres eignen Kuhrfürſtlichen hohen Hauſes Uhrſprung / und deroſelben höchſtrühmlichſten Vorfahren und Annherrn lobwürdigſte Thaten und Vegrichtunge auswendig weiß zu erzehlen.

Ich könte auch diſes gahr füglich biß über die Wolken erheben / daß Sie mit Ihren hertzallerlibſten Herren Brüdern / und ſämtlichen Kuhr- und Fürſtlichen hohen Anverwandten / ſo friedlich / ſo liblich/ und ſo gahr einträchtig leben / daß Sie auch dadurch den allerherlichſten Segen / und das glükſeligſte Ergehen/ welches der groſſe Gott vom Himmel

erwähnen/ wie Sie in allen Jhren Fürstenthümern/Ländern und Herrschaften/Gericht und Gerechtigkeiten hegen / die Arme unnd Nohtleidende gerne hören / den Elenden und Bedrängten Jhre Kuhrfürstliche Ohren niemahlen verstopfen/die Fromme und Tugendlibende schützen und belohnen / die Böse und Lasterhafte aber ernstlich straffen: Wie Sie manches mahl / da Sie wol gahr grosse Uhrsache hetten zu zürnen/ und Jhren rechtmäsigen Eyfer über die Verbrecher auszuschütten/ Sich gleichwol der Sanftmuht befleissigen/ Ja/die Fürstliche Gestrengigkeit/ durch die Göttliche Tugend der Barmhertzigkeit/ vielmahls lassen überwinden: Wie Sie ferner Jhre Kuhrfürstliche Mildigkeit/ an fast unzehlichen beweisen/und vielmehr dahin trachten / daß Sie so wol Fremden als Jnheimischen guhtes thun / und diselbe Jhrer hochrühmlichen Mildigkeit lassen geniessen ; Als wie Sie viele Schätze und grossen Reichthum mügen samlen und zu wege bringen;

Wie Sie auch durch Gottes Gnade und Segen/Jhre weitläuffige Lande und Leute/ und in demselben so viele hundert tausend/ allerhand Standes Unterthanen / in so guhtem Friede/Ruhe und Sicherheit beherschen und

regie-

Unterthänigste UberEionungsSchrifft.

regieren / daß ein jeglicher unter seinem Weinstock und Feigenbaum/das ist/in seiner Wohnung / so wol auf dem Lande / als in den kleinen und grossen Stätten / stille und ruhig leben/schalten und walten / seinem GOtt ohne Furcht und Hindernisse dienen / sein tägliches Brod ausser aller Kriegesgefahr/mit Ehren erwerben / seinen Bissen mit Lust essen / und seinen Trunk mit Freuden kan geniessen: Da im Gegentheil wir unglükseelige Inwohner/ diser nunmehr fast biß auf den Grund verwühsteten Nordländer/Tag und Nacht/mit grausahmen Bluhtvergiessen / jämmerlicher Verheerunge/Plünderung/Rauben/Brennen und Schänden / so erschreklich werden geplaget/ daß unzehliche viel Menschen / durch das Schwehrt / Krankheiten/ Hunger / Schrekken/Sorgen/ und Traurigkeit dahin fallen/die übergebliebene aber den Tod zwahr embsig suchen / aber denselben so leicht und bald nicht können finden. O du glükseligstes Kuhrfürstenthum Sachsen/ und alle andere / Demselben inverleibte schöne Länder und Herrschafften/ Ihr könnet für die Seligkeit und das sondere Wolergehen / in welchem ihr euch unter der Regierung eures theuren / rechtgläubigen/ hochlöblichsten Kuhrfürsten befindet / dem grossen GOTT vom Himmel / nimmermehr gnugsahm danken / noch eurer unvergleichlichen/hohen Obrigkeit / alles das jenige / waß Sie an euch thut/würdiglich genug vergelten.
 Von disem allem / Durchläuchtigster/ Großmächtigster

Unterthänigste Uber Eignungs Schrifft.

mächtigster Kuhrfürst / Gnädigster Herr / könte Ich / wie bereits erwähnet / sehr weitläuffig alhie gedenken und rühmen / ja grosse Bücher davon schreiben. Diweil es aber alles ohne daß weltkündig / Ich mich auch selbiges geziemender massen außzuführen / viel zu schlecht erkenne; So sol mir / der Ich mich unterwunden habe / gegenwärtiges Buch Euer Kuhrfürstlichen Durchläuchtigkeit unterthänigst darzubiehten / Dises Einzige (welches gleichwol alles daß andere weit übertrifft) überflüssig genug sein / daß Eure Kuhrfürstliche Durchläuchtigkeit ein hertzlicher / ja recht eiferiger Liebhaber GOttes und Seines heiligen Wohrtes sind / daß Sie ein treufleissiger Hühter und Bewahrer der beiden Taffelen des Göttlichen Gesetzes / und dabenebenst ein ernstlicher Behter / die nicht allein im Hause Gottes / das Sie unnachlässig besuchen / und dadurch anderen ein sehr herliches und lobwürdiges Exempel geben / sondern auch in Ihrer Kuhrfürstlichen Kammer und Zimmern / Ihr andächtiges und inbrünstiges Gebeht / für dem Trohn des Allerhöhesten / eiferigst ausschütten / mit Wahrheit können genennet werden:

Und gleich / wie Sie unter allen Evangelischen Potentaten im gantzen / heiligen / Römischen Reich der allerberühmteste unnd fürnehmste; Also Sie auch allen anderen in der wahren Gottseligkeit und den allerschönsten Tugenden weit / weit vorgehē / und / wie die helscheinende Sonne unter allen Planeten / einen mehr alß Irdischen Glantz von sich geben.

Unterthänigste Übereignungsschrifft.

In fleissigster Betrachtung dises alles / gelanget an Eure Kuhrfürstliche Durchläuchtigkeit / meine unterthänigste Bitte / Sie wolle mir gnädigst erlauben / daß Diselbe Ich in gegenwärtiges mein Neues / Musikalisches Seelenparadiß demühtigst führen / und Ihr die allerschönste Bäume-Früchte und Gewächse / welche in dem edlen und fruchtbahrē Gahrten der heiligen Schrift / Alten Testaments / alß dem rechtē himlischen Eden gantz herlich sind gewachsen / in gehohrsamster Unterthänigkeit müge zeigen / und zu der allerhöhesten / innerlichen Erlustigung Ihrer edlen Seelen darbiehten.

Ja dises / Durchläuchtigster / Gnädigster Kuhrfürst und Herr / ist eben der wunderschönste Gahrte / in welchem Eure Durchläuchtigkeit fürlängst schon sind gewohnet / Ihren recht himlischen Geist / nach Ahrt des neuen und inwendigen Menschen kräftigst zu erquikken / dises ist und heisset daß Geistliche Paradiß in diser zergänglichen Welt / welches unß gleichsahm als im Spiegel / ja nur Schattenweise zeiget die Herligkeit und Vollenkommenheit des Paradises im anderen und ewigen Leben.

Dises ist daß rechte SeelenParadiß / in welches Eure Kuhrfürstliche Durchläuchtigkeit / von dero getreusten Lehrern und Seelsorgern / sonderlich von dero wolbesteltem OberHoff-Predigern und Beichtvatter / dem hocherleuchtetem / und von GOtt treflich begabtem Theologo, dem weltberühmtem Doctore Wellero,

Unterthänigste UberEignungs Schrifft.

ro, so getreulich werden geführet/ und mit lauter himlischen Früchten erlabet und begabet So wollen demnach Eure Kuhrfürstliche Durchläuchtigkeit gnädigst geruhen/ gegenwärtiges/ Mein Neues/ Musikalisches Seelenparadiß/ mit hohen Kuhrfürstlichen Gnaden/ von deroselben unterthänigsten Diener auf= und anzunehmen/ Mir meine/ diffals verübete grosse Kühnheit (welche sich gleichwol bloß auf Eurer Durchläuchtigkeit Gottesfurcht und unvergleichliche Tugenden/ beständigst hat gegründet) gnädigst zu gute haltē/ uñ nicht nur Mein/ sondern auch aller der liben Meinigen/ Gnädigster Kuhrfürst und Herr/ sein und verbleiben.

Der grosse Himmels Fürst Christus Jesus/ wolle Eure Kuhrfürstliche Durchläuchtigkeit/ samt deroselben Hertzhochgelibten Kuhrfürstlichem Gemahlins/ Jungen Kuhrprintzen/ und Kuhrprintzessinen/ wie auch gantzen höchstlöblichstem Kuhrfürstlichem Hause an Leibe und Seele mildiglich segne/ mit Seinem Geiste und Gnaden reichlich bei Jhnen wohnen/ Jhre Kuhr= und Fürstenthümer/ Länder und Herrschafften kräftiglich schützen/ allen Jhren Feinden steuren und wehren/ Eure Kuhrfürstliche Durchläuchtigkeit mit Gühteren und Ehren/ Gesundheit und langem Leben überflüssig erfülle und beseligen/ Schlieslich aber/ nach wolvollenbrachtem Lauffe/ mit der Krohn der ewigen Herligkeit/ prächtiglich zieren und ausschmükken/ welches alles auf dem innersten Grunde seiner Seelen wünschet

Euer Kuhrfürstlichen Durchläuchtigkeit

Geschrieben zu Wedel an der Elbe/ am Tage Luciä/ im 1659. Jahre.

Stetsschuldigster/ allergetreuster Fürbitter und unterthänigster/ Gehorsamster Diener

Johannes Rist.

Nützlicher und nohtwendiger
Vorbericht/

Worinn/ die eigentliche Uhrsachen des heutigen falschen Christenthumes / und des gottlosen Lebens und Wandels der also genanten Christen/ gründlich und klährlich der gantzen Welt für die Augen werden gestellet.

Christlicher und Gottergebener Leser:

Als im Anfange dises annoch lauffenden Eintausend/ Sechshundert/ und neun und funfzigsten Jahres/ Meine Neue Musikalische Kreutz-Trost- Lob- und DankSchüle durch den Druk an das ofne Licht gebracht ward/ da habe Ich in dem Vorberichte besagten Buches versprochen/ daß Ich ein Neues/ Gottseliges/ Musikalisches Zeit- und JahrBuch (worinn einem jedweden Christen / die rechte Ubung / welche Er das gantze Jahr durch/ und einen jeglichen Monaht über absonderlich treiben/ und wie Er Sich dadurch vieler himlischer und irdischer/ geistlicher und zeitlicher Wolthaten nützlich könte erinneren/ Gesangsweise / oder in gebundner Rede / ordentlich und ausführlich solte gezeiget werden) vermittelst Göttlicher Gnaden und Hülffe / wolte herauß kommen lassen. Dises mein Versprächen nun / hette Ich gahr gewisse und unfehlbahr werkstellig gemachet/ wen Mir nicht des geistreichen uñ hochgelehrten Nürenbergischen Theologen/ Herren Johann Dillherren/ sehr schönes Buch / daß fast auf eben einem solchen Schlag ist gerichtet/ und welches einen jedweden gahr nützlich und anmuhtig lehret/ wie Er die Zeitē des Jahres Christlich betrachten/ und einen jeglichen Monat erbaulich solle zubringen / were zu Gesichte kommen / wodurch Ich bewogen ward/ Meine schon zimlich weit fohrtgesetzete Arbeit widrum aufzuheben/ und an die Seite zu setzen/ damit Ich nicht/ wen Ich etwan in derselben fohrt führe / und Sie endlich für der Leute Augen kähme/ von der tadelsüchtigen Welt hören dörfte/ daß Ich mit eines anderen Kalbe gepflüget/ und des vorwolbesagten/ fürtreflichen Theologen/ Herren Dillherrens Erfindung Mich bedienet hette/ welches zu thun/ Mir gleichwol

Nützlicher und nohtwendiger Vorbericht.

wol nie in meinen Sinn / noch Gedanken kommen / alß der Ich es jederzeit / nicht nur für närrisch / sondern auch gahr verdächtlich und schimpflich gehalten / daß in mangel eignes Verstandes und nützlicher Erfindung / sich jemand dörfte erkühnen / mit fremden Federen sich zu schmükken / und gantz unverschämter weise / mit einer entlehneten Klugheit aufgezogen zu kommen. Hiebenebenst aber erinnerte Ich Mich nicht unbillig / Meines / durch Gottes Gnade schon längst gefasseten / starken Vorsatzes / und biß anhero angewendeter Bemühung / Kraft welcher Ich Mich unterstanden / die gantze Theologiam, oder die Lehre von Gott / in lauter erbaulichen Liedern zu begreiffen / und der Kirchen Gottes wolmeinentlich mitzutheilen / welcher Arbeit / Meines wissens / unter uns Teutschen / sich bishero noch niemand auf eine solche Ahrt und Weise unterstanden. Zu solchem Ende nun habe Ich anfänglich meine Himlische / und bald darauf meine Sonderbahre Lieder zu Papir gebracht / in welchen Ich die führnehmste Artikul und Haubtstükke unserer Christlichen Lehre / alß von Gott / den Engeln / deß Menschen Fall / auch dessen / durch Christum geschehene Erlösung / von der wahren Buhsse und Bekehrung / vom Gebeht und Anruffung Gottes / von wahrer Christlicher Demuht / Friedfärtigkeit / Libe / Sanftmuht / Freundligkeit / heiligem Leben und Wandel / Hoffnung / Gedult / Kampf und Kraft des Glaubens / von der Widdergebuhrt und der wahren Erneurung / nach dem inwendigen Menschen / von der Ruhe der Seelen / vom seligem Abscheide auß disem vergänglichem Leben / von der Auferstehung des Fleisches / und dem / bald darauf folgendem grossen Gerichtstage / von der höllischen Pein und Quahl der Verdamten / und den schließlich / von der unaußsprächlichen Freude und Herligkeit der Kinder Gottes im anderen und ewigen Leben / allen Christlichen und Gottergebenen Hertzen habe fürgestellet / welche Lieder den auch mancher frommen / und den HErren Jesum inniglich libenden Seelen / ohne einigen eitlen Ruhm alhie zu erwähnen / gahr lib und angenehm sind gewesen.

Als Ich nun sattsahm verspühret / daß Ich die Erstlinge meiner Arbeit in dem HErren / nicht vergeblich angewendet / habe Ich auch die Sontägliche Evangelien für Mich genommen / und / nachdeme Ich den rechten Kern und Saft auß denselben herfür gesuchet / habe Ich solche ebenmässig in erbauliche Lieder gebracht / wie Ich den auch bald hernach meine FestAndachten auf dergleichen Ahrt heraus gegeben /

welche

Nützlicher und nohtwendiger Vorbericht.

welche sahmentlich an vielen Ohrten Teutschlandes nützlich gebrauchet / theils auch in etlichen Kirchen gesungen / und sonst zu fernerer Erbauung/unseres/nunmehr fast zu Grunde gerichteten Christenthumes/ ja so fleissig/ als nützlich/von vilen Gottliebenden bishero sind gelesen/ gebehtet/ gesungen *gespielet/ wie Sie den auch täglich (Gott sei hoch dafür *bet). noch immer mehr und mehr / unseren Teutschen bekant/ und von denselben nicht weinig geliebet / auch wol über ihren Wehrt und Verdienst gerühmet werden.

Als Ich Mich aber noch ferner lies bedünken / daß es nicht allein hochnöhtig / sondern auch sehr nützlich sein würde / wen Ich die Christliche Kinderlehre / welche nach der Griechischen Sprache der Katechismus wird genennet/ für Mich nehme/den rechten Saft herauß zöge/ und selbiges/ wie mit den Sontäglichen und Fest=Evangelien geschehen/in verständliche Lieder brächte/ habe Ich im Namen Gottes/ Mich abermahl diser Arbeit unternommen/ und nicht allein meine Musikalische Andacht über den Katechismum/sondern auch über die Hauß=Taffel/ der Kirchen Gottes mitgetheilet/und/ damit ja ferner/ und gleichsahm zum Uberfluß/ ein jedweder/ der den hohen Namen eines Christen/ mit recht zu führen begehret / eigentlich wissen könne / wie er nicht allein das/was ein Stand/ Amt und Gebühr erfoderen/ recht außüben / sondern auch / wie er in solchem seinem Stande und Beruff zu dem leben/ getreuen Gott und Vatter im Himmel recht seufzen und behten solle; So habe Ich demselben eine Altägliche Haußmusik fürgeschriben / welche deß Morgens / Mittages und Abends hochnützlich kan gebrauchet/auch/wie meine andere schlechte Schrifften/zur Verbesserung des falschē Christenthumes/ und Ernewrung deß inwendigen Menschen/ ersprießlich angewendet werden.

Nachdeme Ich aber zu meinem grossen Hertzeleid / immer mehr und mehr sehen und spühren müssen/ daß die Menschenkinder auf das eitle Weltwesen/ dermahssen verpechet sind / daß sie vielmahls des ewigen Schöpfers darüber gantz und gahr vergessen/und/wen sie nur in disem Leben Geld und Guht/ Freude und Wollust/ Ehre und Herligkeit zur Genüge ihnen haben / sich um daß Ewige gantz und gahr nichts bekümmeren / vermittelst solcher ihrer Sicherheit aber / schleunigst in den Pfuhl fahren/ der mit Feur und Schwefel brennet; So habe Ich abermahl meines Amtes Mich erinnerend/ viele Seelen der verführten Menschen zu retten/ ihnen die

Nutzlicher und nohtwendiger Vorbericht.

verschmähete Eitelkeit/ und die verlangte Ewigkeit/ in unterschiedlichen/ erbaulichen See engesprächen/ unlängst fürstellen wollen / der guhten Hoffnung gelebend/ daß noch etliche/ in deme sie dieses Büchlein mit rechtschaffener Hertzens-Andacht lesen / von dem bösen und falschen Wege wider zu rükke kehren/ und zu Gott/ dem Allerhöhesten Guhte sich werden leiten und führen lassen /welches Ich von gantzer Seele wil gewünschet/ und den liben Himlischen Vatter / inniglich deswegen ersuchet und angeruffen haben.

Wen Ich aber ferner befunden/ daß es mit unserem verderbtem Fleisch und Bluht also beschaffen / daß / wen Kreutz und Trübsahl daßelbe überfält/ wir uns als den gahr schwehrlich darin schikken/ noch als getreue/ und behertzte Ritter Jesu Christi/ nicht Stand halten können; So habe Ich solcher grossen Schwachheit/ nach meinem weinigen Vermügen/ abermahl gern zu Hülffe kommen/ und vermittelst meiner Musikalischen Kreutz-Trost-Lob- und Dank- Schuhle / alle meine libe KreutzBrüder und KreutzSchwesteren richtig unterweisen wollen / wie sie in ihren schwehresten Nöhten und Anfechtungen zu Gott schreien/ waß sie für Hülffe und Trost von dem Vatter aller Barmhertzigkeit zu gewahrten / und wie sie sich endlich nach erhaltener Erlösung und Befreiung sein schikken / und dankbahr gegen Gott sollen verhalten oder erweisen.

Ob nun wol mancher Gottlibender hierauf bei sich selber gedenken / auch wol öffentlich sagen möchte / daß in obgedachten / wie auch in noch anderen meinen Theologischen Schrifften und Bücheren (derer nunmehr zimlich viel durch Gottes Gnade heraus/ und an das Licht kommen) alle Stükke unserer Christlichen Lehre nohtwendig verfasset sein müsten/ und/ daß man nach Herfürgebung so vieler hundert Gottseliger Lieder / bileicht keiner anderen bedürfte ; So lasse Ich Mich doch gleichwol bedünken/ daß zu wieder Erbauung und Aufrichtung unseres leider! nunmehr so jämmerlich verwühsteten Christenthumes/ noch viel ein mehreres nöhtig sei/ und daß dem fast verzweifelten Schaden Josephs noch ferner / so viel nur imer menschlich und müglich/ müsse geholffen werde.

Es haben zwahr unterschiedliche Theologi und fürtrefliche Gottesgelehrte/ freundlichst von mir begehret/ und Mich Brüderlich ermahnet/ daß Ich auch etliche von den fürnehmsten Patribus oder alten Kirchenlehreren für die Hand nehmen/ und das jenige / waß Ich für das nützlichste und erbaulichste

Nützlicher und nohtwendiger Vorbericht.

lichste in deroselben Schriften hielte/ herauß ziehen/ und in andächtige Lieder möchte verfassen/ angesehen diselbe viel leichter/ auch mit grösserer Lust/ als die ungebundene schwehre Texte/ von den Ihren/ sonderlich aber von dem gemeinen Mann könten behalten/ folgends auch besser außgeübet werden. Nun muß Ich zwar wol bekennen/ daß/ wen man die Patres oder alte Kirchenlehrer (welcher fürtrefliche Bücher und Schrifften/ die Ich/ ohne Ruhm zu melden/ mit so grossem Fleiß gelesen/ und so viel nützliches Dinges dabei gezeichnet hatte/ von etlichen meinen/ also genanten/ lieben *atribus* in Christo/ den Herren Feldpredigern/ bei der ersten Aufpländerung/ Mir nebenst vielen anderen fürtreflichen Theologischen Büchern/ worunter auch des Herren Lutheri Wittenbergische und Jenische Tomi alle/ mit hinweg geraubet worden) auff eine solche Ahrt für sich nehme/ und das Allernützlichste so darinn enthalten/ auß der Griechischen oder Lateinischen Sprache/ in wolklingende/ Saft- und Kraft habende Teutsche Lieder übersetzete/ Solches eine herliche/ und der Kirchen Gottes hochdienliche Arbeit sein würde; Ich habe aber der Sachen etwas weiter nachgedacht/ und befinde/ fürs Erste noch viel nöhtiger zu sein/ daß man die allerfürnehmste/ Lehr- und Trostreichste Sprüche der gantzen heiligen Schrift/ als der rechten Brunnquelle Israelis/ zur Hand nehme/ und deroselben eigentlichen Verstand/ Kraft und Nachdruk in solche Lieder verfasse/ welche von jederman gesungen/ verstanden und in den Saft eines rechtschaffenen/ Christlichen Lebens und Wandels können gebracht und verwandelt werden. Ich kan zwahr nicht läugnen/ daß viele/ ja fast alle Biblische Sprüche/ von manchem gelehrten Mann/ fleissig genug erkläret/ und in deroselben Postillen und Büchern (gleichwol nur in ungebundener Rede) fast häuffig sind zu finden: Alleine/ Ich habe auch gespühret/ daß die meisten Außleger/ in solchen ihren Schrifften und Bücheren/ oft mehr auf weitläuffige Erklährung/ zierliche/ und mit vielen weltlichen Geschichten unnd Gedichten angefüllete Reden/ anmuhtige Gleichnüsse/ theils auch wol auf verwirrete Gedanken/ Disputationes und Zänkereien/ alß auf die wahre Wiedergeburt und Erneurung des alten Menschen in Christo Jesu haben gesehen/ zu geschweigen/ daß solche und dergleichen weitläuffige Erklährunge/ dem gemeinem Manne nicht weiniger verdrießlich fallen zu lesen/ oder zu hören/ als beschwehrlich/ ja fast unmüglich/ alles auf demselben zu fassen und recht zu behalten.   b ij   Damit

Nützlicher und nohtwendiger Vorbericht.

Damit nun disem / so viel immer thunlich / auch gerahten / und manches einfältigen Menschen Beforderung zur Seligkeit höchstfleissigst müge beachtet werden; So habe Ich bei diser Zeit / da wir unter den allerhärtigsten Kriegesflammen leider! annoch leben und schweben müssen / die Christliche Seelen / in den überauß schönen Paradiß Gahrten der heiligen / Göttlichen Schrift führen / und ihnen in demselben die allerlieblichste / prächtigste und köstlichste Früchte und Blühmelein weisen mögen / derer sie sich beides zu diesem zeitlichen / als auch dem anderen und ewigen Leben sehr ersprießlich bedienen und der allerhöhesten Glükseligkeit dadurch können theilhaft werden. Zu dem Ende nun / habe Ich erstlich die rechte Kern Sprüche / auß dem Alten Testament / fürnehmlich aber auß den Psalmen und Propheten herfür suchen / und die wahre Kraft derselben / wie solche nach dem inwendigen und neuen Menschen eigentlich muß gebrauchet werden / allen den jenigen / welche nach der wahren Gerechtigkeit / so für GOtt gilt / einen rechtschaffenen Hunger und Durst haben / kläbrlich wollen zeigen / der guhten Zuversicht gelebend / der grosse Gott vom Himmel / als zu welches Lob und Ehren dise Lieder fürnehmlich sind aufgesetzet / Sein gnädiges Gedeien werde geben / und verleihen / daß vieler Menschen Seelen ewige Seligkeit dadurch befodert / für allen aber / Sein heiligster Name müge hoch gehalten / gerühmet und gepriesen werden / das wollest du uns allen gönnen und geben / O du lieber / getreuer / himlischer Vatter / um solches deines heiligsten und theuresten Namens willen / Amen.

Hie solte Ich nun noch ferner von der unümgänglichen Nohtwendigkeit reden / welche Mich / dise Arbeit für die Hand zu nehmen / gleichsahm hat gezwungen / und solches zwahr müchte wol zimlich weitläuffig und außführlich geschehen / Ich wil aber / damit Ich den Christlichen Leser nicht gahr zu lange aufhalte / Mich auf dises mahl / so viel immer müglich / der Kürtze befleissen / und nur nachfolgendes / hochnohtwendiges erinneren.

Es ist / oder sol ja zum weinigsten / allen und jettweden Christen bewust sein / daß das wahre Christenthum eigentlich bestehe in disen zweien Stükken / nemlich im Recht glauben / und in Wol leben / von beiden wird sehr nöhtig sein / etwas weiniges zu erinneren.

Betreffend den Glauben / so müssen alle gottselige Christē nebenst mir bekeñen / daß wir denselbē in unseren Evangelischē

Kirchen

Nützlicher und nohtwendiger Vorbericht.

Kirchen (Gott lob) so guht und tauglich haben/ daß auch ein jedweder/ der benselben recht hat gefasset/ und/ dessen schöne/ nützliche und nohtwendige Früchte/ würklich herfür bringet/ oder klährlich lässet schauen/ dadurch ewig gerecht und selig kan werdē. Und/ wolte/ wolte Gott/ daß unserer Evangelischen Leben und Wandel/ nur den zehnden Theil so guht/ so rein/ so Christlich und rühmlich/ als ihr Glaube und Bekäntnisse möchte erfunden werden! Ach/ libe Christen/ am Glauben fehlet es uns nicht/ aber es fehlet leider! gahr zu sehr am Christlichem Leben und Wandel. Daher pflag der weiland gottstreicher und hochgelehrter Herr Josua Stegmann/ Mein/ in Gott selig ruhender hochgelibter Herr Præceptor oft zu sagē: Wir Evangelische haben einē recht güldenen Glaubē/ aber wir führen dabei ein bleiernes Leben/ und müssen uns hertzlich schämen/ wen wir sehen/ daß die jenige/ welcher Religion mit so vielen Jrthümeren und Aberglaubē ist beschmitzet/ in ihrem Tuhn und Wandel viel Gottseliger/ und eifriger/ als unsere Evangelische sich bezeigen. Gleichwol wil Ich das nicht eben sagen noch behaubten/ alß sei unser Evangelischer Glaube/ oder die Lehre von allen desselben Artikuln/ so vollenkommen/ daß gantz und gahr keine Fehler darin zu finden. Den/ sage mir doch mein liber Christ/ wo findet man wol etwas unter der Sonnen/ daß nicht seine Mängel hette/ bevorauß da der eitle Mensch daß Unrecht in sich säuft/ wie Wasser? Wir Evangelische wollen zwahr/ so viel unsern Glauben und Religion antrift/ in allen Artikuln und Stükken desselben/ gantz und gahr rein/ ja durchauß ohne Mangel sein; Aber es scheinet/ daß es uns fast gehe/ wie ehmals den Juden/ welche alle ihre Propheten gantz freventlich lügen straffeten/ ja diselben auf das äuserste verfolgeten/ wen sie ihnen die gahr grosse Fehler/ die sich in ihrer Jüdischen Religion befunden/ Sonnenklahr für die Augen stelleten/ und den scheinheiligen Priestern ihre Heuchellehre/ auf einem recht Prophetischen Eyfer zu erkennen gaben. Den/ so weinig die Juden konten leiden/ daß ihnen die Propheten die Wahrheit predigten; So weinig wollen es auch unsere Evangelische/ als welche nur immer mit den Juden ruffen: Hîc Templum Domini, Hîc Templum Domini, hier ist des Herren Tempel/ wir sind das auserwehlte Volk und Heiligthum Gottes/ wir sind guht Evangelisch/ guht Lutherisch/ gestatten/ daß man sie einiges/ auch nur des allergeringsten Jrthumes beschüldige/ gerade/ als wen wir gahr keine gebrechli-

b iij   che

Nützlicher und nohtwendiger Unterricht.

che Menschen / sondern lauter heilige Engel weren/ und dahero komt es/ daß sie offtmahls / so gahr leicht/ und ohne einiges Nachdenken/ alle diejenige/ welche etwan in etlichen Punkten/einer anderen Meinung sind/ sie mügen auch heissen wie sie wollen/verketzeren/verdammen/ ja wol gahr dem leidigen Teufel übergeben. Daß aber dasselbe Christlich und wol gethan sei/ kan Ich trauen in meinem Gewissen nicht allerdinges befinden/ zumahlen mir stets zu meinen Gedanken schweben die wichtige Ermahnungswohrte des heiligen Geistes Kraft welcher Er uns treulich lehret und unterrichtet / Daß einer den andern in der Liebe solle vertragen / biß daß wir alle kommen zu vollenkommener Erkäntniße / welche schöne Wohrte uns zweier Stükke erinneren/ daß wir nemlich in disem Leben der Göttlichen Dinge (worunter ja fürnehmlich der Christliche Glaube gehöret) vollenkommene Erkäntnisse nicht so vollenkömlich haben/ sondern noch erstlich dazu kommen sollen / und/ daß wir eben deswegen/einer den andern in der Libe sollen dulden/ oder vertragen. Ob nun aber dise heisse/seinen Nehesten in der Libe vertragen/ wen einer den andern unchristlicher weise schilt/ schmähet/ richtet/ verdammet/ verketzert/ dem Teufel übergibet / und in Summa/ alle Christliche Libe/ Freundligkeit und Sanftmuht an die Seite setzet/davon wil ich alle vernünftige und unparteiische Christen-leute lassen urtheilen. Und zwahr/ dises aufketzeren und verdammen geschiehet nicht allein gegen denjenigen/ welche in GlaubensSachen guhter mahßen von uns abgesondert leben/ also/ daß sich einer zu diser/ der ander/zu einer andere Meinung öffentlich bekennet; Sondern wir/ die wir uns für allen anderen/ die rechte Evangelische Christen nennen/ verdamen und verketzeren uns unter einander selber/ so greulich und abscheulich/ daß manchem frommen Christen/ der solches höret und lieset/ die Hahre darüber mügen zu Berge stehen/ wie hievon so viele berühmte/ Hohe/ und andere Schulen/in unserem algemeinen Vatterlande / so viele unzehliche Bücher und Schriften / ja unser gantzes Teutschland klar und offenbahr genug können zeugen. Heisset aber daß den Friede nachgejaget? Heisset daß einer den andern in der Libe vertragen ? Heisset daß/ des HErren Jesu Christi Sinn haben ? O des elenden/ O des falschen/ O des nichtigen/ des heuchlerischen Christenthumes! Es ermahnet zwahr der heilige Geist alle Christen gantz ernstlich / daß sie nicht eitler Ehre gierig sein sollen: Ob aber der verfluchte Ehrgeitz/

Nützlicher und nohtwendiger Vorbericht.

ses Katzbalgen/ unter uns Evangelischen/ guhten Theils nicht veruhrsache/ und einen solchen grausahmen Lärmen oft in unseren Kirchen anstifte/ müchte Ich wol unterrichtet sein. Jedoch es darf hieran kein vernünftiger Mensch zweifelen/ die Erfahrung bezeuget leider! Alles gahr zu überflüssig. Ein Theologus/ oder Gottesgelehrter/ ob er gleich noch so Christlich lebet / und wen er schon in heiliger Schrift/ wie auch in den Büchern der heiligen Altväter noch so treflich ist erfahren/ wird heute zu Tage/ fast nirgends wofür geachtet/ dafern er nicht einen Strenuum Disputatorem, das ist/ einen heftigen Zänker und eifrigen Katzbalger gibet. Das Disputiren/ ist nunmehr schier die meiste Arbeit unserer Evangelischen/ (gleichwol/ Gott lob/ nicht aller) Theologen. Solte einer alle die Sophistische Disputationes (von nohtwendigen / nützlichen und erbaulichen/ wil Ich alhie nichtes geredet haben) auf einem Hauffen sehen/ welche nur ein einziges Jahr über/ auf den hohen und niedrigen Schuhlen in Teutschland werden gehalten/ Ich weiß gewisse/ er würde dafür erschrekken/ zweifele aber sehr dabei/ ob durch alle dise Zänkerei/ auch nur eine einzige ChristenSeele könne zum Himmel gebracht werden? Wozu nützet den gleichwol das viele Disputiren/ möchte jemand fragen? Dazu dienet es fürnehmlich/ das ein streitiger Punkt auf dem anderen/ ein Zänkerei/ auf der anderen/ ein Krieg auf dem anderen entstehet / wodurch viel tausend Menschen geärgert/ gleichwol der jenige/ so den anderen (wie man pflegt zu sagen) in den Sak gestekket / und mit seinem Disputiren die Oberhand und den Sieg behalten/ für einen tapfern Kämpfer und hochgelehrten Theologum/ von den jenigen/ welche seiner Meinung sind/ wird gehalten und ausgeruffen/ für welcher Eitelkeit jedoch ein rechtschaffener Christ einen Greuel und Abscheu haben/ und tausend mahl liber/ ein einfältiger frommer Christ / als ein solcher hochtrabender/ zanksüchtiger Disputator solte genennet werden.

Was meine Person betrift/ so muß Ich frei bekennen/ daß Ich weder in Gottes Wohrt/ noch in einigem andern Buche/ das mit der heiligen Schrift recht überein kommet / bishero habe finden können/ das Gott / als ein Gott der libe und des Friedens / an solcher Zänkerei / an solchem Verketzeren und Verdammen ein Wolgefallen solte haben oder tragen/ zumahlen der Geist Gottes ja ausdrüklich bezeuget / das man die Kinder Gottes dabei sol erkennen / wen sie sich nach dem neuen Gebohte unseres Seligmachers Jesu Christi / unter einan-

Nützlicher und nohtwendiger Vorbericht.

einander hertzlich lieben / wie davon der theure Lehrer Herr Johann Arnds / in seinen güldnen Büchern / sehr Geistreich und Außführlich hat geschrieben. Halte derowegen gäntzlich dafür: Daß ein Christ nicht besser tuhe / als daß er sich solcher unnützen Geschwätze so viel thunlich enthalte / und daß unnöhtige Zanken / so viel immer menschlich und müglich ist / meide / Im übrigen aber / wen ein Liebhaber des Friedens / für solchen Zänkeren und Disputirköpfen / gantz und gahr keine Ruhe kan haben / so dünket Mich nichtes besser noch zuträglicher sein / alß daß er ihnen anfänglich aufs allerfreundlichste und bescheidenlichste / und / wen solches ja nicht helffen wil / nur etwas schimpflich antwohrte / und solche Sachen auf die Bahn bringe / welche zu behaubten / unmüglich scheinen / ja / von welchen er selber / daß sie wahr sein solten / nimmermehr geglaubet / wie Ich den oft / wen man Mich schier mit Gewalt / zu liederlichem / ja auch wol unnützem oder ärgerlichem Disputiren hat nöhtigen / und gleichsahm bei den Hahren ziehen wollen / Mich dises Anschlages gebrauchet / und manchen Zänker / der sich sonst mit der Güthe nicht wolte gewinnen lassen / dadurch Schaamroht gemachet habe. Als etwan für einem Jahre / in einer grossen und fürnehmen Statt / im Namen / und von wegen Eines hochweisen Rahts derselben / zweene hochgelehrte Abgeordente / an meinen Gnädigsten Fürsten und Herren wurden geschikket / Ihre Fürstliche Durchläuchtigkeit unterthänigst wilkommē zu heissen / und deroselben ein ansehnliches præsent zu überreichen / und den / vorhochbesagte Ihre Fürstliche Durchläuchtigkeit / Mir / als deroselben unwürdigsten Diener / Gnädigst Befehl gab / wolgedachte Herren Abgeordente / mit ihren Geschenken / im Namen / und von wegen Ihrer Durchläuchtigkeit zu empfangen / und ihre Rede gebührlich zu beantwohrten; Geschahe es / daß / nachdem wir die Curialien oder Hofegebräuche / Beiderseits hatten abgeleget / Ihre Fürstl. Durchläuchtigkeit Selber herfür kahm / die Herren Abgesandte gnädigst wilkommen hieß / Sie zur Taffel führen ließ / und allerhand hochvernünftige Gespräche mit ihnen hielte / da den der eine von den beiden Herren Deputirten / alß ein feiner sittsahmer Mann zwahr weinig redete / auf dasjenige aber / was gefragt ward / gahr bescheidentlich und vernünftig antwohrtete / welches auch hernach sonderlich an ihn ward gerühmet. Dem anderen aber ergieng es fast wie jennem / dessen im Büchlein Hiobs wird erwähnet: Den / wolbesagter Herr / so scharf und nachdenklich von Theo-
logischen

Nützlicher und nohtwendiger Vorbericht.

logischen Sachen zu disputiren anfieng / daß es ein Wunter war / von einem Rechtsgelehrten / so vile hochwichtige Reden auf der heiligen Schrift zu höhren / welches in Wahrheit gahr hoch were zu rühmen gewesen / wen es mit sanftmühtigem Geiste geschehen were. Es war aber wolgedachter Herr / absonderlich / auf etliche hocherleuchtete und grosse Theologen (die Ich / umme Friedens willen / nicht wil nennen) zum heftigsten verbittert / und diweil mein Gnädigster Fürst und Herr / ein sonderbahres / gnädiges Beliben daran trug / daß Ich Mich mit mehrwolgedachtem Herren Abgeordentem (den Ich fürwahr sonst für einen recht grundgelehrten Mann halte / und im allerweinigsten nicht verachte) in ein Gespräche inliesse / Ich aber sattsahm verspührete / daß die Affecten oder Neigungen bei demselben Herren vileicht etwas gahr zu viel verscheten / und daß er auf daß jenige / was Ich Discursweise vorbrachte / vielmehr eifrig und hitzig / als vernünftig antwohrtete / in deme solche fürtrefliche und grosse Männer / disem Herren so greuliche / grosse Schwärmer und Ketzer sein mußten; So ließ Ich Mich bedünken / daß es eben der Mühe nicht wehrt were / auf solche Ungestühmigkeit / mit vernünftigen Schluß Reden / nach der Disputirkunst viel zu antwohrten / fieng derowegen an / etliche Paradoxa, ja fast ungereimte / auf mehrbesagter Theologen wolgegründeten Sätzen / schier Sophistischer weise erzwungene Meinungen auf die Bahn zu bringen / Mich stellend / als wen Ich solche Absurda für eine lautere Wahrheit hielte / da Ich sie doch niemahlen geglaubet / auch in Ewigkeit nicht glauben werde / nur wolte Ich hiemit beweisen / daß man solchen heftigen Leuten / die so grosse Lust zu Zank und Wiederwärtigkeit haben / sonderlich / wen sie zu zeiten theure / und um die Kirche GOttes hochverdiente Männer / gahr zu hart angreiffen / und deroselben wolgemeinte Schriften mißdeuten / nicht besser begegnen könne / als wen man sie nur fein sittsahm / und gleichsahm unvermerkt / auf ungereimte Sachen führe / und sie dadurch in ihrem hitzigen disputiren / ein weinig aufhalte / oder auch wol etwas Schahmroht mache. Gleichwol vernehm Ich / daß meine damahlige Wiederpart / sich nach der Zeit / bei fürnehmer Geselschaft solle berühmet haben / er hette Mich mit seinem Disputiren / dermahßen ingetriben / daß Ich endlich gantz ungereimte Sachen hette statuiren und guht heissen müssen. Aber / es scheinet / der libe Herr habe bei weitem noch nicht gemerket / wohin meine damahlige Discursen zieleten / welches

b b gleich-

Nützlicher und nohtwendiger Vorbericht.

gleichwol meinem Gnädigsten Fürsten und Herren / als einem hocherleuchtetem Gemühte unverborgen gewesen. Ich habe Mich ja mit Barbara und Celarent / mit Datisi und Ferison / schon für länger alß dreissig Jahren zu behelffen wissen/ darum einer nur sicherlich mag glauben/ daß wen Ich so grosse Lust mit jemand zu zanken hatte/ als bei disen Zeiten viele MaulChristen wol haben/ Ich wolte ihn/ mit allen seinen Schlußreden / (welche er Mir nohtwendig auf lauter Absurdis oder ungereimten Dingen formiren oder vorbringen solte und müste) bald gahr über einen Hauffen werffen. Unterdessen wünsche Ich von Grund meiner Seelen/ daß alle Zanklibende/ ihr/ Theils unnöhtiges/ theils unnützes disputiren endlich fahren lassen/ und sich dagegen eifrigst mügen bemühen/ so viele unbußfärtige/ böse Menschen/ zufoberst aber sich selber zu bekehren / und dem Teufel auf dem Rachen zu reissen/ welches (wie ein rechtgeschaffener/ Gottseliger/ und zugleich hochgelehrter Theologus davon pflegt zu urtheilen) viel ehe / und leichter durch ein einziges Geistreiches und Hertzdruchdringendes Lied / als ein gantzes Fuder bitterer StreitSchriften / kan oder mag geschehen/ und zu wegen gebracht werden/ solte Mir demnach nichtes liebers sein zu vernehmen/ als wen man allen Unchristlichen Neid / Haß und Widerwärtigkeit fahren liesse und an die Seite setzete/ dagegen aber/ in hertzlicher/ ungefärbter Libe/ Friede und Einigkeit mit einander lebete/ daß einer des andern Last trüge/ und ein jedweder sich bemühete/ daß er dem anderen/ mit Freundigkeit/ Sanftmuht/ Demuht und Ehrerbietung müchte zuvor kommen/ den solches würde klährlich bezeugen/ daß wir den rechten wahren und seligmachenden Glauben hetten/ Intemahl sich so schöne Früchte desselben sehen liessen / an welchem ja bloß und allein/ nach Christus Außage die Güthe des Baumes zu erkennen. Ach! wolte/ wolte Gott/ daß man nach der Ermahnung des hocherläuchteten Apostels Pauli/ in der 2. Epistel an die Thessalonicher am 2./ Sich der thörichten und unnützen Fragen/ die nur eitel Zank gebehren/ endlich einmahl müchte entschlagen! Man hat ja leider! so lange disputiret/ Es hat ja leider! einer den anderen/ so lange verketzert/ verdammet und verfolget / daß Teutschland drüber fast gahr zu Grunde und Bodem gangen/ und/ ob sich es schon ein wenig widrum hatte erhohlet / so scheinet es doch/ daß diser letzte Krieg viel ärger/ schädlicher und verderblicher/ als der Erste sein werde. O/ wie were es so hohe Zeit/ daß die Hertzen

Nützlicher und nohtwendiger Vorbericht.

Der Christen/ welche der Religionen Unterscheid so grausahmlich gegen einander hat verbittert / ja sie gleichsahm in zwo Stücke gerissen/ unnachläßig geheilet/ und durch Friedliebende/ sanftmühtige Personen/ bald widrum mit einander müchten ergäntzet und bereiniget werden! Ja dahin solte alles W/ Lehren, Streiten, disputiren und Bücher-Schreiben / des en / Nur dises solte unsere allergrösseste Lust sein / daß ann nach dem neuen Gebohte unseres getreusten Seligmachers und wir unter einander von Hertzen liebeten / und dadurch / daß wir unseres HErren JEsu Christi / warhafte und rechte Jünger weren / der gantzen Welt erwiesen und darthäten. Aber / wer darf sich nur einmahl recht erkühnen/ von solcher Christlichen und gründlichen Versöhnung unter den Christen/ einen Vorschlag zu thun? Da würde es bald heissen: Sehet/ da haben wir abermahl ein neuen Syncretisten/ hinweg mit dem Syncretismo (sagte jenner/ auf einem/ vileicht gahr zu unzeitigem Eyfer) Syncretisten die böse Christen / sind weder kalt noch warm / sondern lau/ darumb wird sie auch Gott der HErr auf seinem Munde speien. Aber/ höret doch/ ihr Zänker und Stänker / meinet ihr den/ daß man durch eine solche gahr zu grosse Hitzigkeit / und unzeitigem Eyfer gegen dem armen NebenChristen / den Himmel könne innehmen? Versichert euch / daß an jennem grossen GerichtsTage/ für dem Angesichte Gottes / und der gantzen Welt wird kund und offenbahr werden/ daß nicht die/ welche in ihrem heftigen disputiren und bitteren ZankReden/ viel tausend mahl/ HERR/ HErr/ haben geruffen und geschrien/ zu der Rechten Hand des Richters / der Lebendigen und der Todten werden gestellet/ und zu der Herligkeit der Kinder Gottes erhaben werden : Ach nein! Es sollen nur die jenige/ welche in wahrem Glauben als rechte LibeChristen / den Willen des Himlischen Vatters vollenbracht haben / dort ewig erquikket/ und mit unaussprächlicher Ehre/ Freude und Herrligkeit auf Gnaden belohnet werden.

    Was bemühe Ich Mich aber viel/ die falschgenante Christen auf einen so guhten und richtigen Weg zu bringen/ Ja/ die in GlaubensSachen streitige und wiederspänstige Gemühter/ mit einander zu bereinigen? Dörfte Ich doch schier in die Gedanken gerahten / daß wir nunmehr auch die Zeit schon erlebet / wovon der Mund und Grund der Wahrheit / Christus Jesus/ uns vorher gesaget / daß/ wen des Menschen Sohn werde kommen / Er gahr keinen Glauben mehr auf

              Erden

Nützlicher und nohtwendiger Vorbericht.

Erden finden werde. Dises ist schon zum theil/ auch an uns Evangelischen erfüllet. O wie viele grosse Herren (anderer/ gemeiner Leute zu geschweigen) werden heut zu Tage gefunden/die in ihren Hertzen sprächen: Es ist kein Gott/ es ist kein Teuffel noch Engel/ es ist kein Himmel noch Hölle/ es ist weder die Aufferstehung der Todten/ noch ein jüngstes Gericht zu gewahrten! Derjenige/ der zu zeiten mit Weltleuten muß umme gehen/ höret oft solche Epikurische/ Glaubenslose/ Discursen und Reden von denselben fürbringen/ daß man zum heftigsten drüber muß erschrekken. Ich/ meines Theils/ habe bei Anhörung solcher grossen Greuel/ oft bei mir selber gedacht: Es sei ein gahr hohes Wunder/ daß GOtt die Welt nicht mit noch viel härtern und schwehreren Straffen unnd Plagen heimsuche/ als zu diser bösen Zeit geschiehet/ da gleichwol fast alles / über und über gehet. Ja/ Ich verwundere Mich zum höhesten/ daß Gott nicht manchen Ohrt/ mit Feur und Schwefel vom Himmel vertilge? Es wird daß verfluchte Buch/ dessen Tituli ist / De tribus magnis Impostoribus, von den dreien grossen Weltbetriegern/ Ein Buch/ welches verdienet hat/ daß es mit seinem Uhrheber/ nicht allein hie in der Welt/ durch des Henkers Hand/ ins Feur geworffen und zu Aschen verbrennet / sondern/ daß auch dessen Schreiber oder Dichter/ in der Höllischen Gluht/ von allen Teufelen/ ewig gemartert und gepeiniget werde/ Ein Buch/ daß allen Glauben und Religion aufhebet/ Ein Buch/ daß Mir meine höheste Freude/ meinen einzigen Trost/ meinen allerlibsten Seligmacher Jesum Christum schmähet/ schändet und lästert/ Ja/ dises verfluchte Buch (sage Ich) wird nunmehr so gemein/ daß auch junge Leute/ Studenten und andere Cavallier/ ein hauffen seltzahmes Dinges darauß wissen vorzubringen/ nicht anders/ als wen sie es mit sonderem Fleisse durchgelesen/ oder wol gahr auswendig hetten gelernet / da sie doch gleichwol meistentheils/ nur auß anderer (die vileicht Besitzer eines solchen höllischen Schatzes sein mügen) nachrichtlichem/ schönen Discurse solches haben gefasset/ vermeinend / einen grossen Fisch (wie man pfleget zu sagen) dadurch gefangen zu haben/ Ich/ für meine Person/ habe dises Teuflische Buch noch niemahlen gelesen/ wiewol es schon alt ist/ werde auch meine Augen/ die Ich nur zu den Bergen sol aufheben/ von welchen Mir Hülffe komt / auf eine solche abscheuliche/ Satanische Schrift/ nimmermehr schlagen / als der Ich gäntzlich dafür halten müste/ GOtt würde Mich in demselben Augenblikke straffen/

Nützlicher und nohtwendiger Vorbericht.

straffen / ja Mich (wie die lustbegierigen Leser diser Teufels Scharteken / solches mehr/ als alzu wol verdienen) plötzlich lassen blind werden. Zwahr/habe Ich schon fürlängst/in Geschäften / da sich allerhand Welt- und Staatsleute befunden/ mancherlei Stachelwohrte müssen höhren / sonderlich/ in der Ungewißheit der heiligen Schrifft / und vorauß des alten Testamentes. Da hat man schier alles/ was der Mann Gottes/ Moses geschrieben/ in Zweifel ziehen/ ja wol gantz und gar läugnen dörfen. Da hielte man die Geschicht von der Sündfluht/ für ein bloßes Gedichte/ und redete man von dem Kasten/ welchen Noah erbauet / und in den er mit allerhand Arten Viehes für der Sündfluht sich begeben/ so Schimpflich/ daß es nicht außzusprächen. Da muste es eine bloße Unmüglicheit heissen/ daß so viele und mancherlei Tiehre/ nebenst dem Noah in dem Kasten hetten können wohnen und erhalten werden/ es hette der Kaste zwantzig mahl zu groß sein müssen/ und der stachlichten Reden mehr waren. Von dem Außzuge der Kinder Israel auß Egypten/ wurden so wunderbahre Meinunge fürgebracht/ daß Ich anfänglich fast nicht wuste / ob die gubte Leute nur schertzeten / oder ob es ihr rechter Ernst wär. Sonderlich vermeineten sie zu behaubten/ daß der Israeliten Durchgang oder Reise durch daß rohte Meer/ kein Wunderwerk gewesen/ sondern auß einer gantz natürlichen Uhrsache were entsprossen / sintemahl daß rohte Meer eben so wol seinen Ab- und Zulauf alß ein anderes Meer gehabt hette/ und were es eben dazumahl Ebbe/ oder ablauffend Wasser gewesen/ wie Moses mit dem gantzen Volk hinüber gezogen/ wie aber Pharao gefolget/ da sei gerade die Fluht/ oder der Zulauf des Wassers wieder kommen/ welches/ wen gleich Pharao den Kindern Israel nicht nachgejaget / sich dennoch ordentlich hette begeben und zutragen müssen. Viele andere Lästerunge mehr wider die heilige Schrift und Bücher/ nicht nur des Alten / sondern auch des Neuen Testamentes (derer Ich alhier nicht mag gedenken) habe Ich bei den Zusammenkunften fürnehmer Staat- und Weltleute/ bißweilen müssen höhren/ anfänglich nicht wissend/ auß waß für Köcheren diese Pfeile weren genommen. Endlich aber erfuhr Ich / daß sie dise Weißheit auß dem vorbesagtem schönen Buche / de tribus magnis Impostoribus, von den dreien grossen Weltbetriegern/ wie auch/ auß der anderen löblichen Höllen Scharteke/ De Arte nihil credendi, oder von der Kunst nichtes zu glauben/ genant / und sonst mehr dergleichen Teufels Schriften (welche
Ich

wol eine gutte Anzahl der jenigen werden g[...]
ihr Glaube und Religion ein rechter Ernst f[...]
reits so gahr viel dafür halten/ja wol öffentli[...]
nunmehr die grösseste Kunst und Klugheit
gahr nichtes glauben? Man hat Mich berich[t]
fer Evangelischer Staatsmann/welches hoh[...]
fürtreffliche Erfahrung / durch gantz Europ[...]
met / und von welchem Mann annoch / an al[...]
und Fürstlichen Höfen weiß zu singen und zu
besagtes Buch von den dreien grossen Wel[t]
hoch und wehrt gehalten / daß er auch in sein[e]
stets darin gelesen / und nachdehm ihm die
ren/ habe man dises Buch noch bei ihm im Bet[...]
in seinen Armen gefunden. Von einem and[...]
bendem hochberühmtem/ königlichem Minist[r]
Römischer Katholischer Religion/ saget ma[n]
er für dises verfluchte Buch / (welches man
geheim und kostbahr gehalten) tausend Duka[ten]
   Waß meinest du wol/ Christlicher / lieb[er]
grosse Leute / welcher Verstand und Gesch[ick]
treflich ist gewesen/zum Theil auch noch ist/[...]
nen/sie den halben Theil der Christenheit kön[nen]
einen Glauben gehabt/ und was sie wol von
sto/ von der Aufferstehung des Fleisches / b[...]
richt/ von Engeln und Teufeln / von Hölle u[...]
sen gehalten haben? Ich für meine Person/bi[n]
Meinung/ daß sie eben denselben Glauben ge[...]
auch noch haben/ja daß alle/ dieses mit ihnen
tigen Tag halten (derer leiber unzehlich vie[l]
den) eben der jenigen rohen und stcheren E[...]
Bekäntnisse sich gebrauchen / welches im 2. [...]
ches der Weisheit verzeichnet wird gefunden
Wen ein Mensch dahin ist /. so ists gahr a[...]
weiß man keinen nicht/ der auß der Höllen
sei. Ohngefehr sind wir gebohren/und fahr[en]
als weren wir nie gewesen/ den/ das Schna[...]
Näsen ist ein Rauch/ und unsere Rede ist ei[n]

Nützlicher und nohtwendiger Vorbericht.

sich auß unseren Hertzen reget/ wen dasselbe verloschen ist/ so ist der Leib dahin/ wie eine Lod- oder Asche/ und unser Geist zufahret/ wie eine dünne Luft. Was mehr für Wohrte/ solche Epikurische Mast-Säue pflegen zu führen/ kan der begierige Leser am gedachten Ohrte selber nachschlagen/ welcher alsden nebenst Mir wird müssen schliessen und bekennen/ daß eben dises der meisten Statisten/ welche itziger Zeit leben/ eigentlicher Glaube und Religion sei/ wie den auch solches ihr Thun und Werke gnugsahm bezeugen/ worauß aber klährlich erhellet/ daß es über alle Mahsse gefährlich sei/ wen der Mensch auf seine grosse Klugheit sich verlässet/ und der töhrichten Vernunft folget/ dagegen aber/ Gott und sein heiliges Wohrt/ als die einzige Leuchte auf unsern Wegen/ an die Seite setzet/ sich um daß Ewige gantz und gahr nicht bekümmert/ sondern nur bloß nach weltlicher Ehre/ Hoheit und Ansehen/ nach Geld/ Guht und Reichthum/ nach Freude und Wollust trachtet/ und darin sein Summum Bonum, oder das höheste Guht suchet: Da werden den/ auf solchen Christen/ Leute/ die viel ärger sind/ als die Heiden/ den/ die meisten derselben glauben jedoch/ daß ein Gott sei/ und daß die Seelen der Menschen auch nach dem Tode leben/ welches aber unsere Epikurer und lose Weltleute gantz und gahr läugnen/ dem bekanten Vers-Lein zu folge:

Spiel'/ Eß' und leb' hie stets im Sauß'/
Ist jemand tod/ wird nichts mehr drauß.

O des schändlichen Glaubens! O des elenden/ jämmerlichen Christenthumes! Das bedenke doch ein jedweder/ der auf Christum getauft ist/ und der dem Teufel/ samt aller seinem Wesen und Werken einmahl hat abgesaget. Es lasse sich niemand von den rohen und sicheren Spöttern verführen/ damit er nicht seines liebreichen Gottes Gnade/ und folgends seiner Seelen ewiges Heil und Seligkeit müge verliehren/ und also dises allertheuresten Schatzes jämmerlich beraubet werden.

Gleich wie es nun/ Gottergebener/ und in demselben hertzlich geliebter Leser/ in unserem Christenthum mit dem Glauben ist beschaffen/ also hat es auch darinn eine Bewandnisse mit unserem Leben und Wandel. Den/ gleich wie der Glaube so gahr schlecht/ ja bei viel tausend Menschen fast nichts mehr nütze ist; Also taugen auch unser/ der also genanten Evangelischen Werke leider! nicht ein Hahr mehr/ sintemahl diejenige/ welche keinen Gott/ keine Aufferstehung/ kein Gerichte/ keinen Himmel/ noch Hölle glauben/ es für gahr

unnöhtig/

Nützlicher und nohtwendiger Vorbericht.

unnöhtig / ja für töhricht halten / sich eines gottseligen Wandels und Christlicher Tugenden zu befleissigen / angesehen ihrer Meinung nach / die Gottlose sich für keiner Straffe zu befürchten / die Frommen dagegen keine Belohnung nach disem Leben zugewahrten haben. Daß aber auch andere / welche gleichwol diser Epikurischen Meinung nicht eben beipflichten / nichtes desto weiniger ein ruchloses Leben führen / da rühret oftmahls daher / daß sie von ihren Lehreren unterrichtet sind / oder auch zu zeiten sich wol selber die Gedanken machen: Die guhten Werke sind nicht nöhtig zur Seligkeit. Dahero sie bald einen wunderlichen Schluß gestalten / und zuletst gäntzlich dafür halten / daß / wen sie sich nur des Evangelischen Glaubens rühmen / so könne ihnen der Himmel nicht entstehen / Gott gebe was sie auch in der Welt sonst für einen Wandel haben geführet.

Was mag aber wol immer die Uhrsache sein (möchte jemand gedenken /) daß / da wir das libe Wohrt Gottes so klahr und offenbahr für uns haben / und auf demselben gahr wol wissen / oder je zum weinigsten wissen solten / wie man sich in seinem Christenthum / Leben und Wandel / solle und müsse verhalten / dennoch so weinig rechtgeschaffener Christen werden gefunden / sintemahl der grösseste Hauffe / ein solches Leben führet / daß ein Gewissenhafter Prediger / oft Bluht darüber weinen müchte?

Ich wil auf dise Frage mein einfältiges Bedenken kürtzlich eröfnen / vorher aber feirlichst bedingen / daß Ich keinen einzigen Menschen / er müge Freund oder Feind heissen / aber sonderlich hiemit gemeinet / sondern nur Generaliter / oder in gemein von den Uhrsachen des heutigen / falschen Christenthumes ferner wil geschrieben oder gehandelt / und alle Regung oder Affecten gäntzlich bei Seite gesetzet haben / nicht zweiflend / der Christliche Leser Mir es nicht werde berargen / daß Ich seiner Guhtwilligkeit in etwas noch misbrauche / und ihn bileicht länger / als er es gern gesehen und Ich selber vermeinet hette / mit disem meinem Vorbericht aufhalte.

Es hat der Gottlibender Leser schon aus dem vorhergehenden / mit mehreren vernommen / was wir von unserer Evangelischen Religion und Glauben kürtzlich haben erwähnet / daß nemlich selbiger so guht und vollenkommen sei / daß auch alle die jenige / welche beständig darinn verharren / ewig gerecht und selig dadurch werden könen. Wir meinen aber gantz und gahr alhie nicht / einen todten stummen Glauben / oder einen

Nützlicher und nöhtwendiger Vorbericht.

bloßen Mundglauben/ womit auch die aller Gottloseste sich staatlich können herfür thun; Sondern/ wir verstehen dadurch den rechten wahren Glauben/ der durch die Libe thätig ist.

Liber/ woher komt es doch den/ daß/ da uns das Licht des heiligen Göttlichen Wohrtes/ so hell und klahr scheinet/ gleichwol die meisten im tunklen wandlen/ und demnach so gahr wenig rechtgeschaffene Christen werden gefunden? Warum bleiben sie doch den in der Finsternisse und lauffen auf dem breiten Wege zur Höllen? Warum ist doch bei den allermeisten das Christenthum so gahr elend beschaffen/ daß sie auch ohne einigen Zweifel/ an jennem grossen Gerichtstage/ dise erschrekliche Wohrte/ auf dem sonst libreichen Munde des Herren Jesu werden hören müssen: Weichet alle von Mir ihr Übelthäter/ in das ewige Höllische Feur/ Ich habe euch noch nie erkennet?

Hierauf sol der Christliche Leser berichtet sein/ daß/ demnach in der Kirche GOttes zweierlei Leute gefunden werden/ als Lehrer und Zuhörer/ Hirten und Schaffe/ es theils an disen/ theils an jennen sei gelegen/ daß die jenige/ welche sich Christen lassen nennen/ oft viel ärger/ als die Türken und Heiden leben.

Betreffend nun erstlich die Lehrer und Prediger/ so finden sich etliche unter denselben/ welche sich weinig darum bekümmeren/ ob ihre Zuhörer zu Gott/ oder zum Teufel fahren: Den/ viele solcher Lehrer vermeinen/ sie sind nur darum zum PredigAmt befodert/ daß sie ihres Lebens Auffenthalt an einem gewissen Ohrte sollen haben/ jedoch also/ daß sie dabei (mehr auß Gewohnheit/ als auß Lust und Nohtwendigkeit) die Wochen über/ etwa eine/ oder zwo Predigten halten/ die Leute Beicht hören/ und sie/ wen sie gleich noch so Gottlos und Unbußfärtig sind/ von ihren Sünden los sprächen/ ihnen (wiewol Unwürdigen/ welches erschreklich zu hören) das heilige und hochwürdige Abendmahl reichen/ die neugebohrne Kinderlein tauffen/ Braut und Bräutigam in den heiligen Ehestand setzen/ die Kranke und Sterbende bisweilen ein weinig trösten/ die Todte begraben/ und diselbe/ wen sie gleich gahr ein Heidnisches Leben geführet/ oftmahlen propter Sacrum Denarium, als treffliche KernChristen für der gantzen Gemeine öffentlich loben/ rühmen und preisen. Wen mancher Prediger (Ich bedinge hier abermahlen feirlichst/ daß Ich nicht von allen/ sondern nur von etlichen rede) dise seine Amtsgeschäfte

Nützlicher und nohtwendiger B
schäfte also verrichtet/ so vermeinet er/ daß
habe/ was ein rechtschaffener Diener G
halten und verpflichtet. Aber/ sehr/ sehr w
Es gehöret viel ein mehreres dazu/ wo ma
richten und verhühten wil/ daß die Zuhör
in den Abgrund der Höllen fahren. Um
daß ein Prediger/ der seinem Amt untad
Beschl Gottes gedenket vorzustehen/ kan
und Ruhe in der Welt haben/ und es ist
gung/ wo man bei disen Grundbösen/ G
Zeiten/ in einer Gemeine/ von dem Predig
ein recht gewünschter Mann sei/ und von
werde gelibet und gelobet/ daß ein solcher
ser Heuchler/ die Zuhörer aber ein hauffe
rischer Leute sein müssen/ und/ damit du
mügest verstehen/ so bitte Ich dich/ freundl
denke doch nur etwas fleissiger/ welche tre
die Propheten/ als Elias/ Esaias/ Jeremi
gewesen? Wie herlich und Geistreich hat
Apostel des HErren gelehret/ daß Ich uns
Doctoris, unseres allertheursten Lehrmeiß
mit der gelehrten Zungen Christi Jesu al
Sind aber dise alle gelibet und geehret von i
Pfarrkinderen? Wo finden wir/ daß dise
get haben: Ach/ das ist ein gewünschter P
ßig guhter Elias/ ein allerlibster Prediger
sel/ ein angenehmer Christus/ ja dise sind
recht mit Freude und Lust mag hören! J
rekten sie über sie auß/ sie schmäheten/ sch
sie/ verjagten sie ins Elend/ steinigten/ kr
ten sie/ ja thaten ihnen so viel Hertzleib/ als
ten erdenken. So ist es allen rechtgeschaf
Anfang der Welt ergangen/ so geht es il
solche Prediger itzo sehr dünne gesäet sind)
wol bleiben/ biß an den liben Jüngsten Ta
nochmahlen auſdrüklich/ daß/ wo man in
ken und Dörffern höret/ daß die Leute ihr
hoch rühmen/ geben ihnen das Zeugnisse:
mahlen ein Kind haben erzörnet/ sonder
es mit jederman freundlich halten/ in alle
ten und oben ligen/ und sich in allen Din
se Ahrt und Weise fein zu richten wissen:

Nützlicher und nohtwendiger Vorbericht.

Ich) von Predigern urtheilet/ O/ da steht es gahr elend/erbärmlich und gefährlich üm der armen Leute Seelen. Darüm/ höre Ich allezeit viel lieber/ wen der eine/ oder der ander Aber den Unbuhsfärtigen/also von seinem Seelsorger spricht/ Als der Gottlose König Ahab von den treueiferigem Prediger Micha urtheilete: Ich bin ihm gram/den er weissaget Kein guhtes/ sondern eitel böses. Da ist es eine gewisse Neigung / daß ein solcher Prediger/sein hohes Amt mit gebührendem Ernst und Eyfer verrichtet. Diweil dis aber von den wenigsten geschiehet/ so bin Ich schier der Meinung/daß nit gahr viele Prediger daß Reich Gottes werden besitzen. Den/ dafern ein Prediger/ sein Amt also wil führen/wie ihm selbe von Gott/ auf seine Seele/ und bei Vermeidung der ewigen Verdamnisse ist anbefohlen/so muß er sich schelten und schmähen / lästern und höhnen/ plagen und verfolgen lassen. Solche grosse Wiederwärtigkeiten aber mit standhaftem Gemühte ertragen / so viel Unrecht leiden/den Verfolgern noch gar danken/ ja auch für seine Feinde können bitten / solches (sage Ich) ist fürwahr nicht einem jedweden gegeben/ da gehören trauen Männer zu/ die eines tapfern/ unerschroknen Hertzens sind/ die nicht alsobald klagen und seuftzen/wie viele thun/welche sich wol gahr darüber zu Tode eiferen oder grähmen/ wen sie sehen müssen/ daß ihr wolgemeintes Verfahren und angewendete schwehre Mühe und Arbeit mit der äuser sten Undankbahrkeit wird belohnet. Wen aber ein Prediger/ (wie man zu sagen pfleget) ein Placentiner ist/der den Leuten Küssen unter die Arme legt/ ihnen fein sanft prediget/ und so lehret/ wie sie es gerne höhren/ da kan es nicht fehlen/ein solcher Prediger muß ein Gewissenloser Mann sein/welcher An dem er nicht behertziget die erschrekliche Dreuwohrte des gerechten Gottes: Das Bluht deiner Zuhörer wil Ich von deinen Händen fordern/ sich/weinig üm sein Eigen/ Ich geschweige den üm derer ihm anvertrauten Schäflein/ ewigs Heil und Seelen Säligkeit bekümmert. Mag derowegen ein jedweder/ der die libe Seinige zum studiren hält/sich sehr wol bedenken/ ob auch diselbe gnugsahm tauglich und geschikt sind/ dem liben Gott dermahleinst im Predigtamte nutzlich zu dienen? Dahero auch Ich/ als der Ich nun länger als 24. Jahre habe gelernet verstehen/ was für ein überaus hohes und schwehres Werk es üm das libe Predigtamt sei/ meinen Kindern niemahlen dazu habe rahten/ oder sie nöhtigen wollen/ das sie Theologiam studirten/sonderlich diweil Ich auch verspühret/

c ij

Nützlicher und nohtwendiger Vorbericht.

spühret/daß sie von sich selber keine grosse Lust/oder Beliebe
dazu getragen.

Ich bin neulich/lieber Leser/von guhten Freunden berich-
tet/daß für weiniger Zeit/ein verläumdischer Ehrendieb/ein
lästerSchartete wider Mich sol außgesprenget haben / wo-
von Ich gleichwol noch zur zeit keinen einzigen Buchstaben
gesehen/oder gelesen/ demnach Ich meine Augen und Hände
allemahl viel zu hoch und Edel dazu halte/solcher Lumpenker-
le elende Schmieramenten anzugreiffen / Es hat Mir aber
eine hohe Person erzehlet/ daß unter anderen gahr erbärmli-
chen Kinderpossen/ die darinn enthalten/ auch dises mit dar-
inn stehen sol: Daß/ wie die Allerunüberwindlichste Römi-
sche Kaiserliche Majestätt/ Herr Ferdinand der Dritte/Al-
lerglorwürdigsten Andenkens / Mich Unwürdigen/ zu dero
Comite Palatino, oder auf Teutsch/ zu Ihrem Kaiserlichen
Pfaltz= und HoffGrafen (den also hat der Hochedler und ü-
berauß gelehrter Jurisconsultus, Ritter und Comes Palatinus,
Doctor Georgius Mundius von Rhodach/in seinem treflichem
Tractat de Comitibus Palatinis, den Lateinischen Ehrentitul
Comes Palatinus eigentlich zu Teutsch gegeben) allergnä-
digst-heute verordnet und bestättiget/Ihrer Kaiserlichen Ma-
jestät Ich allerunterthänigst hette angeloben müssen/daß kei-
ner von meinen beiden Söhnen Theologiam solte studiren.
Daß aber dises Vorgeben nicht allein ein greulicher Sag-
bader/ sondern auch eine abscheuliche stinkende Lügen sey.
Solches ist bilen grossen Leuten/ sonderlich den jenigen/ die
Mir das Kaiserliche Diploma hochgünstig überliefert (deren
einer/ ein Kaiserlicher/der ander ein Königlicher geheimer
Raht/: Beide aber hochansehnliche/ berühmte Männer und
tapfere Residirende Legati sind) dermahssen wol bekant/daß
dise leichtfärtige Verläumdung fast keiner Antwohrt wür-
dig/die Lügner aber/sich in ihr Hertz/Bluht und Aderen solten
schämen/ solchen grossen/ und hochbegabten Leuten durch sol-
che erdichtete Kinderpossen zu widersprächen. Es hat der Al-
lerlobwürdigster Kaiser/ Herr Ferdinand der Dritte/ dessen
Tugenden unvergleichlich/ und welche/ so lange die Welt ste-
het/nicht genug können gerühmet werden/Mir die Ehre eines
Kaiserlichen Hoff-PfaltzGrafens / ohne einiges Bedinge
lassen widerfahren/ nur/daß Sie allergnädigst von Mir be-
gehren lassen/ daß Ich in der Treue / womit Ihrer Kaiserli-
chen Majestät / Ich / als ein gebohrner Teutscher ohne daß/
von Natur und Schuldigkeit wegen bin verpflichtet/in aller
unterthänigster Beständigkeit solte verharren/welches aller-

Nützlicher und nohtwendiger Vorbericht.

Gnädigstes Begehren (deme Ich auch allerunterthänigstes Fleisses / bis an die letste Stunde meines Lebens nachzukommen schüldig und willig bin/) dem Käiserlichen Gnadenbriefe einverleibet/ weil sonst im geringsten nicht von einem/ oder anderen Bedingen/ wie dasselbe so klahr/ als der helle Tag zu erweisen. Gott hat Mir zwene Söhne bescheret/ die Ich meinem schlechten Vermügen nach / von ihrer zahrten Kindheit auffleissigst/und zwahr mit grossen Kosten zum Studiren gehalten. Hetten sie nun beide lust gehabt Theologiam zu studiren/ und dermahleinst GOtt im heiligen Predigtamt zu dienen/ Ich wolte es nicht eben wiederrahten/ viel weiniger ihnen solches gewähret haben/ Den Ich gahr wol weis/ welch ein hohes und köstliches Amt das libe Predigtamt ist/ welches Ich viel höher schätze/ als alle die Ehre/ Titul und Würden/ womit Ich die gantze Zeit meines Lebens bin begnädiget worden. Das Ich aber meine Kinder dazu zwingen solte/ wie Ich wol ehe Elteren gekennet habe/ die solches gethan/ welches aber zu zeiten sehr übel gelungen/ das werde Ich wol nimmermehr thun / es dörfte nunmehr auch schon viel zu spähte sein/ sonderlich mit dem Eltisten/ der fast vier gantzer Jahre / auf hohen Schulen / in Erlernung des Juris publici und Privati zugebracht / wiewol er sonst in der Jugend / so wol auf die Hebräische Sprache / als auch andere / zum Theologischen studio gehörende Wissenschaften/ mit solchem Fleisse sich geleget/als wol mancher/ der ein grosser Professor zu werden gedenket/ wol kaum mag gethan haben.

Ich bin und verbleibe unterdessen der unvorgreiflichen Meinung/ das unter hundert/ ja wen Ich auch tausend sagte/ kaum ein einziger genugsahm geschikket ist/ Gott dem HErren im Predigtamte recht zu dienen / und gleichwol wird es für eine so gahr schlechte Sache geschätzet/ ein Priester zu werden und Gottes Wohrt zu lehren / Ich erschrekke oft von Grund meiner Seelen/ wen Ich eigentlich bei Mir betrachte/ wie so gahr viel ein Prediger hat zu verantwohrten/ und/ ob schon gnugsahm bekant ist/ das Ich (ohne einigen Ruhm alhie zu gedenken) fast alles das jenige/ was Mir nur menschlich und müglich gewesen ist/ gethan und angewendet habe / ein rechtgeschaffenes/ wahres Christenthum/ bei meinen Zuhöreren anzurichten ; So dünket Mich dennoch immer/ Ich habe bei weitem nicht genug gethan / sintemahl es meinem Wunsch und Begehren nach/ nicht allemahl wollen gelingen / angesehen/ des Satans Engel Mir oft heftig hat widerstrebet/ das Ich zu dem Göttlichen Ziel nicht können gelangen/ ein rech=

Nützlicher und nohtwendiger Vorbericht.

Gott gefälliges / wahres Christenthum in meiner Gemeine zu befoderen / wobei gleichwol dises jederzeit mein sonderer Trost gewesen/ daß Ich alle meine Schäflein kenne / und von deroselben Tugenden und Lasteren fast vollenkömlich bin unterrichtet / welches trauen vielen tausend Predigern fehlet: Den/ manchem/ der nur eine kurtze Zeit / in seiner Gemeine hat gelehret/fält es unmüglich/alle seine Zuhörer recht zu kennen. Ein ander aber hat der liben Schäflein und Pfarrkinder so viel/ daß/ wen er gleich hundert Jahre denselben predigte/ er doch eines jeglichen Beschaffenheit nicht recht kan inne werden/ noch eigentlich erfahren. Man bedenke es doch nur/ ob es wol thunlich/ daß ein Prediger auf dem Lande/ (zu welches Pfarre/ oftmahls zwantzig / vier und zwantzig / ja, wol mehr Dörffer gehören) alle seine Pfarrkinder (von welchen jeglichern er gleichwol seinem GOtt genaue Rechenschafft/ Rede und Anttwohrt dermahleinst sol geben) recht und eigentlich könne lernen kennen / wen er schon viele Jahre bei ihnen lebet? Ich/ für meine Person/habe eben deßwegen/ daß Ich in einer nicht gahr zu grossen Gemeine Mich befinde / und demnach alle meine Zuhörer / vom höhesten biß zum niedrigsten kenne / so manchen herlichen Beruf/ so Mir von fürnehmen öhrtern angetragen / demühtigst ausgeschlagen / es für gantz unverantwohrtlich haltend / daß Ich diejenige/ welche Ich kaum recht gelernet mit grosser Mühe kennen und nennen/ so liederlich verlassen/dagegen Mich an einen solchen Ohrt/ wo Mir alle Zuhörer frembd und unbekant weren/etwan ein wenig mehr Ehre und Reichthum zu erwerben/begeben/und daselbst aufs neue solte anfangen / eines jettweden Leben und Wandel zu erforschen.

Was nun hie von den Predigern auf dem Lande ist erwähnet/ das kan mit noch besserem Fuge/ von den Dienern Gottes/ die in grossen Städten den Gemeinden vorstehen/ gesaget und verstanden werden. Den/bedenke es doch nur mein lieber/ unpartheischer Leser / wie kostet es oftmahlen so grosse Mühe/nur einen einzigen / unbußfärtigen Menschen / eine einzige boshafte Seele recht zu bekehren / und dem Teufel/ auf dem Rachen zu reissen? Nun findet man oftmahlen in grossen Städten wol zwantzig/viertzig/funftzig/achtzig/ja wol hundert tausend Menschen. Gesetzet nun/daß in einer solchen Statt/ zehn/ zwantzig/ vier und zwantzig/ oder auf das allerhöheste/ (welches man doch gahr selten wird finden) dreissig bestelter Prediger wohnen / welche ihr hohes und wichtiges Amt.

Nützlicher und nohtwendiger Vorbericht.

und zum allerfleissigsten verrichten; So wird es doch gleichwol unmüglich sein/daß ein jeglicher unter ihnē seinen Pfarrkindern/ (derer ein jedweder Prediger/ ja etliche tausend/ zu einem Theil nohtwendig muß haben) also und dergestalt könne fürstehen/wie es der Göttliche Befehl/ den auch seine eigene Schuldigkeit und Gewissen erfodern. Wen den nun mancher Prediger / nicht den zehnden Theil seiner Zuhörer kennen/ geschweige den/ daß er sie in allen Stükken der Christlichen Lehre und des Gottseligen Lebens und Wandels treulich unterrichten/ auch den einen/ oder anderen/absonderlich ausserhalb der Kirchen kan straffen/ warnen und ermahnen/ was ist den wunder/ daß ein solches falsches/ böses/ Glaub- und loses Christenthum unter den Menschenkindern wird gefunden? Ich wil nicht einmahl gedenken des ungeistlichen/ ärgerlichen Lebens/ des Geitzens/ deß Wucherens/ der Hoffahrt/des unnöhtigen Zankens/ und vieler anderen sehr grosser Fehler/ womit etliche Evangelische Prediger selber sind behaftet/ wodurch ihre/ ohne daß zu der Ruchlosigkeit mehr den zu viel geneigte Zuhörer/ jämmerlich geärgert/bösen Exempeln nachzufolgen/ angereizet/ und in ihrem unchristlichem Leben und Wandel/ leider! fast alle Tage gestärket und bestätiget werden.

Du solst aber/ Christlicher/ und in Gott geliebter Leser alhie nicht gedenken/ oder auf deme/was Ich itzo geschrieben/ alsobald schliessen : Daß die Uhrsache des heutigen bösen und gäntzlich verkehrten Christenthumes/ bloß und allein den Lehreren und Predigern müsse zugemessen werden/ und/ daß sie allein Schuld haben/ an dem unchristlichem Leben und Wandel ihrer Zuhörer : Mit nichten/libe Seele/Es sind noch andere/welche deswegen fast zehnmahl mehr/ als die Diener GOttes zu beschuldigen sind/ demnach diselbe es gleichsahm mit Gewalt verhinderen/ daß die rechtgeschaffene Prediger und Seelenhirten/mit allem ihrem Lehren/Ermahnen/Warnen/Bitten/Schelten/ Straffen und Anhalten nichtes guhtes noch fruchtbahres können aufrichten. Es wird ja die libe Obrigkeit recht und wol alhie genennet/ Custos Utriusq; Tabulæ Decalogi, eine Hüterinn der beider Taffelen des Gesetzes Gottes/oder der heiligen Zehen Gebohte. Wen nun diselbe fäst darüber hält/ daß nicht allein daß heilige Wohrt Gottes lauter und rein gelehret/ sondern auch Christlich und wol darnach werde gelebet/ alsden können Gottselige Prediger/mit grossem Nutze ihre Gemeindē unterweisen/ und

Nützlicher und nohtwendiger Vorbericht.

ein wahres fruchtbringendes Christenthum in denselben an und aufrichten. Dafern aber das Gegentheil geschiehet/also daß die Obrigkeit herunter reisset / was der Prediger bauet / da kan nohtwendig nichtes anders folgen / als ein unchristliches/gottloses Leben/ und muß es zum weinigste grosse Heuchler unter solchen Evangelischen MaulChristen geben. Verzeihe es Mir/Christlicher/liber Leser/daß Ich ein weinig deutlicher hievon rede: Mein eigentlicher Vorsatz ist / in disem unseren Vorbericht/ die Uhrsachen gründlich an das ofne Licht zu stellen / welche ein so böses und falsches Christenthum unter uns Evangelischen zu Wege bringen. Zu dem Ende habe Ich anfänglich die Fehler etlicher Lehrer und Prediger/(Mich selber fürwahr nicht ausschliessend/) mit mehreren berühret/und bin genugsahm versichert/ daß Ich nichtes/ als die lautere/dürre Wahrheit geschrieben. Daß Ich den nun hierauf auch der Zuhörer gedenke/solches/gleich wie es meine Schuldigkeit erfodert ; Also wird es Mir kein Gottlibender Christ verargen. Wen Ich Mich in den Schriften des Alten Testaments etwas fleissiger ümme sehe / so befinde Ich/ daß/ wen die Diener Gottes / als da waren die Priester und Propheten/ das sündliche Leben des Volkes heftig gestraffet/ So haben die Könige/Fürsten und Oberherren/wen sie from und Gottselig gewesen (derer man doch gahr weinig gefunden) den Propheten und Priestern die Hand gebohten / daß Böse würklich gestraffet und abgeschaffet/ das Guhte dagegen gefodert und belohnet. Sind aber die Regenten bös und Gottlos gewesen/so haben sie die Priester verfolget/verhöhnet und geplaget/ und dadurch dem ruchlosen Volke Anlaß gegeben/ in seiner Bosheit zu verharren/ und ihren Predigern / nach dem Exempel ihrer Oberherren / alles Unglük und Hertzleid zuzufügen.

Eben also gehet es noch heutiges Tages unseren/also genanten Evangelischen Christen : Wen getreue Lehrer und Prediger / die mancherlei Laster und Bosheit ihrer Zuhörer mit Wohrten straffen / Selbige ihre Pfarrkinder aber/ von dem Geiste Gottes sich gantz und gar nicht wollē regieren lassen;Als den tritt eine Christliche Obrigkeit billig zu/und nöhtiget solche widerspenstige Gemühter/herin zu kommen. Sie billiget nicht allein den rechtmessigen Eyfer ihrer getreuen Lehrer und Prediger / sondern sie biehtet ihnen auch würklich die Hand / und lässet die jenige eine gerechte Straffe fühlen/ die sich mit sanftmühtigen Wohrten nicht wollen gewinnen lassen.

Nützlicher und nohtwendiger Vorbericht.

lassen. Es ist unmüglich zu beschreiben/ was für grossen Nutzen solche Einhelligkeit/ eine solche Liebe und Vertraulichkeit der Lehrer und Oberherren/ in einer Gemeine kan zu wegebringen. Den/ wen ein Lehrer seine Zuhörer ernstlich warnt und ermahnet: Ihr sollet keine Flucher noch Gotteslästerer sein / ihr sollet mir den Sabbaht nicht entheiligen / Ihr sollet alle Unversöhnligkeit/ allen Haß/ Neid und Streit meiden/ Ihr sollet kein unzüchtiges/ leichtfärtiges Leben führen/ Ihr sollet euren NebenChristen nicht übersetzen/ noch vervortheilen im Handel / Ihr sollet ehrliche Leute nicht schmähen / sie nicht beligen noch verläumden/ Ihr sollet euch in allen Dingen/ als rechtgeschaffene / Gott wolgefällige Christen erzeigen: Werdet ihr aber das nicht thun/ werdet ihr mir nicht gehorchen/ so wird Gottes zeitliche und ewige Straffe über euch kommen. Wen (sage Ich) ein Prediger seine Zuhörer also ermahnet / unnd den eine Gottesfürchtige Obrigkeit dazu komt/ welche die jenige/ so da in ihrer Bosheit verstokter weise beharren/ würklich abstraffet/ da kan es nicht fehlen/ es muß mit der Zeit bessere Christen geben / sintemahl die Bösen dadurch abgeschrekket werden / in ihren Lastern fohrtzufahren/ die Gottselige und Fromme aber werden durch solches rühmliches Beginnen angereitzet/ in allen lobwürdigen Tugenden/ je mehr und mehr zu wachsen und zuzunehmen.

Aber/ dahin/ hat es der leidige Satan/ wie auch der Menschen verstokte Bosheit und verkehrter Wandel/ heutiges Tages leider! gebracht/ daß/ wen ein aufrichtiger Lehrer/ vermüge seines Amtes/ daß eine oder ander Laster auf der Kantzel straffet / und seine Zuhörer zur Besserung ermahnet/ und etwan einer unter denselben vermeinet/ er sei für anderen angegriffen oder getroffen: So läuft er alsobald hin zu der Obrigkeit/ (lässet aber erstlich ins gemein die Augenverblenderische Geschenke für ihm her spatziren) darauf gehet es den an ein klagen / und muß der arme/ unschuldige Priester dergestalt herhalten / als wen er der ärgste Mensch in der Welt were. Der Richter/ der oftmahls nicht mehr Verstand/ als ein vierfüssiges Tiehr hat/ oder/ da er noch vernünftig genug/ gleichwol in dem leidigen Geitz gantz und gahr ist ersoffen/ und sich die Augen hat lassen verkleisteren / oder auch wol sonst ein Gottloser Epikurischer Mensch/ bisweilen auch wol ein rechter WeiberNarr ist/ billichet nicht allein/ des Klägers unbilliches Anbringen/ sondern stärket ihn auch noch wol gahr in seiner Bosheit/ verspricht ihm Hülffe und Schutz/ ja gibt ihm

Nützlicher und nohtwendiger Vorbericht.

oft den schönen Raht: Er solle sich von dem Pfaffen nit nicht viel foppen oder tribuliren lassen / man könne sei wol entbehren/ man dörfte nicht alles glauben / was er von Gottes Zorn/ vom Teufel und Hölle daher schwatze/ Er/ Richter (dem sein Seelsorger bisweilen auch die Wahrheit mag gesaget habe) wolle in diser Sache des Klägers Freund leben und sterben. Wen nun über den armen Priester die Glokke dergestalt gegossen; So gehet alsden die Verfolgung erstlich recht an / und muß nachgehendes ein treuer Diener Gottes / sein Amt und Gebeht täglich mit Seuftzen / ja wol mit bitteren Trähnen berrichten. Wehe aber/ ja tausend mal Wehe/ allen solchen Richtern und Amtleuten/ welche die Unterthanen in ihrer Gottlosigkeit also stärken/ aufrichtige Lehrer dagegen verfolgen / im übrigen aber nur bloß ihrem Bauch und dem Mammon / nicht aber Gott/ nicht ihren Oberherren/ nicht den sämtlichen / ihren anvertrauten Unterthanen dienen!

Was ferner die böse Exempel / und daß ungöttliche Leben/ womit die Richter/ Rahtsherren/ Amtleute und Regenten die Unterthanen oft unchristlicher Weise ärgeren / für einen Greuel in unserem Christenthum anrichten/ davon habe Ich in meinem Friede Jauchtzendem Teutschland mit mehrerem gehandelt / bei vielen Gottlosen Regenten aber gahr schlechten Dank damit verdienet. Unterdessen bleibet es tausend mahl wahr/ daß/ wen ein Prediger auch Tag und Nacht seinen Zuhöreren zurieffe/ ja/ biß er gahr heiserig würde/ aus vollem Halse zuschrie: Ihr sollet den Sabbaht heiligen/ ihr sollet Gott seine Feir halten/ Gedenket/ gedenket daran/ daß ihr den Sabbaht heiliget: So würden doch die Unterthanen/ wen sie ihre Herren und Obrigkeit/ an Sonn=und Feirtagen solten sehen spatziren fahren/ auf die Jagt reiten/ allerhand wochentliche Arbeit berrichten/ die heilige Zeit/ mit unmässigem Fressen/ Sauffen/ Doplen/ Spielen/ Fluchen/ Schwehren/ schändlich mißbrauchen/ nimmermehr dahin können gebracht werden / daß sie Gott und ihrem Prediger gehorchen/ sondern / es wird bei den meisten heissen: Daß thut unser Richter/ Rahtsherr/ Amtmann/ Vogt/ Verwalter/ Schreiber/ oder wie sie sonst heissen/ die werden ja viel klüger/ als wir arme Unterthanen gehalten/ warum solten wir es den ihnen nicht nachthun / zumahlen wir uns auch ja keiner Straffe von ihnen zu befürchten haben. In Summa/ Regis ad Exemplum, wie die Oberherren/ sonderlich aber/ die ih-

Nützlicher und nohtwendiger Vorbericht.

nem fürgesetzete Amtleute/Richter und Rahtsherren/als mit welchen sie täglich ümme gehen/haushalten/so stellen sich auch die Unterthanen/und mag ein Prediger noch so fleissig seine Zuhörer/für Leichtfärtigkeit und Hurerei warnen/wen der Richter seine eigne Concubinen oder Beischlafferinnen hält/ja mit denselben jährlich Kinder erzeuget/wie Ich dem dergleichen Exempel wol habe erlebet: Es mag der Prediger noch so sehr auf die Trunkenheit schelten/wen der Regent Tag für Tag toll und voll ist: Es mag der Prediger noch so eiferig wider die Gotteslästerer donneren/wen der Richter ein Flucher und Gottesverächter ist: Es mag der Prediger noch so heftig daß unchristliche Leben seiner Zuhöhrer straffen/wen die Obrigkeit selber in dem Lasterpfuhl biß über die Ohren sitzet/ja es mag sichs der Prediger so saur werden lassen/als nur immer müglich; So wird er/wen die Amtleute/vorbesagter mahssen sind beschaffen/doch weinig/ja wol gahr nichtes/mit allem solchem Schelten/Lehren/Predigen/Straffen/Warnen/bitten und ermahnen aufrichten/noch etwaf fruchtbahrliches zu wege bringen.

Derowegen wil ich alle Christliche Obrigkeiten/und zwahr anfänglich die/welche Gott in einen hohen/alß Königlichen/Fürstlichen/Gräflichen Stand hat gesetzet/folgends auch/alle diejenige/welche alß grosse Rähte/und fürnehme Ministri von ihrentwegen in hohem Ansehen sind/und anderen zu befehlen haben/Allerunterthänigst/unterthänigst/demühtigst/dienst-und freundlichst/üm des Bluhts Jesu Christi willen ersuchet und gebehten haben: Sie wollen doch die hochnöhtigste Versehung thun/daß ihre arme Unterthanen/mit Gottseligen/treueiferigen Lehreren/Den auch mit tüchtigen/GOtt/sein Wohrt und Diener hertzlich libhabenden Regenten und Amtleuten versorget sein mügen/damit durch diselben/daß falsche/heuchlerische Christenthum/daß leider! unter uns so gahr öffentlich im Schwange gehet/ausgerottet/dagegen aber ein Gottseliges Leben müge gepflantzet und widrum angerichtet werden/alsden ist kein Zweifel/daß sündliche Wesen/wird von Tage zu Tage abnehmen/und geringer werden/dagegen aber daß leider! bei diser Zeit untergedrükte Christenthum herlich wachsen/sich aufrichten und widrum zunehmen. Und dises wird daß einzige rechte Mittel sein/woburch der zornige Gott/einmahl hinwieder besänftiget/sein Grim versöhnet/und die vielfältige erschrekliche Landstraffen/nachdeme sie uns so lange geplaget/gantz und gahr von
uns

Nützlicher und nohtwendiger Vorbericht.

unſ können abgewendet werden. Ach/ihr groſſe Herren/und ihr Gewaltige in Ländern und Stätten / ſehet euch doch mit höheſtem Fleiſſe üm/ nach getreuen Lehreren/ und/ wen euch Gott/ ſolche lobwürdige / treueiferige/ Gewiſſenhafte Prediger hat gegeben / ſo libet / ehret und beſchützet diſelben auch/ und gebet ja nicht zu / daſ ſie von einem jetweden ruchloſen Buben untertreten/ja für deroſelben Fuſhader gehalten werden. Beſtellet aber auch/ für allen Dingen ſolche Amtleute/ und Regenten/ die Gott über alles fürchten / die redliches Gemühtes / wahrhaftig / und dem Geitze Spinnenfeind ſind. Gedenket nicht: Es mag einer leicht guht/oder geſchikt genug ſein/die arme Unterthanen zu plagen/ und daſ Geld/ oder die Schatzung von ihnen zu erpreſſen. O nein/ihr groſſe Potentaten/es iſt fürwahr damit allein nicht auſgerichtet: Ich ſage nochmahlen: Befodert die jenige bei Leibe nicht zu Aemtern/ Würden und Dienſten / welche nichts anders können/ als euch ſchmeichlen und fuchsſchwäntzen / guhte Hof- und Staattsleute geben/ daſ iſt/von Gott und einem Chriſtlichen Wandel nichtes glauben / noch etwaſ wiſſen wollen. Ach/machet doch die jenige nicht zu Amtleuten/Rahtsherren und Richtern / welche nichtes anders haben gelernet/ als täglich ſtark ſauffen/ ehrliche Leute beſchimpfen / theils auch mit lauter Machiabelliſcher Staatiſterei / als worinn Ihre Religion und Glaube gäntzlich beſtehet/ſich behelffen. Ihr müſſet nicht zweiflen/ ihr groſſen Könige/ Fürſten/ Gewaltige und Herren auf dem Lande und in den Stätten/daſ viele (Ich ſage nicht alle) diſer Eurer beſtalten Amtleute/ Richter und Regenten/eben die jenige ſind/welche den gröſſeſten Hauffen/ Eurer/ durch ſie böſlich verleiteten und geärgerten / armen Unterthanen / rechtgeſchaffenen Predigern gleichſahm zum Trotz/ mit ſich zum Teufel/ und in die Hölle führen/ und mögen groſſe Herren/ am allermeiſten aber ihre hohe Bediente und Rähte/ als durch welche faſt alle dergleichen Händel verrichtet/und ins Werk geſetzet werden/ nur ſicherlich glauben/daſ ſie für dem letſten/geſtrengen Gerichte Gottes/ wegen der/ theils untüchtigen Prieſter/ theils auch heilloſen Amtsbedienten/ welche ſie ihren Unterthanen haben fürgeſetzet/ eine überauſ ſchwehre und genaue Rechenſchaft dermahleinſt müſſen geben/ da den keine Hofepoſſen noch Geſchanke den zornigen Richter verſöhnen/ oder von der angedreuten ſchwehren Straffe ſich jemand wird loſ würken können. Ich/ alſ ein unwürdiger Prediger und Diener meines

HErren

Nutzlicher und nohtwendiger Vorbericht.

HErren Jesu Christi / habe dises alles der zeiten von Mir gesaget/ Ich habe es gesungen / geprediget und geschrieben/ und nun endlich (Gott sei ewig dafür gelobet) meine arme Seele errettet und befreiet.

Und dises ist es auch / treugelibter Leser / daß Mich zum Theil hat angereitzet/ ja gleichsahm gezwungen/ meine Feder abermahl anzusetzen/ und der Gemeine Gottes in erbaulichen Liederen solche Sachen vorzustellen / wodurch verhoffentlich das Teufels Reich und Kirche zerstöhret / dagegen aber das wahre Christenthum/ so viel an Mir/ erbauet/ erweitert/ und vieler Menschen ewigem Heil und Seligkeit kan fortgesetzet werden.

Verlasse derowegen du mein frommer Christ / den verfluchten Wollustgahrten diser schnöden Welt / und verfüge dich hieher zu meinem Musikalischen Seelenparadiß/ zu dem allerschönsten Schrifft und Bibel-Gahrten / brich in demselben eine lieblich- und wolschmekkende Frucht / eine schöne Bluhme nach der anderen ab/ versuche ihre Kraft und Saft/ empfinde ihre innerliche Seelenwirkung/ und alsten wirst du bekennen müssen/ daß dein Geist erfrischet / dein Hertz gestärket/ dein Gemühte erneuret / und du/ mit Leib und Seele zum ewigen Leben werdest wiedergebohren. Ich wil aber dises Buch/ als welches die allernützlichste Sprüche des alten Testaments (worauf das kräftigste Mark/ oder/ wie die Chymici reden/ die Quinta Essentia, die edelste Perl/ mit höhestē Fleisse ist gezogen und gesogen:) in sich begreiffet/ gleichwol selber nicht rühmen/ noch Mich damit erheben/ Daß mugen die jenigen thun/ welche die unvergleichliche Würkung der Früchte/ auß disem Seelenparadise gefühlet/ und des heiligen Geistes durchdringende Gnade mehrmahlen gekostet und empfunden haben. Zwahr/ hette Ich dir/ Christlicher/ liber Leser/ dises alles wol in ungebundener Rede können fürstellen. Aber Nein / Ich bin bei meiner edlen Poesie geblieben / gantz und gahr nichtes achtend/ daß mancher oft auffs Spöttlichste/ von diser herlichen Wissenschaft redet/ oder urtheilet/ welches er aber/ wen er ein weinig mehr Verstandes davon hette / nimmermehr thun werde. Die Grobheit vieler Leute ist Schuld daran/ daß man bißweilen die allerfürtreflichste Künste be-achtet/ kluge Geister aber/ werden sich einer solchen Dumm-Kühnheit nicht unterwinden / und hilft es die Tadeler der himlischen Dichtkunst durchaus nicht/ daß sie vorgeben: Es werde das Vers machen itz gahr zu gemein / es möchte dise

Kunst

Nützlicher und nohtwendiger Vorbericht.

Kunst nohtwendig fallen/ ein jetweder/ der nur ein weinig teutsch lesen und schreiben kan/ lasse alsobald seine Künste und Namen in ofnem Drukke sehen/ man mache eine rechte Bettelei darauf: Der eine Poet schimpfe/ der ander liege/ der dritte heuchle/ der vierte hasiere/ und sei es endlich dahin kommen/ daß/ wen man einen rechten Phantasten wolle beschreiben/ so sage man: Er sei ein natürlicher Poete/ dahero es auch kein Wunder/ daß für weiniger Zeit/ in einer grossen und wolbekanten Statt/ bei schwehrer Straffe sei verbohten / daß hinführo kein einziges Gedicht/ weder auf Hochzeiten/ noch auf Begräbnissen/ noch auf sonst ansehnliche Zusammenkunften sol gemachet/ und durch offentlichen Druk herfür gegeben werden/ und was solcher Inwürffe (die man gahr oft muß hören) etwan mehr sein mügen.

Man könte aber den Spöttern und Verächtern der edlen Poesie / auf dises alles gahr leicht und zwahr gründlich antwohrten/ wen es nur die Zeit/ wie auch die Beschaffenheit dises kurtzen Vorberichtes wolte zugeben/ mit weinigen müssen wir gleichwol unsern Tadlern begegnen / damit sie sich nicht gahr zu klug lassen dünken. Daß es mit dem Vers- oder vielmehr Reimen machen / sehr gemein werde/ also/ daß auch die gröbeste Ignoranten, und nichteswissende Phantasten mit der Zeit wollen Poeten heissen / solches kan niemand läugnen / ja man mag bei diser Zeit wol recht und mit Wahrheit singen:

Verschmähte Poesi! Das Bettlen auf den Gassen
Ist nicht so gahr gemein/ alß Verse drukken lassen:
Daß dises aber der Kunst / oder deroselben Gühte und Fürtrefligkeit an sich selber etwas benehme/ daßelbe ist gantz falsch und nichtig. Es ist keine Kunst oder Wissenschaft in der Welt/ darin es nicht einen haffen schlechter Bühnhasen/ oder grober/ nichteswissender Pedanten und Schlüngel gibet/ wie solches die Erfahrung genugsahm bezeuget:

Die/ sonst hochgepriesene Musicanten/ haben ihre Bierfiedeler / die Sinnreichste Mahler ihre Tührenbeschmeisser/ und Wände- oder Maurenbekläkker. Die kunstreichste Gold-Arbeiter ihre Bleigiesser/ oder Saffraubergülder: Und dergleichen saubere Bürslein finden sich bei fast allen guhten Wissenschaften. Wer mügte nun aber so närrisch sein/ daß er üm solcher Idioten willen / rechtschaffene Künstler wolte verachten/ oder sie für albere Gekshäuser halten? Solte man darum die Musik/ die Mahlerkunst/ Schreibekunst/ und andere

Nützlicher und nohtwendiger Vorbericht.

Die schöne Wissenschaften verbiehten/ diweil so viele elende Hümpler und Kunstschänder unter ihnen werden gefunden? Das sei ferne! Ja sprichst du unvernünftiger Dichterfeind: Ich lasse Mich gleichwol bedünken / man habe recht und wol daran gethan/ daß man verbohten habe hinführo keine Verse mehr drükken zu lassen / diweil hiebevor so viel jämmerliches Zeuges hervor kahme/ daß es den jenigen/ welche es zu machen begehret hatten / mehr zum Schimpf/ als zur Ehre muste gereichen / ja es waren bisweilen Sachen darunter / man hette Ratzen und Mäusen damit können vergeben. Dises ist wol ein schöner Witz/ und ein kräftiger Inwurf/ welcher eben so viel Macht und Verstand hat/ als wen du klagen woltest: Ey/ wie hat mir der lose Kerl/ mein guhtes Kleid/ meine kostbahre Rok verderbet/wie hat er mir das feine Tuch zu schande geschnitte! Drauf frage Ich/ wer dir dises gethan habe? Du antwohrtest: Ein rechter Lumpenhund vom Dorf/ der sein Lebenlang kein guhtes stükke Zeuges/ hat gelernt machen / man darf ihm aber nicht viel dafür geben. Ey wol/ dir ist mit deinem Kleide recht geschehen/ warum hast du es keinem rechtgeschaffenem Meister zu machen hin gegeben? Oder/ als wen du sagtest : O wie hat mir der betriegerischer Bube/ das guhte Silber/ die guhten vierzehnlöhtige Reichsthaler so übel verhümpelt / wie hat er mir doch ein so gahr unförmliches Trinkgeschir: darauf gemachet! Wer hat es gethan/mein Freund? Ein Bekkenschlager/ein Kupferschmied/ ein Zinn- oder Kantengiesser. O.(spräche Ich) dir ist gahr recht geschehen: Warum hast du es nicht einem vernünftigen Goldschmiede auszuarbeiten gegeben? Eben also/mag man auch die jenige fragen / welche von den elendesten Reimemachern und Bettelpoeten begehren / das sie ihnen entweder Traur- oder Freuden-Trost- oder LobGedichte sollen auffsetzen! Warum suchen sie das nicht bei gelehrten/Sinnreichen Dichtern? Von Dörnern kan man keine Trauben/ und von Diseln keine Feigen brechen. Aber Ich höhre / das solche Bettelpoeten/ den Leuten zu zeiten in die Häuser lauffen/ und gahr wehemühtig bitten / ob sie ihnen nicht etliche Reimen zu Ehren mügen schreiben/ und diselben drukken lassen/ auf das sie ein Paar Mark damit könten verdienen? Pfui der übergrossen Schande/die einer solchen edlen/recht kaiserlichen/ und bei den Jüden/Griechen und Römern so hochgepriesenen Wissenschaft/ der Göttlichen Poesie wird angethan! Man solte solche Bährenhäuter mit faule Eyern zum Lande und Statt

hinauf

Nützlicher und nohtwendiger Vorbericht.

hinauf werffen. Wen ein solcher kahler Bettler zu Mir käh-
me/und begehrte/daß Ich ihme / als einen Poeten / der sein
Nahrung damit gewinnen müste/doch etwas zu machen/oder
zu reimen solte vergönnen / Ich wolte ihm ein stükke Brod
biehten/und/wen er solches würde verschmähen/ so solte er ei-
ne guhte Prügelsuppe dazu bekommen. Ich zwahr halte mei-
nes Theils dafür/daß diejenige Leute/sehr weinig Verstandes
müssen haben/die von solchen jämmerlichen Grillenfängern
einige Ehrengedichte begehren/ da sie doch andere sinreiche
hochgelehrte und Weltberühmte Leute könten haben/ welche
ihnen / in ihrem ehrlichen Suchen und billigem Begehren
gahr gerne würden wilfahren. Und liber/ warum solte
Mir doch ein paar Stiefel bei einem Altflikker lassen machen
da ich einen erfahrnen Meister / oder Fürstlichen Hofschu-
ster könte haben? Warum solte Ich begehren/ daß Mir ein
elender Linnenweber/eine von Gold und Seiden gezierte Ta-
petzerei möchte verfärtigen / da es mir doch an kunstreichen
Teppichmachern in der Statt nicht fehlete/ und Ich eines I-
taliänischen / oder Niederländischen guhten Künstlers be-
mächtiget sein könte? Nun haben wir gleichwol in Teutsch-
land noch etliche (wiewol weinige) recht guhte Poeten/ wel-
cher gelehrte Schriften und hochnützliche Bücher mit Lust
und Verwunderung zu lesen / etlicher junger Dichter zu ge-
schweigen/welcher treflicher Verstand/ auß ihren erst her-
brechenden Sinn-und Geistreichen Gedichten auch sattsam
erhellet. Sol man nun so grosse Leute/wie auch feine/gelehr-
te Studenten darum verachten / daß nebenst ihnen eine solche
Menge elender Reimenmacher wird gefunden? Sol man um
solcher Idioten Unverstandes/und üm ihrer Saalbaderischen
Possen/ Narren- und Libesgrillen halber/ die sie lassen aus-
fliegen/in den grossen Stätten/die edle Poesie gantz und gar
verbiehten? Daß dünket Mich/heisset wol recht/das Kind mit
dem Bade außschütten. Kein Verständiger wird dises allzu
hitziges Verfahren loben oder guht heissen. Man könte ja den
Bettelpoeten / ihr lumpen Handwerk wol leicht und balde le-
gen/ darum aber dörfte man eine so edle Kunst und recht Him-
lische Wissenschaft nicht gantz und gahr verbannen/ oder zum
Tohr hinauß weisen. Ich habe unlängst tapfere und hochver-
ständige Leute/ von disem Handel discurriren, und gahr sehr
auch mit nachgesetzten Wohrten darüber klagen gehöret
Daß/(da man hiebevor wolverdienten Personen/ so Ehren-
renschriften nachgesetzet/ wodurch die Gedächtnisse ihrer
rühm

Nützlicher und nohtwendiger Unterricht.

christlichen Wandels erhalten/ihre löbliche Thaten geprießen/und die sämtliche Inwohner alles guhtes von ihnen zu hoffen/ ja auch ihren Hinterlassenen / von Hertzen gewogen zu verbleiben / weren veranlasset und bewogen worden) nunmehr deroselben so gahr werde vergessen/ als hetten sie niemahlen in ihrem Vatterlande gelebet/ als hetten sie niemahlen demselbigen nützliche Dienste erwiesen/zu geschweigen/daß man auch von der seligverstorbenen Gebuhrt/ Alter/Herkunft/ Geschlecht/ Leben und Absterben / nunmehr offt daß geringste nicht könne erfahren / welches eine Sache/ wovon/ daß sie wol gethan / kein Vernünftiger mit Bestande etwas beibringen könne. Daß Beste würde sein/daß man den verhafteten Misbrauch aufhübe/ und den rechten Gebrauch diser schönen Wissenschaft widrum instellete/ man dörfte ja die nichtswissende Reimer und Leimer nur seyn lassen/ und sich Gelehrter/Sinnreicher und hochverständiger Leute Wissenschaft hinführo gebrauchen / und durch derer Hertzbewegende Schriften/ den Ruhm und die Gedächtnisse der tugendhaften Seelen / zu sonderbahrer Vergnügung der annoch lebenden/ erhalten.

Und dises/freundlicher/liber Leser/war ungefehr/der Inhalt deß jenigen/ waß für weiniger Zeit/ in einer Gesellschaft fürtreflicher Leute / von disem Handel ward erwähnet/ welches/ob es wol/oder übel gethan / Ich allen Kunst- und Tugendlibenden zu urtheilen/anheim stelle. Meine weinige Person betreffend/ so finde Ich in meinem schwehrem Amte / und unterschiedlichen/ fürnehmen Bedienungen / so viel Mühe/ dabenebenst auch in Herausgebung meiner Geistlichen Bücher und Schriften/ so viel Arbeit / daß Ich es Mir mit der Zeit gleiche viel gelten lasse/ ob die Poesie / an anderen Ohrten zugelassen/ oder verbohten sei / Andere / denen vileicht etwaß mehr als Mir an diser Sache gelegen / mögen deßwegen eiferiger sorgen / und der Kunst Misbrauch sich zu Gemühte ziehen.

Unterdessen übergebe Ich dir / Christlicher liber Leser/ diese meine erbauliche Lieder/ über die fürnehmste Sprüche des Alten Testaments/ welche Ich wünsche/daß sie dir so gemein und bekant mögen werden/ alß daß libe/ heilige Vatter Unser/ und magst du doch fästiglich versichert halten/ daß du auß eben disen Liedern / so schlecht und geringe sie auch von den Welthummelen mögen geschätzet und angesehen werden/ außführlich wirst lernen ; Recht glauben/Christlich leben/
gedültig

Nützlicher und nohtwendiger Vorbericht.

gedultig leiden/ und den schliflich die allergrösseste Kunst der Welt/ selig sterben.

Solte es nun dem frommen Gott in Gnaden gefallen/ Mich noch eine Zeitlang bei Gesundheit und Leben zu erhalten; So sol der Andere Theil dises unseres Musikalischen Seelenparadises (worinn die allerschönste Lehr- und Trostreichste Sprüche/ des gantzen Neuen Testaments/ in erbaulichen/ und den rechten Weg zum wahren Christenthum zeigenden Liederen verfasset/befindlich) mit ehistem/an das ofne Tageslicht gebracht und herausgegeben werden. Der getreue Gott und Vatter im Himmel/ wolle uns doch bei disen elenden/ hochbetrübeten Zeiten/ so viele Ruhe und Sicherheit bescheren/ daß dise und andere mehr wolgemeinte Arbeit und Schriften (wozu sonderlich auch meine Musikalische Sterbekunst gehörig) werkstellig gemachet/ und wir ja nicht/ abermahl mügen gezwungen werden (wie leider! schon etliche mahl geschehen) mit Hinterlassung aller unserer zeitlichen Güter und Haabseligkeit/ auch so bieler theilshalb/ theils fast gantz ausgearbeiteter Bücher und Schriften davon zu fliehen/ und uns in der Frembde aufzuhalten. Ach du lieber hinnlischer Vatter/ erbarme dich doch über uns arme/elende Menschen/und/da unsere Sünde und Missethaten so schwehr und gros sind/ daß uns der hocherwünscheter/ güldener Friede/ noch zur zeit nicht widrum kan gegeben werden; So schütze uns doch in disem bevorstehendem Winter / wie auch die folgende jämmerliche Krieges zeit/ für plötzlichen Uberfällen/ daß wir nicht/wie uns leider! mehrmahlen wiederfahren/bei finsterer Nacht/ kaltem und ungestühmen Gewitter/von unserem Lager gejaget / in die Büsche und Heiden uns müssen verkriechen. Ach/du frommer Gott/ verhühte auch ja/ daß wir nicht an unserem Leibe und Gesundheit beschädiget/ und des weinigen/ was uns bei dem vorigen unterschiedlichen/ und sehr grausahmen Plünderungen/ annoch übrig geblieben/ oder / was wir sonst mit saurer Arbeit und Schweis seithero widrum zu wege gebracht / nicht abermahl gantz und gahr mügen beraubet werden. Ach du barmhertziger/getreuer Gott/ verleihe doch gnädiglich/ daß Ich mit allen denen/Mir anvertrauten Schäflein / nach deinen Gebohten wandlen/ meinen Allergnädigsten/und gnädigsten Oberherren nützliche Dienste erweisen/fleissig arbeiten/für allen Dingen embsig behten/ daß wir auch/ als Kinder des Lichts / einer den andern hertzlich liben / unser Kreutz willig und gedültig dir nachtragen/

und

Nützlicher und nohtwendiger Vorbericht.

und dermahleinst wol und selig mügen sterben; Gib und gönne uns das allerlibster Herr Jesu/ um deines allerheiligsten Namens Ehre willen/ Amen.

Schlieslich wende Ich Mich auch zu euch/ ihr tapfere und sinnreiche Libhaber/ der beiden edelsten Wissenschaften/ als der Himlischen Dicht= und der Göttlichen Singekunst. Nehmet an ihr hertzhafte und freudige Poeten/ dise meine Lieder/ welche eine nicht Jrdische/ sondern Himlische Libe und Flamme/ abermahl aus meiner Feder hat lassen fliessen/ folget Mir und anderen treulich nach/ welche euch den Weg zeigen/ wie man in diser jämmerlichen Zeit/ seinem Seelen-Bräutigam/ Jesu Christo zu gefallen/ solche Lieder solle anstimmen/ schreiben und singen/ die nicht nur den Dichter/ sondern auch alle die jenige/ welche in der gezeigten Lebensbahn wandlen/ und als rechtschaffene Christen in Ihrem Thun sich erweisen/ der ewigbeständigen Libe und Gnade Jesu Christi theilhaft machen.

Ihr himlische Tichter/ ihr fleissige/ ihr höfliche/ ihr Ehre/ kunst= und tugenblibende Poeten/ wollet ihr dem Himmel von Tage zu Tage noch mehr gleich und ähnlich werden/ so entschlaget euch/ so viel nur immer müglich/ aller weltlichen Eitelkeiten/ netzet eure Federn in den Ströhmen/ welche aus dem Paradys Gottes fliessen/ und schreibet dem Schöpfer zu Ehren/ und zu Erbauung seiner Kirchen nur solche Bücher/ welche nach dem Himmel schmekken. Lobet und preiset mit volklingenden Liedern den grossen Gott/ der euch erschaffen/ der trefliche Dinge an euch gethan/ der euch von Mutterleibe an lebendig erhalten/ und so wunderbahrlich hat geführet/ Ehret und danket seinem heiligen Namen/ und zweifelt nicht/ daß/ dafern ihr in solcher Libe Jesu beständig verharret/ und berührter maßssen/ seinen allerheiligsten Namen/ mit Hertzen/ Mund und Feder/ in diser Sterbligkeit/ bis an die letste Stunde eures Lebens erhebet: So werdet ihr auch nach diser Zeit/ mit den Edlen/ grossen und unvergleichlichen Dichter-Helden/ als unsern/ nunmehr allen/ in Gott selig ruhenden Opitzen/ Flemming/ Klajen/ Harsdörffern/ Dachen/ Tscherning (welche drei letste wir in disem 1659. Jahre leider! leider! al zu frühe durch den zeitlichen Tod verlohren) und andere mehr/ die durch ihre herliche Schriften/ bei unseren Teutschen/ schon längst sich unsterblich gemachet/ die allerheiligste Dreifaltigkeit in unausssprechlicher Freude/ Glori und Herligkeit loben/ rühmen und preisen/ Amen! Komme allerlibster Herr Jesu/ Amen!

Ihr

Nützlicher und nohtwendiger Vorbericht.

Ihr aber/ ihr fürtrefliche Musici/ ihr berühmte Cantores und Kunstsinger/ ihr hochgepriesene Meister auf Orgeln/ Pfeiffen/ Seiten und mancherlei liblichen Instrumenten/ ihr seid die eigentliche Brüder/ rechtgeschaffener Poeten/ durch euch leben unsere Lieder und Gesänge/ ihr verschaffet durch eure süßklingende Melodien/ daß die Gottlibende Seelen/ gleichsahm auf sich selbst entzükket/ und durch eine Hertzrührende Andacht/ hinauf/ in das himlische Paradis werden gerükket. Eure Kunst vergehet nicht/ wie andere eitele Wissenschaften/ sondern sie bleibt ewig/ wir wollen und werden uns/ den helleuchtenden Chören der grossen Himmels Fürsten/ den grossen Engeln zugesellen/ und mit denselben/ das Dreimahl Heilig/ in alle ewige Ewigkeit lassen erklingen. O Freude/ O Wonne/ O Ehre/ O Herligkeit/ O Seligkeit ohne Ende! Immittelst muß Ich frei heraus bekennen/ daß unter tausenderlei Elend und Trübseligkeiten/ welche Mich die Zeit meines Lebens betroffen/ Ich gleichwol dises Glük gehabt/ daß die fürnehmste/ und kunsterfahrnste Musici in Teutschland/ Mir in Aufsetzung biler hundert auserlesener Melodien/ gern zu willen gewesen/ ja/ diweil sie eine gahr grosse und sonderbahre Lust/ zu den beiden unvergleichlichen Wissenschaften/ der Dicht und Singekunst jederzeit getragen/ so haben sie oft auf eignem Triebe/ Mir mit ihrer Kunst zu dienen/ sich günst- und freundlichst erbohten. Dahero sind meine Geistliche Lieder/ mit den anmuhtigsten Melodien oder Sangweisen/ von unterschiedlichen/ hocherfahrnen Meistern der edlen Singekunst/ als dem Herren Schopen/ Prætorio/ Scheidemann/ Sellio/ Staden/ Hammerschmid/ Kindermann/ Jacobi und anderen mehr ausgezieret und beseelet worden/ welcher weitberühmten Männer und sinnreichen Componisten/ so nütz- als libliche/ und nunmehr unsterbliche Arbeit/ von allen Kunstverständigen/ billich gahr hoch wird gehalten und ihrem Verdienste nach/ herlich gepriesen.

Betreffend endlich die Melodien/ womit alle die Lieder/ welche in gegenwärtigem meinem Seelenparadis befindlich/ ausgezieret zu sehen/ so sind diselbe von dem fürtreflichem und kunsterfahrnem Musico/ Christian Flor/ berühmtem und wolbesteltem Organisten/ bei der löblichen Statt Lüneburg/ willigst gesetzet. Was nun für Fleis und Kunst an diselben gewendet/ davon wil Ich meine Gedanken alhie nicht eröfnen/ sondern rechtschaffene/ verständige Musicos darüber urtheilen lassen. So viel ist mir gleichwol die Singekunst (ohne

Ruhm

Nützlicher und nöhtwendiger Vorbericht.

zubem zu melden / bekant / daß ich auf Anhörung besagter Melodien / wie diselbe gespielet und gesungen worden / etlicher mahsseit verstanden / daß sie eine gahr besondere Ahrt / und mehr Kunst in sich haben / als mancher / auch wol unter den jenigen / so der Musik hoch erfahren / glauben / oder gedenken solte. Dannenhero Ich auch nicht zweifle / daß wolbesagter unser Herr Flor / mit diser schönen und nützlichen Arbeit / bei allen Kunstverständigen / einen sonderbahren hohen Ruhm erjagen / und eine / nicht gemeine Ehre davon bringen werde / welches / daß es ihm überflüssig wiederfahren / und er noch ferner / bei langem / gesunden Leben / auch aller Leibes und der Seelen Erspriesslgkeit / mit solchen und dergleichen hochlöblichen Verrichtungen / Gott und seiner Kirchen dienen müge / Ich ihme / als einem fürtreflichem Künstler / von Grund meiner Seelen hiemit wil gewünschet haben.

Fahr wol / Gott- und Kunstlibender Leser / lasse dir unsere Arbeit im Herren wolgefallen / deute alles zum Besten / absonderlich auch / waß in disem Vorberichte auß treumeinendem Hertzen / von den Uhrsachen / unseres leider! gahr zu falschen Christenthumes / ist erinnert: lasse dir meine weinige Person / bei disen elenden / hochbetrübten Zeiten / in deinem andächtigem Gebehte treulichst befohlen sein / bleibe mein und aller der jenigen / welche die Ehre Gottes zu beförderen / sich efserigst angelegen sein lassen / beständigster Freund und Gönner / und halte dich versichert / daß Ich dir hinwieder / alle angenehme / Christliche / und mügliche Libesdienste erweisen / und unaußsetzlich Der Deinige wolle heissen / so lange Ich die Ehre habe / in dem hochlöblichem Fruchtbringendem Orden genennet zu werden.

Der Rüstige.

Folgen

Ehren- und LibeSchrifften.

Folgen etliche Ehren- und LibeSchrifften fürnehmer Herren/ und wolvertrauter Freunde.

IN ODAS SACRAS
Admodum Reverendi, Nobilissimi, & Excellentissimi

RISTII.

Accipe Leucoreis, RISTI, quæ mittitur oris
  Littera MEISNERI, sed sine fraude, Tui.
Accipe, si qua vocat nostras audire Camœnas,
  Nec nimium fervet, quod modularis, opus.
Nam mediâ veluti *paradisi* sede locatus,
  Nunc *paradisiacos* concinis ore modos.
Quæq; inter Divos olim, cœlo ipse receptus,
  Cantabis summo carmina grata Deo;
Nunc procul in Terris profugus velut hospes inerrans,
  Sed lætus, patrio præmeditaris agro.
Perge sacris resonare Deum plectrisq; metrisq;,
  Et facere, angelicus quod facit ipse chorus:
Sic poteris plausum, poteris meruisse Poetæ
  Nomen, & in Cœlis præmia digna feres.
Tuq; etiam LECTOR, cui cœlum cura, laborq; est,
  Exemplo RISTI psallere disce Deum.

JOHANNES MEISNERUS,
S. S. Theologiæ Doctor & Professor Publicus.

VIRO
Celeberrimæ famæ & eruditionis,
DN. RISTIO,
Poetarum Nobilissimo.

Dul-

Dulcia non-vanæ meditari Cantica Suadæ
 Conveniens studiis res solet esse tuis,
Et multùm labor istę juvat. Sunt cætera Mundi,
 Qui sapit in sacris, rectius ille sapit.
Hinc meritò laudem, RISTI præclare, mereris,
 Et precium famæ colligis omne tuæ.
Doctrinæq; decus, de quo Tibi gratulor Uni,
 Dignaq; tam sancto fata labore precor.
L. m q₃. app.

Godefridus Cretschmarus,
Serenissimo Megapolensium
Principi, à Secretis.

Uber
Des hochberühmten Herren Riſtens Neues
Muſikaliſches Seelenparadiſ.

Er Seelenparadiſ iſt rechter Chriſten Weſen/
 Der Reſt iſt Eitelkeit der Welt/und blinder Schein/
Wer hie wil recht gelehrt/und dort wil ſelig ſein/
Der muß diß euer Buch/Herr Riſt mit Andacht leſen.

Diſes ſchreibet aus dienſtlicher Schul-
digkeit

Gottfried Kretſchmar.

Invitus sacrô Paradisô cessit Adamus:
 Invitat Natos RISTIUS hujus eò,
Namq; modô dulci, depromta volumine sacrô,
 Concinit angelicô carmina digna chorô.
Qui sapit, hæc crebrô condiscet sedulus usu,
 In Paradisiacum sic rediturus agrum.

Johann Höefel/ Dr.
& Reipubl. Svinfurd.
Consiliar,

Ehren- und LobSchriften.

An
Den HochEhrwürdigen/ HochEdlen/ Vesten und Hoch-
gelehrten Herren
JOHANN RIST
Wolverdienten Prediger zu Wedel/ Römi-
scher Kaiserlicher Majestätt verordenten Pfaltz-
und HofGrafen/ Fürstlicher Durchläuchtigkeit zu Meklen-
burg wolbestelten Geheimen- und Consistorial-Raht/ als
derselbe Sein Neues/ Musikalisches Seelen-
paradis heraus gab.

Es hat nun dreimahl fast/ Herr Rist/ die Sonn' erneuet
  Was vor/ der kalte Wind mit Reif un Schnee bestreuet/
Und ausser Lust gesetzt. Wol dreimahl hat bei dir
Und auch nicht selten sich gahr unverhoft bei mir
Was wiedriges eräugt; Es hat sich das Beliben
  Wol drei mahl umgetauscht mit herben Hertzbetrüben/
Seit das ich bei dir war. Es mus verselben sein:
  Wer Gott gefallen wil/ mus schmekken Kreutz und Pein.
Wer sich mit Christo drükt/ wird auch mit Ihm erhaben
Zu seiner Herligkeit; Wird dort die Seele laben
  Aufs neue/ neubeleibt mit süssem Engelbrod
  Und Wollust ohne Last/ und leben sonder Tod.
Wenn jetzt der Himmel läst die Wolken-Trähnen fliessen
Und schwängert Feld und Wald durch solches Wundergiessen/
  So folgt die Sonne drauf/ und troknet wider ab
  Was kränklich anzusehn sich leget auf sein Grab.
Der Höchste schlug dich wund/ lies dit die Augen rinnen/
Und hatte doch ein Aug' auf dich von seinen Zinnen
  Des Himmeltrohns gekehrt; Nun hat sichs umgewänd/
  Es ist in etwas schon der Traur- und Ubelstand
Verwechselt und versetzt. O grosse Gottes Güthe!
Wie schlägt und heilet Er ein Christliches Gemühte
  Das sich nur Ihm ergibt. Dis hast du selbst gelehrt/
  Uns einen Trost geschenkt/ des Himmels Ruhm vermehrt/
Dein Kreutzbuch mein' ich hie/ das Kreutz/ Krieg/ Sorg' und
Dir haben ausgeloßt. O würdig zu erwähnen!   (Trähnen
  O immerschönes Buch/ das nebenst Wermuhtwein
  Auch süssen Saft und Kraft und rechten Sonnenschein

Der

Ehren- und LibeSchriften.

Den Christenhertzen mischt. Wol! das heist Rüstig tichten/
Wen man die Feder weis auf Gottes Preiß zu richten
Und seines Rechsten Nutz! Das hast du da gethan/
Itz führst du deinen Kiehl noch etwas weiter an.
Du nimst das grosse Buch/ nicht/ das wir Atlas nennen/
Auf welchem wir diß Rund in seiner Runde kennen
Und alles/ was es hegt; O nein/ Du grosser Rist/ (v. 9.
Du nimst/ daß uns bekant/ und unbekant noch ist/ 1. Cor. 1ʃ.
Das grosse Buch der Schrifft/ so Gottes Geist geschrieben/
Was kan hie gleiches sein? Wer hat dich hie getrieben
Als Gott/ Du Gottesmann? Ohn' Ihn ist ja kein Licht/
Kein guhter Hertzentrieb/ kein reiffes Sinnen nicht;
Verstand bleibt den nur Tand. Du zeigest uns gahr eben
Den rechten Kern der Schrift/ den rechten Geist/ das Leben/
Das unsern Geist belebt. Wollan/ die Welt gesteht/
Du seist mein edler Rist/ ein rechter Kernpöet.

Auf Schüldigkeit übersendet dises seinem
grossen Freunde
M. Anthonius **Burmeister**/
Prediger in Dahlenburg/ Kai-
serlicher gekröhnter Poet.

Zu Schrifft

Uber des Ruhmwürdigsten / und immer
Rüstigen / Edlen Herren Risten Geistreiches/ und
mit hertzerquikkenden Tröstblühmelein/ genommen auf dem
allerschönsten Lustgahrten heiliger Schrifft Alten
Testaments/ angefülletes und schön aus-
geziertes

Seelenparadiß.

I.

ES ist ins dritte Jahr nunmehr/
Das Dennemark und Holstein sehr
Der Krieg hat umgekehret/
Verheeret und verzehret;
Es hat das edle Cimber-Reich
Bisher der Feind und Freund zugleich
Aufs Bluht rein ausgesogen/
Verleitet und betrogen;

O Holſtein! Es wird künftig ſein
Groſ Mangel hier an Holtz und Stein
  Zu bauen daß/ was man zerbricht/
  Du biſt gantz übel zugerichtt/
    Und jämmerlich verdorben.

2.

Ach unſer Phönix iſt fürwahr
In ſeinem Neſt * ein gantzes Jahr   *Symbolum.
  Selbſt hart und feſt umgeben/   In hoc meo Nido moriar.
  In welchem er ſein Leben
Wil laſſen mit behertztem Muht/
Er wil ſein Römigliches Bluht
  Für ſeine Junge wagen/
  In dir/ O Koppenhagen!
O Gott/ wir bitten hertzlich Dich
Für unſern groſſen FRIEDERICH!
  Erhalt' ihn doch in ſeinem Neſt
  Für aller Feinde Gift und Peſt/
    Und laſ ihn nicht verderben!

3.

Alsden/ mein Gott/ ſo wollen wir
Vergeſſen unſern Schäden hier/
  Der uns iſt zugefüget/
  Und ſind ſehr wol vergnüget:
Waß iſt doch alles Gold und Geld?
Ein Koht und Drek der ſchnöden Welt/
  Damit ſie prahlt und pranget/
  Das Hertz auch daran hanget:
O Eitelkeit! O Nichtigkeit!
Es hat ja alles ſeine Zeit/
  Die Welt vergeht mit ihrer Luſt/
  Uns iſt viel beſſre Luſt bewuſt
    In Gottes Paradiſe.

4.

Das zeigt uns an der Edle RISt/
Der auch im Kriege Rüſtig iſt/

Der

Der sich im Geist ergetzet/
Und schöne Bücher setzet:
Sein Sct wahn gahr hertzerfreulig sang
Auch unter höchstem Zwang und Drang
Von grossen Eitelkeiten/
Die manchen sehr verleiten;
Die KreutzSchuhl' ist ausbündig guht/
Sie macht recht einen Seelenmuht/
Sie schützet uns in aller Noht
Für Sünde/Teufel/Höll' und Tod/
Als unsern ärgsten Feinden.

5.

Wollan/mit Lust und Lieb' hie lies
Sein herlichs Seelenparadies/
Du hochbetrübtes Hertze/
Hier hast du eine Kertze/
Die leuchtet heller wie die Sonn'/
Und wirket lauter Freud' und Wonn/
Im Kreutz' und allem Leiden/
Auch wen du nun solst scheiden/
Und gehen durch das finstre Thal
Des Todes in den HimmelsSahl:
Ach Gott/laß uns nach vieler Pein
Bei dir im Paradise sein/
Woselbst man wohnt im FRJEDE!

Kling-Reimen.

Durch Adam ist verlohren
 Das schönste Paradies/
 Um weinigen Genies/
Es ist dafür erkohren
Ein Apfel der versooren
 Bald must'/er gab verdries/
 Der Adam selbst aufsties/
Wie Gott vorhin geschwohren.

Das

Das Paradies/O Christ/
  Im Himmel nunmehr ist:
Herr RIST doch aber bauet
  Des Paradieses Zier
  Für deine Seel' alhier/
Das man auf Erden schauet.

Hamburg / am 5. Tage des Herbstmo-
nats / Im Jahre / als gantz Holstein
seuftzete und wünschete:

HERR! HERR! ErbarM DICh
  Vnser bie in HoLstein/
GIb HERR Vns baLD Des Frie-
  Des seinen Sonn-SChein!

Welche seinem hochgeehrten
Herren Gevattern / und zwey
und zwantzig jährigem / groß-
geneigtem Freunde und Gön-
ner / aus abermahliger hoch-
trüber Kriegesflucht schmertz-
lich bekümmert über-
sandte

Andreas Gödeke / von Schö-
ningen / Prediger zu Quikborn
in Holstein.

Sonnet.

Das ist ein Paradies: wen man Glükselig lebt/ (a)
  Das ist ein Paradies: wen einer sein Gewissen (b)
  Das sich von Jugend auf der Tugend nur beflissen/
In Ruhm und Freuden hat; In dem kein Brandmahl klebt/
Das ist ein Paradies / wen unser Hertz hie strebt (c)
  Nach Gott und seinem Wohrt: wen die Gedanke küssen
  Die Ewigkeit / und gern das Eitle wollen wissen;
Da man am Himmel mehr / als auf der Erden schwebt:

  Glükseligkeit in Gott: Die Freude des Gewissens:
  Gott selber uñ sein Wohrt / (die müde Seelen Küssens)
Der Himmel: Dise sind der Seelen Paradies/
  Dis alles aber wird in diser Schrift besungen/
  Die unserm Vatter RIST so Rüstig ist gelungen/
Der Ruhm ist Sein: Der Nutz nur Dein. Drum leser lies.

(a) Augustin. Epist. 57. ad Dardin.   (b) Idem de ben. ad Lit. li. 12. c. 14.
        (c) C. Rhodigin. l. a. l. 3. c. 3.

Dem grossen RISTEN / setzte
  dises
Sein Gehohrsahmster
  E. Horn / Prediger der Kirchen
    in Papst- und Kummersdorf.

In amœnissimum
ANIMÆ PARADISUM
Divinâ Benedictione
plantatum
à
Reverendo admodum, præclarissimo atq; Excellentissimo Viro
Dn. JOHANNI RISTIO &c.

Es, MAGNE RISTI, prosperioribus
   Fulgata Fatis, atq; animis piis
      Lustrata nuper sacra laudis
        Atq; CRUCIS SCHOLA durioris,
Implena quæ SOLAMINE, quopia
   Mens sublevatur, quæ Sapientiæ
      Non absq; honoris dite, punctum,
        Fœnore, promeruit probatum.
E luce privâ publica lumina
   Nunc cernit HORTUS sacer, amabilis,
      Quem SPIRITU plantas JEHOVÆ,
        CLARE VIR; Hinc PARADISUS audit.
Hîc dicta monstras Biblica PRACTICE
   Tractata, ceu pulcros AMIMÆ piæ
      FLORES, quibus spirant JEHOVÆ
        Pectoribus miseris amorem.
Hunc, LECTOR, HORTUM sedulò visita,
   Hîc carpe flores; Hîc recrea tuam
      Mentem, ROSETO CÆLICO, quem
        Exhibet hîc tibi dextra CHRISTI.
Tu gratus ut sis, nunc celeberrimo
   Dic, RISTIO, grates, DOMINUM DEUm
      Orans, ut illi sit superstes
        Inq; solo inq; Polo ampla merces.

        Honoris & Observantiæ contestandæ
            ergò l mq; appos.
      M. Sebastianus Francus, Reip. Svinf.
      Pastor in Zell & Weippoltshausen.

Sonnett.

WEn wir mit Salomon nachdenklich es betrachten/
Worinn doch bise Welt ihr allerhöchstes Guht
Zu finden oft vermeint/ und solte Seel' und Bluht
Dabei zu Bodem gehn/ so müssen wir es achten
Für lauter Eitelkeit/ und/ ob uns gleich verlachten
Die Kinder diser Welt; Viel einen bessren Muht
Gibt es/ wen treulich man nach Gottes Willen thut/
Drum/ wen uns ihrer viel die Welt noch süsser machten/
So glauben wir es nicht/ wir müssen drauf gedenken/
Wie wir in unsern Gott die Seelen recht versenken:
Hierinn nun geht uns vor der weltberühmte Rist
Und weiset uns den Weg/ man sol noch seines gleichen
In unserm Teutschland sehn/ drum mus er auch erreichen
Den Ruhm/ das Seiner nie die Kluge Welt vergist.

Seinem hochgeehrtem Herren Vatter übergibet
dises unterdienstlichst mit flüchtiger
Feder

M. Georgius Schönberg
Pastor.

Ad
Reverendum admodum, Magnificum, Nobilissi-
mum, ac Excellentissimum Virum
DOMINUM JOHAN. RISTIUM
Wedeliensium Pastorem jam per multos an-
nos longè meritissimum, Comitem Palatinum Cæ-
sar. Serenissimi Megalburgensium Ducis Consiliarium inti-
mum, Theologum, Philosophum, Philologum, Oratorem,
Polyhistora, Poëtam celeberrimum &c.
Dominum Fautorem & Amicum singu-
larem &c.

POst tot *præclara & divina Poëmata*, post tot
Edita *Scripta* ipsâ digna linenda credo,
Summus inexhaustâ doctrinæ RISTIUS, *ille*
RISTIUS *ingenio maximus, arte gravis,*
Jam *Paradisiacos Animarum* excurrit in *Hortos,*
Quos hymnis celebrat cœlisonisq; modis.

Suav

Ehren- und Libe Schriften.

Suavi & solatur modulamine pectora mœsta,
  Dulcibus extollens laudibus usq; *Deum.*
Orphea commendent, laudent *Amphiona* Prisci;
  Cantandi *Thamyras* nomen ab arte ferat.
RISTIADEN nostrum nostris celebrabimus annis:
  Quantus is, ostendunt tot pia Scripta, satis.
tua Scripta docent, quæ, nil in palpo sub aurem,
  Nec scombros metuunt, quæ neq; thura timent.
Ut Phœbi & Christi repletus numine, ad auget
  Ingenia ingenii nostra vigore sui.
Harmonicis sic quando animat *Meletemata* plectris,
  Melpomenes melius non sonat Harmonia.
Sit felix labor ille novus tibi, *summe POETA,*
  Gaudia quo monstras quæ *Paradisus* habet.
Pro te proq; Salute tuâ non desino, votis
  Numina perpetuò solicitare piis.
Quò vivas felix, semper mea ad ætheris arcem
  Plena calescentum sumet acerra precum;
Qui, *Deus* his *duris* tibi sese indulsit in *annis*
  Patrem, post etiam sit *Pater* usq; tuus.
Donec, sed serò, *Paradisi* evectus in *hortos*
  Concelebres *Dominum,* sic sine fine *Deum,*
Latro ubi nullus erit sitiens haurire cruorem,
  Ipsum qui JOVAM non spoliare timet.
At ubi sola Salus, ubi gaudia, gaudia nullis
  Audita aut unquàm cognita pectoribus!
                Scrib. in Electorali Dresdâ
                 ἐκ προςπνῐᾰς
           M. Joh Bohemus, Poet. Cæsar.
                 ibidem Rector.

Uber
Das hocherfreuliche
SeelenParadis
Des edlen und weltberühmten Herren Ristens/ Seines hochgeehrten Herren und fürnehmen Freundes.

1.

So hat die Seel' ihr Paradis
  Auch noch in disem armen Leben/
Wo Müh' und Angst/ wo Kümmerniß/
  Wo Noht und Tod nur oben schweben?
Ach Gott/ wie wird sie doch geplagt
  Von mehr den tausend Centner Engsten!
Nicht wunder oft/ daß sie verzagt
  Verdorben/ mögte sein vorlängsten.

2.

Iß kränket sie der Sünden Wust/
  Welch' ihr noch immerdar anklebet.
Bald macht sie furchtsahm üm die Brust
  Der Feind/ der ihr stets widerstrebet:
Der Feind/ der trotzig ümher streicht/
  Und suchet/ welchen er verschlinge/
Der unverdrossen einher schleicht/
  Daß er uns ins Verderben bringe.

3.

Bald stösset sie der Mangel an/
  Des Hungers kan sie sich nicht wehren;
Zu Hülffe komt ihr gahr kein Mann/
  Sie muß dafür oft Spott anhören/
Sie/ die verlassen überall/
  Ist die Trostlose nur zu nennen:
Blitz/ Hagel und des Donners Knall
  Pflegt oft mit Macht auf sie zu rennen.

4.

Gott und sein Wohrt das stärket sie/
  Daß ist der Trost der sie erquikket.
Das hat sie noch verlassen nie/
  Ob grosse Noht sie schon gedrükket.
Sie rastet an des HErren Brust/
  Und gibt sich sicherlich zu frieden/
Ob sie gleich sonst von aller Lust
  Der schnöden Welt muß sein geschieden.

5.

Diß Paradiß/ O Edler RISZ/
　Das ist von Dir itz neü gebauet.
Wol dem/ der hier nicht säumig ist/
　Und das mit Andacht wol beschauet.
Gewiß/ es wird die Seele sein
　Mit aller Hertzenslust gespeiset/
Und in der himlischen Gemein
　Um dises/ Gott sehr hoch gepreiset/

6.

Ich wahrte mit Verlangen drauf/
　(Das schreibt aufrichtig meine Seele)
Zu sehen/ was uns komt herauf
　Zum Trost in unsrer Kreutzes Höhle.
Befodre was dir müglich ist
　Und reich uns deine theure Gaben.
Ich bin fürwahr zur jeden Frist
　Begierig/ mich daran zu laben.

　　Wolte also seine Gedanken eröfnen in
　　　Pirna/ am 14 des Herbstmonats/
　　　　　im 1659 Jahre
M. Tobias Petermann/ Kaiserlicher
　Gekröhnter Poet / Schul - Rector
　daselbst.

A & Ω
JESUS!

1.

Ehr als lustig war gezieret
　Jennes schöne Paradiß/
　Welches Gott bewohnen hieß/
Auch selbst selbst hat ingeführet
　Aller Menschen Erstes Paar/
　Das von Gott geschaffen war.

Wen Du fromme Christen=Seele
　Die du gantz dich Gott ergiebst/
　Auch ein Paradiß beliebst/
Ey so komm/ und dir erwehle
　Dise Paradises-Lust/
　Der nichts Jrdisch ist bewust.

3.
Gottes Krafftwohrt ist und bleibet
　Unser Paradiß allhier:
　Dises stelt Herr RJST uns für:
Musikalisch er beschreibet/
　Was die Seel erfreüen kan/
　Was sie führet Himmel ann.

4.
Unserm Edlen RJSTEN werden
　Dise Seelen Dankbahr sein/
　Die durch Gottes Gnaden=Schein
Sich entrissen von der Erden/
　Und des theüren Gottes Wohrt
　Hoch beliben fohrt und fohrt.

5.
Jch/ für mich/ wünsch' unserm RJSTEN
　Ewig=grossen Lustgenieß
　Jn dem Himmels Paradieß/
Was die Seele wird gelüsten
　Hier in diser Jammer Zeit/
　Geb' ihr Gott in Ewigkeit.

　　Seinem höchstgeehrten/ und von gantzer Seelen
　　geliebtem H. Risten/ setzet dises in Leipzig
　　　　M. Johann Frentzel/ Kaiserl.
　　　　　　Gekröhnter Poet.
　　　　　　　　　　　　　　　Actor.

Ehren- und Libe Schriften.

Actor. 9. v. 15.

**Diser ist Mir ein ausserwehlter Rüst-
zeug/ daß Er meinen Namen trage
für den Heiden/ und für den Königen/
und für den Kindern von Israel.**

Ein Lehr-uñ PredigtAmt hat zwahr vom ErstBegiñen
Der Stifter solches Thuns noch nie an tieffen Sinnen
Es manglen lassen so; Daß nicht wo einer solt'
Alzeit genesen sein/ der es gahr gern gewolt.
Doch/ weh man derer Zahl doch gleichwol durch die Zeiten
Nun überschlagen solt': Ach wie bei weinig Leuten
Wird ein' Inbrünstigkeit und Eyfer reiner Lehr'
Itz doch befunden/ nur in diser Zahls Verhör!
Doch/ Gott sei Dank für Die/ welch' er noch hat bescheret
Zu seinem Paradiß/ wodurch der Frucht gebähret
Und gute Wahrtung hat: Daß dem/ der sich nicht säumt/
Wie sehr ers auch begehrt/ doch nichts werd' ingeräumt.
Glük zu nun ferner dem/ der sich hiezu bequehmet/
Und solcher Gahrtners- Müh' und Arbeit sich nicht schämet/
Er wirds/ wo ja nicht hier/ dennoch geniessen dort/
Man wird ihm hohe Ehr' erweisen sohrt und sohrt.
Ein ausserwehlter Schatz und Rüstzeug solcher
Männer
Seid Ihr zu diser Zeit/ mein Edler Herz und Gönner/
Da GOttes wehrter Ruhm von Euch/ in aller
Welt/
Für Jüden/ Königen und Fürsten wird gestelt.

Also bekennet von Hertzen Grunde/ solches zu
Ehren seinem hochgeehrten Befoderer/
dem theüren Herren Risten

M. Johannes Prætorius, Kai-
serlicher/ Gekröhnter Poet.

Ehren- und libe Schriften.

Auf des Edlen Herzen Ristens/ neü heraus gegebenes SeelenParadiß/ und die/ von Herzen Floren/ künst- und liblich gesetzete Melodien.

Abermahl ein Neues Werk! Mein Herr Rist läst widrum höhren
Waß ein Grosser Geist vermag/ waß Er schreibet Gott zu Ehren
Und nach Wunsch der frommen Seelen/ bricht noch alle Tag' herfür/   (melsziert
Was er schreibet/ singet/ spielet/ klingt nach währer Him
Auf! Ermuntre dich/ mein Hertz/ nim zur Hand die schöhne Weisen
Fang' auf einem neüen Tohn deinen Heiland an zu preisen:
Gib die Hand und laß dich leiten in daß Seelenparadieß
Da hinauß der Fluch der Sünde Adam unsern Vatter stieß.
Folge disem süssen Schall/ er wird dich zum Himmel leiten/
Stimm' auch selber freüdig mit/ und begreif die reine Saiten
Die Herr Rist und: Flor dich lehren. Sie nun theilen ihren Preiß/   (we
Daß Herr Rist sehr wol zu setzen/ und Herr Flor zu singen
Auß Lüneburg/ pflichtschüldigst dem Grossen
Risten übersendet/ am 11 Octobris im
1659 Jahre   von
              Michael Jacobi, Cantore
              Scholæ Senatoriæ.

Madrigal
Uber des Hoch-Ehrwürdigen/Hoch-Edlen/Vesten und Hochgelehrten/
Herren Johann Risten/ Kaiserlichen Pfaltz- und Hoff-Grafen/ Fürstl. Durchl. zu Meklenburg hochbetrauten Geheimen und Consistorial-Raht/ neües Musikalisches Seelen-Paradieß.

Ich lag nur neulich noch in tieffer Seelen-Noht/
Da kam ein Gotter Bott/

Und

Und sagte: Sei getrost/ was wilt du dich betrüben?
Es hat dein Kröhner Rist/ ein solches Buch geschri-
Das als ein Paradeiß/   (ben/
Dich wol zu trösten weiß:
Da dacht' ich: Möcht' ich doch das Buch nur balde se-
Wie würde mir alsden so treflich wol geschehen! (hen/
Nun Edler Grafe Rist/
Der Du mir/ deinem Sohn von Hertzē günstig bist/
Du wirst auch disen Schatz den matten Seelen gönen/
Diweil sie sonder Dich
Jū Deine theüre Kunst sich schwehrlich trösten könen.

    Seinem Aller Ruhmwürdigsten Kröhner schrieb
      dises zu Ehren in Wittenberg/
        Balthasar Kindermann von
        Zittau/ der Weltweißheit und
        freien Künste Magister/ Kais.
        Gekröhnter R. Poet/ und der
        Salvarischen Schuhlen in Alt-
        Brandenburg Mit-Regierer.

An
Den Hoch-Ehrwürdigen/ Wol-Edlen/ Vesten
und Hochgelehrten Herren

H. Johann RIST/
Com. Pal. Cæs. höchstverdienten Pre-
diger zu Wedel/ an der Elbe/ Fürstl. Durchl.
zu Meklenburg Geheimen- und Consistorial-Raht/ als
er sein Geistreiches Seelen Paradies dem öf-
fentlichen Lichte übergab.

Sonnet.

Wir leben in der Welt/ als in der Trauer-wüsten/
  Wohin wir leider! sind durch Adams Fall ge-
    bracht /
Ein süsser Biß hat uns das Leben saur gemacht.

Ehren- und Libe Schriften.

Wer dise Welt verschmäht mit ihren schnöden Lüsten/
Der achtet solches nicht/wen sich die Menschen brüstē
In stolzer Uppigkeit: Er hat sich wol bedacht/
Und von der leichten Lust/als aus der finstern Nacht
Sich an das Licht gesetzt/woselbst den fromen Christē
Ein Freuden Paradies von Gott erbauet ist.
Der theure Gottesmann/ der hochbegabte Rist/
Wil uns ein Paradies der Seelen Rüstig schikken/
In welchem ewig flamt das wahre Lebens Licht.
Hinweg du schnöde Welt/ich achte Deiner nicht/
Den Ristens Paradies sol meine Seel' erquikken.

Uberschrift
Auf
Herren Johann Ristens
Seelenparadis.

IN Eden stund ein Baum/von dessen Frucht zu essen
Gahr stark verbohten war; Hier darf man sich vermessen/
Und nehmen was man will. Ja/fast ein jedes Blatt
Macht in gewünschter Lust die matten Seelen satt.
Auf dienstwilfärtigstem Gemühte überschikket von

Johanne Wolken/aus Liefland/
S.S. Theol. Stud. Kaiserlichem/
Gekröhnten Poeten.

Auf das neüe Musikalische Seelen Paradies:

I.

JHr himlisches Gemüht/mein edler/wehrter Rist/
Ich gleiche seinen Sinn

Der

Der Sternen Meisterin.

Der Sonnen stetem Lauff/ die niemals müssig ist/
Sie gehet uns zu Dienst und guht des Abends nieder
Des Morgens steht Sie auf und leuchtet uns schon
                            (wieder.

2.

So dient auch er der Welt / Sein Sinn der feyert
     Was hat sein strenger Fleiß   (nicht/
     Bißher/ als ich nur weiß
Für schöne Schriften uns gegeben an das Licht!
Die eine fromme Seel' erleuchten und ergetzen/
Die wir auch höher noch als Gold und Silber schätze.

3.

Es ist nicht lange noch/ da mir von Seiner Hand
     Ein Büchlein ward verehrt/
     So mir recht lieb und wehrt/
Darinnen nichts zu sehn/ als trefflicher Verstand.
Wer da nicht lernen wil die Eitelkeit verschmähen/
Der muß im Christenthum noch gar zu seichte stehen.

4.

Was gibt die Kreutz-Schul uns für stattlichen Ge-
     Der Lieder Zahl und Prob   (nieß?
     Steigt über alles Lob:
Itzt richtet er uns an ein neues Paradieß/
Darinnen man nach Lust so wohl in Glük als Leiden/
O wie ein herzlich Werk! Kan Seel und Sinnen wei-
                            (den.

5.

Hier ist der Bibel Kern: Die Sprüche voller Saft
     Sind künstlich abgefaßt/
     Sie geben Ruh und Rast;
Der Zukkersüsse Klang gibt Anmuht/ Stärk und
     Krafft.
Wann durch der Ohren Thür der Schall ins Hertze
     dringet/   (get.
Wer ist/ der nicht alsbald für Freuden lacht und sprin-

6.

Es bleibet noch dabey/daß unser edler Rist/
Das Wunder der Natur
Die himmlische Figur
Als wie die helle Sonn' am Kirchen-Himmel ist/
Der uns mit seinem Glantz der angenehmen Schriftē
Kan hundert tausend Lust und alle Freüde stifften.

7.

Wohl fahret rüstig fort ihr Glantz uñ Licht der Zeit
Mit eürer Lieder Gold/
Als die euch machen hold/
Was himmlisch ist gesinnt: Dort in der Ewigkeit
Sollt ihr für eüre Müh den rechten Lohn empfangen/
Uñ wie der schönste Stern bey Gott im Himel prangē.

Seinem hochgeehrten Herrn Kröner aus
Coburgk überschickt von
Michael Francken.

Uber
Deß recht Himlischen Künstlers/
Herrn Johann Ristens
Neüerbautes Seelen-Paradiß.

Der Menschen Lüstrer Sinn wil immer Neues
haben/
Columbus segelt auf/ Vesput folgt seiner Spuhr/
Erreicht die neüe Welt. Der Insuln frömde Gaben/
Das weite Mexico, der Jahrmarkt der Natur/
Verzukt des Menschē Geist uñ speiset sein Verlangē/
Reitzt alle Sinnen auf/ und bringt ihn ausser sich.
Was trägt ihm dises inn? Was kan er höher prangen
Als sonst ein Andrer Man? Mein/ gehe vor in dich/
Du

Ehren- und Libe Schriften.

Du bist dir selbst die Welt. Hie wirstu Wunder finden/
 Ein unvergleichlichs Bild geprägt durch GOttes
   Hand.
Du kanst die Harmonie des Wesens nicht ergründen/
 Die mit dem Himmel stimt/ durch uns verborgnes
   Band.
Du suchst dich/ kleine Welt/ alhier in diser Grossen;
 Die Grosse wohnt in dir. Wilt du was neues sehn/
Ein fremdes Ungeheur? Was hat dich so verstossen?
 Schau nur dich selbsten an/ was längst hin Dir ge-
   schehn/
Als du vom rechten Steig' in Adam abgeführet.
 Des schönen Apfels Gier hat deinen Sin geteuscht/
Was Neues angeklekt/ das deine Zier entzieret.
 Die Lust verlokt den Geist/ daß er nur Böses heischt
Zum Guhten Ekkelhaft. Es sinkt das alte Wesen
 Durch disen neuen Fall. Das alte Paradies
Ist lauter Wühsteney. Mensch/ wilt du noch genesen/
 So reise selbst auf dir/ sieh nicht an den Genieß;
Sag deinen Lüsten ab/ so deinen Schmuk vergraben.
 Such eine neue Welt/ ein reiches Kanaan/
Da Milch und Honig fliest/ das deinen Geist kan laben.
 Ist Moses Spuhr zu rauch? Hier/ Rist der ist der
   Mann/
Der dich ins neue Land durch Gottes Finger leitet.
 Ergreif du disen Stab/ des Allerhöchsten Wohrt/
Und irre dich um nichts/ daß deinen Sinn bestreitet.
 Hier ist die helle Bahn/ der Seelen sichre Pfort'/
Ein rechtes Paradies/ da lauter Himmel blühet/
 Des Geistes reiffe Frucht/ die neue Menschen
   macht.
Der Adam ruhe nun/ sei ferner unbemühet/
 Die Seele wandert fohrt/ verlässet ihre Nacht/
Geht in dem Gahrten üm/ und suchet ihren Lieben
 Das süsse Lebensholtz/ auf Golgatha zerritzt.

            Sieh

Sieh da! Sie findet ihn; Was kan sie nun betrüben/
Dieweil sie wol vergnügt hier unterm Schattē sitzt/
Des sie begehret hat? Sie samlet edle Früchte
Nicht als in Eden vor; Pflükt zahrte Bluhmen ab/
Umpflantzt damit dz Hertz; Sie schmekket ein Gerichte
Vom wahren Pelikan/ den wieder gab sein Grab.
Hiemit verwahrt sie sich/ und wahrtet jener Stunde/
Die gantz befreien sol den noch gebundnen Geist.
Bald wird er aufgelöst. Er reiset auf dem Munde/
Ist frölich/das ihn Gott der Bürde gantz entreist.
Die Engel führen ihn zum längstgelobtem Lande/
Zum Neuen Himmel hinn/ wo liblichs Wesen ist/
Und wo das Paradis in seinem vollen Stande.
So siehe nun/ O Mensch/ wie selig das du bist/
Wen du dem Risten folgst auf seine Seelenauen/
Lass' alles hinter dir/ und folg' ihm frank und frei/
So wird dein reger Geist als fast entzükket schauē/(sei.
Das/ was Herr Rist uns baut/ recht Paradisisch

Uberschrift
Auf des Kunstberühmten Herren/

Christian Floren/
Künstlich gesetzete Melodien.

Hie blähet der wehrte Flohr/ ümb dises Paradies
  Die Kunst belobet ihn / den Kunstbemühten
    Meister.
Wo blühet Gottes Ruhm/ da riecht es wunder süs.
Die Andacht volle Kunst beblühmt die frischen
    Geister/   (stehn
Du Bluhme/ must durch Ruhm hier unverwelklich
Im Himels Paradies auf lauter Bluhmen gehn.
  Aus hoher Schuldigkeit aufgesetzet und überge-
  sendet von Lüneburg durch

Frantz Joachim Burmeister/
Käiserl. Gekröhnten Poeten.

Uber

Ehren und LibeSchriften.

Uber
Herrn Johann Ristens/
Des
Andächtigen
Seelen-Gärtners/
und
wehrten
Rüstzeüges Gottes/
neügepflantzetes
und
wolverschantztes
Musikalisches Seelen-
Paradis/
Loblied.

Es Alten Testamentes Kern
Ist diser Andacht heller Stern/
Dazu wir werden angefeüret/
Durch unsern Geistes vollen RIST/
Der reich von Gottes Wundern ist/
Die er so hertzlich uns beteüret.

2.

Der Himmelswehrte Gottes Mann
Stimt immer neüe Lieder ann
Mit schönen Kunsterfundnen Weisen;
Er dient in seiner Wiedrigkeit
Dennoch der liben Christenheit/
Dafür ist Er nicht gnug zu preisen.

3. Man

3.
Man ist ihm darum Lebenslang/
Zum Ehrenlob' und Seelen Dank/
　　Aus gantzem Hertzen Schuldverbundē/
Zumahln/weil in der Christenheit
Von Anfang biß auf dise Zeit
　　Sich seines gleichen nicht gefunden.

4.
Mit Wahrheit rühmet man ihm nach/
Was unsern Kirchen noch gebrach/
　　Das er sie nun damit ergetzet/
Stünd' itz der theure Luther dahr/
Er spreche selbst: Ja das ist wahr/
　　Rist hat den Mangel wol ersetzet.

5.
Wie oft ist sein berühmter Kiehl
Um unser einigs SeelenZiel
　　Mit Andacht höchstbemüht gewesen!
Wo hat je eines Dichters Hand
Den Fleiß auf Heiligkeit gewand?
　　Den mann von Risten hat zu lesen.

6.
Es gieng ihm keiner so vorahn/
So hats auch keiner nachgethan/
　　Nur Rist hat sich so wol verdienet/
Das bei der gantzen Christenheit
Sein Lob werd' immer ausgebreit.
　　Sein Lorbeer ists/ der ewig grühnet.

7.
Diß wieder neue Seelenwerk
Gibt davon auch ein starf Gemerk/
    Es zeugt von seinem Ehrenpreise.
Von einer zu der andern Zeit
Singt uns sein' Unverdrossenheit
    In einer reinen Engelsweise.

8.
Das vorig' Edens Paradieß/
Darauß Gott ehmahls Even stieß/
    (Die Mutter aller Menschenkinder)
War zwahr ein schöner Gahrtenbau/
Allein auf selber Freuden Au
    Entsprang das Leid/ der Baum der Sünder.

9.
Hier steht das Seelen Paradieß/
Drin Gott uns wieder kommen hieß/
    Durch Risten Rüstiglich verschantzet;
Er hat/ den alten Schriften Stern/
Des ersten Wohrtes Edlen Kern
    Mit heisser Andacht drin gepflantzet.

Schüldigst abgesungen
von
C. Christian Dedekinden/
Kaiserlichen/ Gekröhnten
R. Poeten und K. S. M.

In Reverendum admodum, Magnificum, Nobilissimum atq; Excellentissimum

Dn. JOHANNEM RISTIUM,

Theologum Celeberrimum, Comitem Palatinum, Consiliarium Megapolitanum, Poetarum Poetam,

AD CANTICA IPSIUS BIBLICA.

Quis novus hic liber est? Sacratus, cantica sacra
 Exhibet. Autoris Nomina sacra rogas?
Ristius Illustris, summorum gloria Vatum,
 Delicium Cœli sic animas hilarat.
O sacer & Magni Vatis labor! alma Poësis
 Res sacra es: Felix qui Tua non violat!
Ethnica qui canitis figmenta, valete Poëtæ:
 RISTIA MUSA placet, quam Deus ipse probat.
Vive Liber! pereant Momi, pereantque nocentes!
 RISTIUS ÆTHERIUS VIVAT ET
 EXHILARET!

Uber
Deß Weltberuffenen Herren
Rüstigen/
Neues
Musikalisches Seelenparadieß.

Ihr lassen/ Corcyra, dein grühnes Lusthauß fahrē:
 Der Hespern Gahrten mag üm Lixus Grän-
 tze stehn/
 Den/

Ehren- und Lobe Schriften.

Den/ wie sonst Naso schreibt/ ein Drache mus bewah-
Und/ Cyrus, deine Lust mag der und der erhöhn: (ren/
Auch Jenner Gahrtenbau/ der in der Luft gehangen/
Von der Semiramis so wunderlich erdacht:
Mecænas, deine Ruh' und deines Gahrtens Prangen
Du prächtiger Lucull, sei noch so groß gemacht:
Man mag der Gahrtē Ruhm biß an die Wolkē tragē/
Den sonst Florentz besitzt/ uñ des Antenors Statt
Zusamt dem grossen Rom: Ich kan wol hören sagē/
Was auch die Lombardei für schöne Gahrtē hat:
Hoch Edler Mandelslo/ du hast einmahl geschriebē/
Es sei Zeylan noch heut' ein Theil vom Paradies/
Auf welcher Gahrten Lust der Adam ward vertrieben/
Weil er des Höchsten Wohrt so liederlich verlies:
Doch kan uns diser Ohrt so reichlich nicht er-
    getzen/   (geschaut/
Kein Gahrten/ welcher wird in diser Welt
Wird uns in solche Lust und wahre Freude se-
    tzen/   (erbaut.
Als diser Gahrte thut/ den uns Herr Rist
Herr Rist/ der Edle Rist/ der hat uns angeleget
Ein herrlichs Paradies/ das Geist und Seel' entzükt/
Daß inner grühnt uñ blüht/ uñ Himelsfrüchte träget/
Daß uns in aller Noht erfreuet und erquikt.
Die Pflantzē hat Gott selbst dem theuren Rist gegebē/
Womit er dises Werk so meisterlich geziert.
Hier ist der Sünder Heil/ hier ist der Todten
    Leben/   (gespührt.
Hier ist des HErrē Hauß/ hie wird sein Feur
Weg! Alle Gahrten weg! Ihr könet gahr nicht gleichē
Dem Seelenparadies/ Es geht euch allen für:
So weit das Eitle mus/ für dem/ was Ewig/ weichē/
So weit steht euer Schein nach dises Gartens Zier.
                                      Komm

Ehren- und Libe-Schriften.

Komm frommes Christenhertz auß deiner Schwehr-
muhts-Hôle/
Hier ist dein Paradies/hie legt sich deine Pein.
Komm/singe deinem Gott/hie findet deine Seele/
Daß er dein Horn und Schild/ dein Heil und Trost
wil sein.

Auß schuldigster Dienstgeflissenheit setzte
dises in Eile

Gottfried Wilhelm Sacer auß
Naumburg/der Rechte Beflis-
sener/Kaiserlicher/Gekröhnter
R. Poët.

Johann

Johann Risten
Musikalisches
SeelenPa-
radysz.

A

Welt/nicht Ehre/Reichthum/Guht noch Geld/Er

trifft HErr deinen Segen/den du versprochen gnädig-

lich nur denen die zu fürchten dich

Ah auch

4 Erste Muſikal. Hertzens Andacht aus Gen. 32. v. 26.

auch ſtets zu lieben pflegen.

Die Erſte Muſikaliſche HertzensAndacht/
Uber das wunderfeſte Vertrauen und die herliche
Glaubenswohrte/des heiligen Ertzvatters Jakob/welche
Er geredet hat/als Er die gantze Nacht mit dem Engel ge-
rungen / wie den dieſelben aufgezeichnet und beſchrieben
zu finden / im erſten Buche Moſe am 32. Capittel v. 26. / in
Teutſcher Sprache alſo lautend:

**Ich laſſe Dich nicht/Du ſegneſt mich
den.**

Diſes kan auch geſungen werden/nach der Melodie unſers
alten wolbekanten Weihenachtliedleins:
Ein Kindelein ſo löbelich/u.ſ.w.

I.

Zum Streit bin Ich/O Gott/bereit/
   Ich muſ ein Kämpflein wagen/
Ich wil in diſer Sterbligkeit
   Die Glaubenswaffen tragen/
Der Kampf betrift Ja nicht die Welt/
Nicht Ehre/Reichthum/Guht noch Geld/
   Er trift/HErr/deinen Segen/
Den Du verſprochen Gnädiglich

Nur

Nur denen die zu fürchten Dich
Auch stets zu lieben pflegen.

2.

Gesegnet ist wol recht der Mann/
Ja hochgeehrt daneben/
Der Sich auf Gott verlassen kan
Und Jhm Sich ganz ergeben/
Es wird gesegnet das Geschlecht/
Das fromm/das züchtig/und gerecht
Hie Seinen Wandel führet/
Ja/das auf Gott/kraft Seiner Pflicht
Nur setzet Seine Zuversicht/
Und Sich mit Unschuld zieret.

3.

Ach aber/daß ein solches Kind
Das Gott von Herzen liebet
Das Ehrbahr/freundlich und gelind'
In aller Zucht Sich übet/
Das fleissig behtet/und das Worht
Des Höchsten lernet fohrt und fohrt
So manges Kreuz mus tragen!
Da geht hinweg die Gnaden Sonn'
Es weicht der Segen auch davon
Man hört Ja nichts als Klagen.

4.

Da schreiet man: Jch bin so gahr
O HErr/von deinen Augen
Verstossen/ weil es leider wahr
Daß nicht ein Hährlein taugen

Die Werke/ welch' Ich Tag und Nacht
Auß Lust des Fleisches vollenbracht/
　Wie war Ich so vermessen
Daß Ich mißbraucht des Höchsten Güht'!
Ach nun verkehrt sich Sein Gemüht'
　Und Er hat Mein vergessen!

5.
Bei weitem nicht/ betrübte Seel'/
　Er kan Dich Ja nicht hassen/
Drum wird Er in der Marterhöhl'
　Auch immer dich nicht lassen;
Er meint es aus der mahssen guht
Und/ wen Er schon was hartes tuht/
　So wil Er nur erwekken
In Dir/ Erkentniß deiner Schuld/
Auch Glauben/ Hoffnung und Gedult/
　Drum laß kein Kreutz Dich schrekken.

6.
Gleich als Ein frommes Mutter Hertz
　Mit Ihrem Kindlein spielet
Und nur auf Liebe treibt den Schertz
　Ja schaut wohin doch zielet/
Daß Kind/ daß noch die Windlen trägt
Und welches Schreien Sie bewegt
　Zu küssen Es mit Freuden:
So treibt auch Gott Sein Spiel und Lust/
Mit denen nur/ welch' Ihm bewust/
　Daß Sie viel Trübsahl leiden.

7.
Wen nun der Höchste mit uns ringt
    Laſt ſolch Ein Kreutz uns ſchmekken
Das vielmahls durch die Seele dringt/
    So ſol man nicht erſchrekken
Man muſ nur ſchreien: O mein Licht/
HErr JEſu Chriſt/ dich laß Ich nicht/
    Biß Ich Dein Hülff empfunden
Dich laß Ich nicht/ biß Ich mit Macht
Den Segen gantz davon gebracht
    Ja Selbſt Dich überwunden.

8.
Verwirf Mich nicht/ Mein HErr und Gott/
    Wie magſt Du Dich ſo ſtellen?
Sol den zu letſt mit Angſt und Spott
    Ich fahren gahr zur Höllen?
Du biſt im Lande Ja kein Gaſt
Der nichts auf Meine Trübſahl paſt
    Der Sich ſo freimbd erzeiget/
Der als Ein Held/ ſo gantz verzagt
Gahr nichts nach Meinem Jammer fragt/
    Der/ wen Ich ruffe/ ſchweiget.

9.
HErr hilf/ ſteh auf/ HErr laß Mich nicht/
    Komm eiligſt/ Mich zu retten/
Du komſt ſchon/ Meine Zuverſicht/
    Du hilfſt/ das dörft Ich wetten/
Ich beht'/ Ich glaub/ Ich ruff/ Ich ſing/
Ich ſtreit/ Ich kämpf/ Ich ſtreb/ Ich ring/

Ich wil und muß noch siegen;
Der Glaub' ist schon an Meinem Ohrt/
Drauf halt' Ich Dihr/HErr/für dein Wohrt
Daß kan fürwahr nicht liegen.

10.

Frisch auf/der Kampf ist vollenbracht/
Mein Glaub hat überwunden/
Da wird noch Welt/noch Satans Macht/
Noch Hölle mehr gefunden;
Zwahr Jesus hat Mihr ausgejagt
Den sauren Schweiß/das heist gewagt/
Drauf werd' Ich prächtig führen
Nach solchem Streit zum Gnadenlohn
Ein unverwelklich' Ehrenkrohn/
Und Königlich regieren.

❦❦❦❦❦❦❦

11.

Es handelt Gott sehr wunderlich mit seinen
Demnach Sie worden sind gerecht üm Christi

lieben

Die andere Musikalische HertzensAndacht

Uber die wunderbahre Führung und Erlösung der Heiligen GOttes / auch noch in disem Leben/ wovon gahr nachdenklich redet der König und Prophet David/ in Seinem 4. Psalm v. 4. welches in unserer Teutschen Sprache also lautet:

Erkennet doch / daß der HErr Seine Heiligen wunderlich führet.

Dises kan auch gesungen werden/ nach der Melodie Meines sonst wolbekanten Freuden= und Himmelgesanges:

Auf meine Seel und lobe Gott/ u. s. w.

1.

ES handelt Gott sehr wunderlich
Mit Seinen Lieben/ welche Sich
 Ihm gantz und gahr ergeben/
Demnach Sie worden sind gerecht
Um Christi willen und nun schlecht
 Als fromme Kinder leben/
Bald martert Sie Krieg/ Hunger/ Gluht/
Bald Armuht/ Kärcker/ Teufel/ Fluht/
 Bald werden Sie verhönet/
Bald aber werden Sie mit Ehr'
Auch Glükk und Segen mehr und mehr
 Beseligt und gekröhnet.

2.

So bald ein Christ nun dises spührt/
Daß Gott so wunderbahrlich führt
 Die/ welch' Er hertzlich liebet/
So sol Er auch bedenken/ daß
Er sei der HErr/ der keinen Haß
 An Seinen Kindern übet:

Er

Er ist der HErr der Uns gemacht/
Der Uns das Leben wiederbracht/
   Der auch den Tod bezwungen/
Der von des Satans Grausahmkeit
Und von der Höllen uns befreit/
   Der Sünd und Welt verdrungen.

3.

Wie komts den gleichwol/daß die Schaar
Der frommen muß so viel Gefahr/
   Noht/Angst und Trübsahl leiden?
Hie merk/O du mein frommer Christ/
Wer Gott zu dienen schuldig ist
   Der muß das Kreutz nicht meiden:
Wil Einer Christus Jünger sein/
So muß Er auch viel Quahl und Pein
   In dieser Welt ertragen/
Den wird Er Seinem Bilde gleich
Und kan zuletst das Himmelreich
   Nach solcher Müh' erjagen.

4.

Wen Gott Versuchung auf uns legt/
Ja mange Trübsahl uns erregt/
   Alsden so wil Er spühren/
Ob wir auch in des Kreutzes Schuhl
In welcher Es oft treflich schwuhl/
   Mit rechtem Ernst studieren;
Da prüft Er uns zur Leidenszeit/
Ob Hoffnung und Beständigkeit
   In uns Sich lassen merken/

Ob unſer Glaub' hie halte feſt/
Und ob Gedult aufs allerbeſt'
   Im Kreutz' uns kön' auch ſtärken?

5.

Gott jagt uns in die Jammerbahn/
Daß/ wen der Kampf iſt abgethan
   Wir ewig mit Ihm leben:
Seht an der Märtrer Angſt und Noht/
Wie willig Sie Sich in den Tod
   Nach vieler Angſt ergeben!
Warum? daſ Leiden dieſer Zeit
Iſt nimmer wehrt der Herligkeit
   Welch' offenbahr ſol werden
An unſ/ Es komt der liebe Tag/
Woran verſchwindet alle Plag
   Und grimmige Beſchwerden.

6.

Gott überſchüttet manges mahl
Sein' Heiligen mit groſſer Quahl
   Auf daſ Er nur erwekke
In Ihnen Ein zerſchlagnes Hertz/
Daſ/ wenn Es plagt der Sünden Schmertz
   Von gantzer Seel' erſchrekke:
Daſ Kreutz entdekt unſ erſt die Schuld/
Daſ Kreutz ermuntert die Gedult/
   Gedult läſt unſ auf Erden
In ſolcher Schul' erfahren viel/
Und ſchließlich durch der Hoffnung Ziel
   Unſ nie zu Schanden werden.

                          7. Gott

7.

Gott führt die Seinen wunderlich/
Warum? damit die Christen Sich
   Fein zum Gebehte schikken/
Wenn wir in höchsten Nöhten sind/
Und spühren/daß uns fast geschwind
   Die Trübsahl wil erstikken/
So suchen wir/ so ruffen wir
Um Hülff' und Rettung mit Begier/
   So wird das Fleisch gedämpffet/
So merkt man erst des Kreutzes Kraft/
Dazu des Glaubens Eigenschaft/
   Der biß ins Grab oft kämpffet.

8.

Zu zeiten wird das Creutz gepaart/
Auf daß wir Gottes Gegenwahrt
   Und Beistand mügen sehen/
Da muß Ein herlichs Zeichen oft
An Seinen Kindern unverhoft
   Zur Leidenszeit geschehen;
Er führt Sie vielmahls auch in Noht/
Ja speiset Sie mit Thränenbrod/
   Sein Almacht zu beweisen;
Wollan/ Mich führ' Er immer hin/
Ich wil/ wenn Ich erlöset bin/
   Von gantzer Seel' Ihn preisen.

Die dritte Muſikaliſche HertzensAndacht/

Uber des Geiſtreichen Propheten Eſaias ernſtliche Ermahnung zu rechtſchaffener wahrer Buſſe/ wie Er dieſelbe hat aufgezeichnet in Seinem Buche am 1. Capittel v. 16/17/18. und in unſer Teutſchen Sprache alſo lautet:

Waſchet Euch/ reiniget Euch/ thut Euer böſes Weſen von Meinen Augen. Laſſet ab vom Böſe/ lernet Gutes thun/ trachtet nach Recht/ helffet den Unterdrukten/ ſchaffet den Waiſen Recht/ und helffet der Wittwen Sachen/ ſo kommet den/ und laſſet uns mit einander rechten/ ſpricht der HErr: Wen Eure Sünde gleich Bluhtroht iſt/ ſol Sie doch Schneeweiß werden/ und wen Sie gleich iſt wie Roſinfarbe/ ſol Sie doch wie Wolle werden.

Diſes kan man auch ſingen nach der Melodie Meines/ auf den Himliſchen Liedern ſ wolbekanten Morgengeſanges:
Gott der du ſelber biſt das Liecht/ u. ſ. w.

1.

Zu diſer angenehmen Zeit
 Da wir der Höllen Straff' entfreit
  Den Tag recht können ſehen/
Den Tag des Heils/der uns gemacht
Von Gott/ dran wir mit Ruhm uñ Pracht
 Als wahre Chriſten ſtehen/
Gebührt uns/daß ohn Heuchelei
Das Behten unſer' Arbeit ſei.

2.

Das Behten hat zwar groſſe Kraft
Doch muſ Sein' Ahrt und Eigenſchafft
 In wahrer Buhſſ' erſcheinen;
Man muſ die Sünd erkennen wol/
Im Fall' unſ Gott erhören ſol/
 Es gilt hie kein verneinen/
Wer leugnen wil/der wird zuletzt
An Leib' und Seel' in Noht geſetzt.

3.

Betrübter Menſch/biſt Du gahr ſchwach/
Ja kränkt Dich Eine böſe Sach'
 Und liegſt vertieft in Sünden?
Ich weiſ ein Mittel/das iſt guht/
Ein Menſch der wahre Buhſſe thut
 Kan ſchnel Erleichtrung finden/
Nichts beſſers iſt in aller Welt
Als wahre Reu/ſo Gott gefält.

B   4.Laſ

4.

Laß Dir es sein von Hertzen leid/
Daß Du Dein' allerbeste Zeit
  So schändlich angeleget;
Steh ab von solcher Lebens Ahrt/
Wobei Sich Höll' und Teufel paart/
  So Dir viel' Angst erreget/
Daß nimmer thun heist rechte Buhss/
Ein Werck daß Gott gefallen muß.

5.

Bring' eiligst Thränenwasser her/
Und ist Dein Ubel noch so schwehr/
  Diß wird es leichter machen:
Wen die betrübte Seele weint/
Dein Antlitz lautre Thränen scheint/
  So stehn sehr wol die Sachen/
Drum wasche Dich mit gantzem Fleiß/
Was gilts/ Du wirst bald schön und weiß.

6.

Doch thuts diß Wasser nicht allein/
Hie muß noch viel ein bessers sein/
  Wil man sich recht befinden/
Daß theure Bluht/ daß Jesus Christ
Vergossen hat/ O Mensch das ist
  Die Wäsche Deiner Sünden;
Diß edle Wasser hat die Krafft
Daß es die Seelen rein uns schafft.

7. Ein

7.
Ein mehrers noch gehört dazu/
Den/ sol das Hertz empfinden Ruh'/
   Und rein geschätzet werden/
So muß auch unser Wandel rein
Und unbeflekt zu schauen sein/
   So lang man lebt auff Erden/
Gehohrsam und die neue Pflicht
Muß an der Buhß' auch mangeln nicht.

8.
Drüm/ sol die Buhsse recht geschehn/
So muß man Ihre Frücht' auch sehn/
   Nichts ist Sie sonst zu achten/
Man muß in diser argen Zeit
Nach Treu/ Recht und Gerechtigkeit
   Von gantzer Seele trachten/
Und helffen dem zur jeden Frist
Der bößlich unterdrukket ist.

9.
Es schaff' ein Richter auch nur schlecht/
Der Witwen Sachen schleunig recht/
   Welch' oft bedrenget werden/
Auch nehme man Sich willig an
Der Waißlein/ die von jedermann
   Erdulden viel Beschwerden/
Wer das nicht thut/ entgeht Ja nicht
Des Allerhöchsten Straffgericht.

                10. O Gott/

10.

O Gott/ Du bist doch sehr getreu/
Du machst unſ schnel von Sünden frei/
   Wen Wir unſ nur bekehren/
Die Sünde die so roht wie Bluht
Vergiebst Du bald/ O Höchstes Guht/
   Wer kan Dich gnug drob ehren/
Daß Du so tilgst die Missethat
Die Höll' und Tod verdienet hat?

11.

Ach laſt unſ doch gehohrsahm sein
Und dienen unserm Gott allein/
   Ja führen solch Ein Leben/
Daſ Jhm gefält zur Jeden friſt/
Daſ unserm Nechsten dienſtlich iſt/
   Und den so wird Er geben
Unſ Seine Gnad' in dieser Zeit/
Und dort die Krohn der Herligkeit.

IV.

O Spie gel aller Tugend/ Und Vollenkom-
Von deiner zarten Jugend biß zu derſel-

menheitſ

Es haben Dir Die Hoffärtigen noch nie gefallen.

22 **Vierdte Muſ. HertzensAndacht aus Judith.** 6.v.16.

offen bahr!

Die Vierte Muſikaliſche HertzensAndacht

Uber die ſehr ſchöne Wohrte / welche von der Kraft der eblen
Demuht unſ die Gottſelige Wittwe Judith hat nachge-
laſſen / welche auch beſchrieben ſtehen in Ihrem Büchlein
am 9. Kapittel v. 16. / in Teutſcher Sprache alſo lautend:

**Es haben Dir die Hoffärtigen noch
nie gefallen : Aber allezeit hat Dir ge-
fallen der Elenden und Demühti-
gen Gebeht.**

Diſes kan auch geſungen werden / nach der Melodie un-
ſers bekanten Morgenliedes:

HErr Chriſt thu mir verleihen / u.ſ.w.

1.

O Spiegel aller Tugend
　Und Vollenkommenheit /
Von Deiner zahrten Jugend /
　Biſ zu derſelben Zeit /
Da Dich der Feinde Schaar
　HErr Jeſu / hart geſchlagen /
Und Du haſt müſſen tragen
Dein Kreutz gantz offenbahr!

2.

Dich bitt' Ich / laß Mich sehen
 Auf Deines Lebens Lauft/
Laß Deinen Weg Mich gehen
 HErr nim Mich gnädig auf/
Daß Ich Dir werde gleich
 In unverfälschter Libe/
 Mich auch in Demuht übe/
So bin Ich doppelt reich.

3.

Du hast an vielen Ohrten
 Die Demuht uns gelehrt/
Doch nicht allein mit Wohrten/
 Es hats die Taht vermehrt/
Seh' Ich Dein Leiden an/
 So muß man Ja bekennen/
 Du warest/ HErr/ zu nennen
Ein sehr geplagter Mann.

4.

Wie sol Ich Mich drin schikken?
 Du bist der Grosse GOtt/
Der Alles muß erquikken/
 Und wirst doch gahr zu Spott;
Und zwahr in grosser Quahl/
 Das heist: Exempel geben:
 Ach/ könten wir so leben
Wie Du/ HErr/ alzumahl!

B iiij 5. Du

5.

Du sprichst: Wir sollen kommen
  Und lernen mit Begier/
Was ewig uns kan frommen
  Ja führen gahr zu Dir;
Diß heist nicht Stoltz noch Pracht/
  Welch' uns von Dir nur trennen/
  Nein/ was Wir **Demuht** nennen
Ists/ das uns herlich macht.

6.

Diß Wohrt ist treflich süsse/
  Noch liblicher die Taht/
Seht wie der Jünger Füsse
  Der HErr gewaschen hat;
O Demuht wundergroß/
  Welch' uns im gantzen Leben
  Solt' Eine Richtschnuhr geben
Daß wir Ihr folgen bloß!

7.

Wen wir zum HErren treten
  In Trübsahl und Gefahr
Und sonder Demuht behten
  So hilfts Ja nicht ein Hahr/
Den/ wie der Behter muß
  Im Glauben Gott gefallen/
  So fodert Er für allen
Durch Demuht wahre Buhsß.

8. Die

8.

Die Demuht ist im Hertzen
 Ein Licht das Jederzeit
Uns zeigt des Kreutzes Schmertzen
 Samt unsrer Nichtigkeit/
Die Demuht lehrt uns frei/
 Wie hoch/wie reich/wie mächtig/
 Wie schön/wie treu/wie prächtig
Der Allerhöchste sei.

9.

Ach Gott/wen Ich bedenke
 Mein eitles Wesen recht/
Und mich deswegen kränke
 Alsden beginn' Ich schlecht
Zu behten/daß doch bald
 Der HErr Sich Mein erbarmen/
 Und woll' auch sein Mir Armen
Ein sichrer Auffenthalt.

10.

Den kan Ich erst erkennen
 Des Allerhöchsten Güht'
Und eifrigst lassen brennen
 In Demuht mein Gemüht'
Allein zu Gottes Preiß'
 Alsden so kan Ich schauen
 Wie sicher sei zu trauen
Nur Dem/Der Alles weiß.

11.

Den fahen an zu fliessen
  Die Gnadenströhmelein/
So durch den Geist sich giessen
  In unsrer Seelen Schrein/
Den werden auch vermehrt
  Des guhten Geistes Gaben
  Welch' uns in Nöhten laben
Wen alles von uns kehrt.

12.

Ey solt' Ich dich nicht liben
  Mein süsser Jesu Christ/
Den Lib' hat Dich getrieben
  Daß Du geworden bist
Gantz gern Ein Fluch für Mich/
  Dafür wil Ich Dich preisen
  O HEr: mit süssen Weisen
Und jauchtzen ewiglich.

V.

Nun weiß Ich was mein höchster Schatz wird hie
Dem künftig auch der beste Platz In Got-

In Deine Hände befehle Ich meinen Geist.

genant auff Erden/ tes Statt mus werdē/ Es ist die Seel das schönste

Theil des Menschen/ dem ein grosses Heil vom Schöpf-

fer wiederfähret Den Sie verbleibt in Ewig-

keit/

keit/wen gleich der Leib nach kurtzer Zeit von Würmen

wird verzehret.

Die Fünfte Musikalische HertzensAndacht

Über die sehr schöne Abscheidswohrte des Königes und Propheten Davids/ verzeichnet in Seinem 31. Psalm. b. 6. und alsolautend:

In Deine Hände befehle Ich meinen Geist/ Du hast mich erlöset/ HErr/ du getreuer Gott.

Dises kan auch gesungen werden nach der Melodie/ unseres bekanten Weihenachtsliedes:
Ein Kindelein so löblich/ist uns gebohren/u.s.w.

I.

Nun weiß Ich was mein höchster Schatz
Wird hie genant auf Erden/

Dem

Dem künfftig auch der beste Platz
  In Gottes Statt muß werden/
Es ist die Seel/ das schönste Theil
Des Menschen/ dem Ein grosses Heil
  Vom Schöpfer wiederfähret/
Den Sie verbleibt in Ewigkeit
Wen gleich der Leib nach kurtzer Zeit
  Von Würmen wird verzehret.

2.

Ich weiß und glaub' Es fästiglich/
  Daß Gott Ein andres Leben/
Wen nun der Tod bezwungen Mich/
  Mir werd' auß Gnaden geben;
Es muß der Leib zwahr in die Höhl'/
Ist aber nur versorgt die Seel'
  Alßden bleibt unverlohren
Der Leib der bald herfür wird gehn
Und mit der Seel' in Klahrheit stehn/
  Als wer' Er neu gebohren.

3.

Wem sol Ich den/ O Seelichen/
  Dich/ meinen Schatz/ befehlen?
Ich wil/ Den Ich zum besten kenn'
  In diser Zeit erwählen/
Dich mein' Ich/ Mein HErr Jesu Christ/
Der Du Mein trauter Heiland bist/
  Dir geb' Ichs in die Hände/

Dir

Dir schenk' Ich Sie/ so lang' Ich noch
Kan reden/ bleib' Ihr Helffer doch
  Biſ an mein letſtes Ende.

4.

Es nahet Sich des Lebens Ziel/
  Schier geht es an Ein Scheiden/
Bald fäht der Würger an Sein Spiel/
  Da komt daſ ſchwehrſte Leiden/
Doch weiſ Ich daß der bittre Tod
Auch in der allerletſten Noht
  Die Seele nicht kan tödten;
Drüm wil Ich Sie/ HErr Jeſu/ Dir
Befehlen/ den du hilfſt Ja Mir
  Geſchwind aus meinen Nöhten.

5.

Ich weiſ Es wol warum Ich Mich/
  Zu Dir/ HErr Jeſu/ wende/
Ich ſeh' im Glauben bloſ auf Dich
  Und dein' allmächtig' Hände/
Dein' Hände/ ſag' Ich/ die mit Macht
Gantz wunderlich herfür gebracht
  Den Himmel und die Erden;
O Kraft/ durch welch' auch alle Ding'
Es heiſſ' hie groſ/ klein/ ſtarck/ gering
  Ja ſtets erhalten werden.

6.

Gleich wie man nun ein Kleinoht pflegt
  Fein ſauber inzubinden/

Und ſolches an die Seite legt/
 Daß Es nicht leicht zu finden:
So müſſen auch Dein' Engelein
In Sterbens-Noht zugegen ſein/
 Daß Sie mein Seelchen tragen
In deinen Schoſ/HErr Jeſu Chriſt/
Wo Sie ſo wol verwahret iſt/
 Daß Sie kein Feind kan plagen.

7.

Du ſchätzeſt unſre Seelen gleich
 Den prächtigen Saffiren/
Weil Sie durch Dich ſo groſ und reich
 Ein herlichs Weſen führen/
Sie ſind/O HErr/in Deiner Hand/
Da keine Quahl/Mord/Raub/ noch Brand
 Sie kan noch mag verletzen/
Dein Will' iſt/Sie ſol immerzu
Bei ſüſſem Fried' und ſtiller Ruh'
 Im Himmel Sich ergetzen.

8.

Wollan/ſo wil bei Zeiten Ich
 Mein Seelichen verſorgen/
Bei Zeiten/den daſ hält den Stich/
 Ich warte nicht biſ morgen/
Mein Haab' und Guht fahr' immer hin/
Den Erben bleib' Es zum Gewinn/
 Der Leib ruh' in der Erden/

Mein

32 Sechste Musikal. Hertzens Andacht aus Ps. 31. v. 6.

Mein Seelichen/ HErr Jesu Christ/
Befehl Ich Dir zur Jeden frist/
Diß muß Dein Kleinoht werden.

9.

Ich bin Ja mitten in der Welt
Mit Noht und Tod' umfangen/
Seht/ wie der Satan auf Mich hält/
Es ist auch bald vergangen
HErr Jesu/ meines Lebenslauf/
Drüm nim Du meinen Geist doch auf
In Deine Göttlich' Hände/
Und weils den muß geschieden sein
So lindre Mir die Sterbens Pein/
Gib bald Ein seligs Ende.

VI.

Jesu solt' Ich nicht befehlen   Meine Seel' in

deine

Die Sechste Musikalische Hertzens-Andacht

Uber eben diselbe sehr schöne Glaubenswohrte des Königes und Propheten Davids/ verzeichnet in Seinem 31. Psalm v. 6./ und also lautend:

In Deine Hände befehle Ich meinen Geist/ Du hast Mich erlöset/ HErr/ Du getreuer Gott.

Dises kan auch gesungen werden nach der Melodie Meines wolbekanten Neuen Jahres Liedes:

Hilf HErr Jesu/ laß gelingen!

1.

JEsu solt' Ich nicht befehlen
 Meine Seel' in deine Händ'/
Und Sie Dir aufs neu vermählen
 Sonderlich am letsten End'?
Ey so wer' Ich hart zu schelten/
Ewig müst Ich das entgelten.

2.

Alle Menschen müssen sterben/
 Du nur bleibest für und für/
Auch der Himmel mus verderben
 Deiner Hände Werk und Zier/
Alles/ Alles/ mus vergehen/
Jesu/ Du bleibst Ewig stehen.

3.

Solt' Ich den auf Dich nicht bauen/
 Solt' Ich meine Seele nicht
Deiner Güht' allein vertrauen/
 O du klahres Seelenlicht?

Deiner

Deiner Macht ist nichts zu gleichen/
Tod und Teufel muß Dir weichen.

4.

Einer Der Mich kan erlösen
　Von des Satans Macht und List/
Von der Sünd' und allem Bösen/
　Der so Treu von Hertzen ist/
Wird auch meinen Geist wol spahren/
Und für aller Noht bewahren.

5.

Hab' Ich doch von Dir das Leben
　Jesu Du mein starker Hohrt/
Der Du Mir den Geist gegeben
　Wunderkräftig durch dein Wohrt/
Daß dem Adam in die Nasen
Seine Seel' auch hat geblasen.

6.

Zwahr der Staub muß widrum werden
　Was Er war für kurtzer Zeit
Nemlich nur Ein Hand voll Erden;
　Aber nach der Ewigkeit
Muß Sein edler Gast Sich wenden
Und an Himmelspohrt anlenden.

7.

Solt' Ich denn nicht Dich erwehlen
　Jesu/ dem Ich meinen Geist
Billich mücht' allein befehlen
　Da doch alle Welt Dich heist

Einen Gott/ Der die kan schützen
Welch' im finstern Grab' auch sitzen.

8.

Sprichst Du doch mit süssen Wohrten:
Meine Schäflein kennen Mich/
Und Ich kenn' an allen Ohrten
Widrum Sie/ drum wil auch Ich
Jhnen bald nach disem Leben
Ewig' Ehr' und Freude geben.

9.

Ja dis glaub Ich sonder Zweifel
Jesu/ mein getreuster Hohrt/
Daß noch Welt/ noch Tod/ noch Teufel
Meine Seel' auf solch Ein Wohrt
Kan aus Deinen Händen reissen/
Noch Mich in den Abgrund schmeissen.

10.

Bin Ich doch schon längst geschrieben
HErr/ in Deine Gnadenhand/
Soltest Du den Den nicht liben
Der Dir ist so wol bekant?
Der nach Dir sich lässet nennen?
Kein Geschöpf'/ HErr/ sol uns trennen.

11.

Jesu/ Deine Schläg' und Wunden/
Deine Marter/ Angst und Pein/
Die Du hast am Kreutz empfunden
Können starke Zeugen sein/

Wie

Wie gahr hoch Du Mich geliebet
Ob Jch Dich gleich hart betrübet.

12.

Dises Alles ist geschehen
 Daß Du Beides Leib und Seel'
HErr/erlöset möchtest sehen
 Auß des Satans Marterhöhl'/
Ey so kan Jch sonder quåhlen
Meinen Geist Ja Dir befehlen.

13.

Dir allein wil Jch Mich zeigen/
 Dir allein/HErr/hör' Jch zu/
Drum verbleib Jch auch dein Eigen/
 Weil Jch nirgends wahre Ruh'
Als allein in deinen Wunden
Libster Jesu/hab'empfunden!

14.

Konten dise nuhn erlösen
 Meine Seel' auß aller Noht/
Von der Sünde/von dem Bösen/
 Von der Welt/ und Höllen Tod'/
Ey/Sie werdens auch nicht spahren/
Wo man stirbt/Sie zu bewahren.

15.

Süsser Jesu/meine Freude/
 Nim mein armes Seelchen an/
Wen auß diser Welt Jch scheide/
 Wen Jch nicht mehr reden kan/
Nim Sie/HErr/am letsten Ende/
Gnädig auf in deine Hände.

VII.

als sonst der lichte Tag/ wer ist der hier entgehen und sich verbergen mag?

Die Siebende Musikalische Hertzens-Andacht

Uber die Sieben Trübsahle/ worauß der frommer getreuer Gott die Seinen gnädiglich errettet/ wie Selbige verzeichnet zu finden/ bei dem grossen Kreutzträger Hiob/ in Seinem Büchlein am 5. Capittel v. 19.20.21.22.23. und in unsrer Teutschen Sprache also lauten:

Aus Sechs Trübsahlen wird Dich der HErr erretten/ und in der Siebenden wird Dich kein Unglük rühren. In der Theurung wird Er Dich vom Tode erlösen/ und im Kriege von des Schwer-

tes Hand. Er wird Dich verbergen für der Geissel der Zungen/ daß Du Dich nicht fürchtest für dem Verderben/ wen es kommet. Im Verderben und Hunger wirstu lachen/ und Dich für den wilden Tiehren im Lande nicht fürchten/ sondern Dein Bund wird sein mit den Steinen auf dem Felde/ und die wilden Tiehre auf dem Lande werden Friede mit Dir halten.

Dises kan auch gesangen werden nach der Melodie Meines Christlichen Tischgesanges:
Nun lobet Alle GOTT / u. s. w.

1.

IN diser letsten Zeit
Trift Angst und Traurigkeit
Sehr hart die Menschenkinder/
Es lassen sich geschwinder
Die schwehre Straffen sehen
Als sonst der lichte Tag/
Wer ist der hier entgehen
Und Sich verbergen mag?

2.

Kein Mensch lebt in der Welt/
Dem nicht Sein Kreutz bestelt
Und ob gleich derer Sieben
Uns unaufhörlich üben/

Ja

Ja bis zum Tod uns plagen/
 So weis Ein Jeder doch/
Daß Gott uns heisset tragen
 Des bittren Kreutzes Joch.

3.

Drum halt' Ein Jeder still
 Es ist des HErren Will/
Als der von allem Bösen
Uns herlich wird erlösen/
Daß wir viel Gnad empfinden/
 Wen wir sind hart geplagt;
Drum last uns überwinden
 Die Trübsahl unverzagt.

4.

Gott treibt mit uns Sein Spiel/
 Er weis das rechte Ziel/
Wen Er wil Hülffe senden/
Und alles Unglük wenden/
Er steuret dem Verderben/
 Gehts aber nicht vorbei/
Mus doch Ein seligs Sterben
 Uns machen endlich frei.

5.

Gott gibt in Hungersnoht
 Die Nahrung und das Brod/
Drüm sol auf Jhn man hoffen
Wen Theurung uns getroffen/
Er läst nicht Hunger leiden
 Sein Völklein/das Er libt/

Nichts kan von dem uns scheiden/
　Der uns Sich selber gibt.

6.

Komt Krieg und Streit ins Land/
　So kan des Höchsten Hand
Für der Tyrannen Wühten
Die Seinen so behühten/
Daß Sie dem Schwert' entgehen/
　Ja vielmahl Ihre Lust
Selbst an dem Feinde sehen/
　Wie David das bewust.

7.

Es schmertzet zwahr gahr sehr
　Wen unser Nam' und Ehr'
Auß Bößheit wird geschmähet/
Auch oft Ein Wohrt verdrehet/
Daß doch nicht bös gemeinet;
　Jedoch Gott ist der Mann/
Der uns mit Hülf' erscheinet/
　Wen nichts sonst helffen kan.

8.

Gott ist den Falschen feind/
　Ja was verläumdrisch scheint/
Das muß noch hier auf Erden
Gahr oft zu Schanden werden;
Das Gift der falschen Zungen/
　Des Satans Peitsch' und Schwehrt/
Wird doch zu letst bezwungen
　Ja gahr durch Ihn verzehrt.

9. Es

9.

Es darf Ein frommer Christ/
Wen er nur glaubig ist/
Nicht fürchten das Verderben/
Er kan Ja Schutz erwerben
Von Gott/ der Jhn läst sehen/
Daß Seiner Feinde Schaar
Muß schnel zu Grunde gehen/
Ob sie gleich mächtig war.

10.

So gahr die wilden Tiehr
Auch was sonst geht herfür/
Die Menschen zu Gefehrden/
Das sol nicht schädlich werden
Zur bösen Zeit den Frommen/
Demnach des Höchsten Hand
Sich Jhrer angenommen
Und Sie befreit im Land.

11.

Es sol kein Bein noch Stein
Den Frommen schädlich sein/
Den Gott wil Sie begleiten/
Den Gott wil für Sie streiten/
Den Gott der wil Sie tragen
Auf Seinen Händen fest;
Drüm darf kein Herz verzagen
Das Sich auf Jhn verläst.

12. HErr/

12.

HErr/ all Mein Lebenlang
Sag Ich dir Lob und Dank/
Daß du Mich hast beschützet/
Wen über mich geblitzet
Das Kreutz von allen Ekken/
Du hast in solcher Quahl
Dein Hülf Mich lassen schmekken
Wol Siebentausend mahl.

VIII.

O da ich könte mit der That stets halten
O da ich könte deinem Raht auch folgen

Herr dein Wort! } Das bald der rechte Weißheit Schatz
so hinfort/

Wer sich gern läst weisē/da ist gewißlich der weish.Anfang. 45

in meiner Seelen fünde platz und mich zum Him-

mel führt.

Die Achte Musikalische Hertzens-Andacht

Uber die schöne Wohrte/welche uns lehren/wie wir Ein heiliges Leben führen / und rechtschaffene Früchte des wahren Glaubens sollen herfür bringen/ mahssen diselbe beschrieben stehen im Buche der Weisheit im 6. Capitel v. 18, 19, 20./ und in unserer Teutschen Sprache also lauten:

Wer Sich gern läst weisen / da ist gewißlich der Weißheit Anfang: wer Sie aber achtet/der läst Sich gern weisen. Wer Sich gern weisen läst/der hält Ihre Gebot: Wo man aber die Gebot hält/ da

da ist ein heiligs Leben gewiß. Wer aber
Ein heilig Leben führet/ der ist
Gott nahe.

Dises kan auch gesungen werden nach der Melodie des
sonst feinen Liedes:
Du Friedenfürst Herr Jesu Christ/u.s.w.

1.

O Daß Ich könte mit der Taht
　　Stets halten HErr dein Wohrt!
O daß Ich könte deinem Raht
　Auch folgen so hinfohrt/
Daß bald der rechten Weißheit Schatz
In meiner Seelen fünde platz
　Und mich zum Himmel führte!

2.

Ach aber/ daß mein Fleisch und Bluht
　Demselben wiederstrebt!
Ach daß mein ungezähmter Muht/
　So frech und sündlich lebt!
Nun spühr' Ich Satans Widerstand
Zur linken und zur rechten Hand/
　Wo sol Ich Hülffe finden?

3.

Zu Dir/ HErr/ ruff Ich Nacht und Tag
　Hilf daß auf dein Befehl/
Ich rein und heilig leben mag
　Auch stets dein Lob erzehl';

Ach

Ach frommer GOtt/ hilf Mir dazu/
Daß Ich stets Deinen Willen thu'
Und wandl' auf deinen Wegen!

4.

Doch weiß Ich Ja/ wer Dich nur hat
Zum Freund in Lieb und Leid/
Der bleibt für allem falschem Raht/
Der schnöden Welt befreit;
Hab' Ich nur Dich/ so komm heran
Der Feind/ und schaffe waß Er kan/
Er wird Mir doch nicht schaden.

5.

Wie sol Ich aber dankbar sein
Für solche grosse Güht'?
Ich komm'/ HErr/ früh zu Dir hinein/
Und wende Mein Gemüht'
Allein zu Dir/ daß Ich dein Wohrt
Betrachten müge fohrt und fohrt/
Darnach auch Christlich leben.

6.

Dein Wohrt sol haben Saft und Kraft/
Ja leben stets in Mir;
Diß ist des Glaubens Eigenschaft/
Sol Er bestehn für Dir;
"Es hat doch unser Christenthum
"In Wahrheit keinen andern Ruhm/
"Als Gott und Menschen liben.

7. Daß

7.
Das hören/ und nicht thun darnach/
  Nützt im geringsten nicht/
Es ist doch eine schlechte Sach'
  Im fall' Ein Kranker spricht:
Gebt Mir Artznei/ daß Ich Sie seh'/
Ich aber/ ist Mir noch so weh/
  Mag Sie doch nicht gebrauchen.

8.
Ach! Ich bin krank biß auf den Tod/
  Das Wohrt ist Mein' Artznei/
Doch hilft Michs nicht in meiner Noht
  Im fall' Ich Mich nicht frei
Von Sünden mach' in diser Welt/
Und leb' also/ daß Gott gefält
  Mein Wandel/ Thun und Lassen.

9.
Ein Künstler der was sonders weiß/
  Mus üben/ was Er kan;
So mus auch Ich mit höchstem Fleiß
  Der Tugend kleben an/
Ein Knecht der nicht mit freiem Muht
Den Willen Seines Herren thut/
  Mus sehr viel Schläg' erleiden.

10.
Hält auch den ungerahtnen Sohn
  Der Vatter für sein Kind?

Wer ſich gern läſt weiſe/ da iſt gewiß. der Weißh. Anfang.

Was ſolt' uns geben Gott zum Lohn/
 Wen wir ſo boßhaft ſind?
Mit Wohrten kan man nicht allein
 Ein Kind des Allerhöchſten ſein/
Man muß auch kindlich leben.

11.

Was ſol der Baum im Garten ſtehn
 Wen Er nicht Früchte trägt?
Der Gärtner läſt es leicht geſchehn
 Daß man auf Feur Jhn legt/
Der iſt noch lange nicht ein Chriſt/
Der nur alſo genennet iſt/
 Nicht aber Früchte bringet.

12.

Zeit iſt es/ daß ein Jeder Chriſt
 Bezwinge Fleiſch und Bluht/
Ja züchtig' es zur jeden Friſt
 Wen es was Böſes tuht:
Wer aber dis nicht wil/ noch kan/
Gehört auch Chriſtum nimmer an/
 Zum Satan muß Er fahren.

13.

Jch ruff'/ O treuer Gott/ zu Dir:
 Bekehr' und lehre Mich/
Daß Jch müg halten für und für
 Dein Wohrt/ auch Ehrbahrlich
Jn Einer ſtillen Seelen Ruh
Dis eitle Leben bringen zu/
 Ja Dir Mich gantz gelaſſen.

D   14. Wohn'

14.

Wohn' aber erst mit deiner Gnad'
In Mir/ auf daß Ich bald
Kan merken daß Mir gahr nicht schad'
Auch Lucifers Gewalt:
Mein Hertz das sol hinführo rein
Und dein belibter Tempel sein/
So kan Ich Christlich leben.

IX.

O tödlichs Gifft/ o Kranckheit unsrer Seelen/

die leider! uns führt zur Verdammnüß Höhlen/

Ihr werdet mit Freuden Wasser schöpfen aus dem Heilb. 51

wo sollen wir doch Hülff und Mittel finden? wer hat

Artznei/den Schaden zu verbinden? Wer kan uns

doch das grausahm übel heilen/wer wird uns Raht in

D ij   dieser

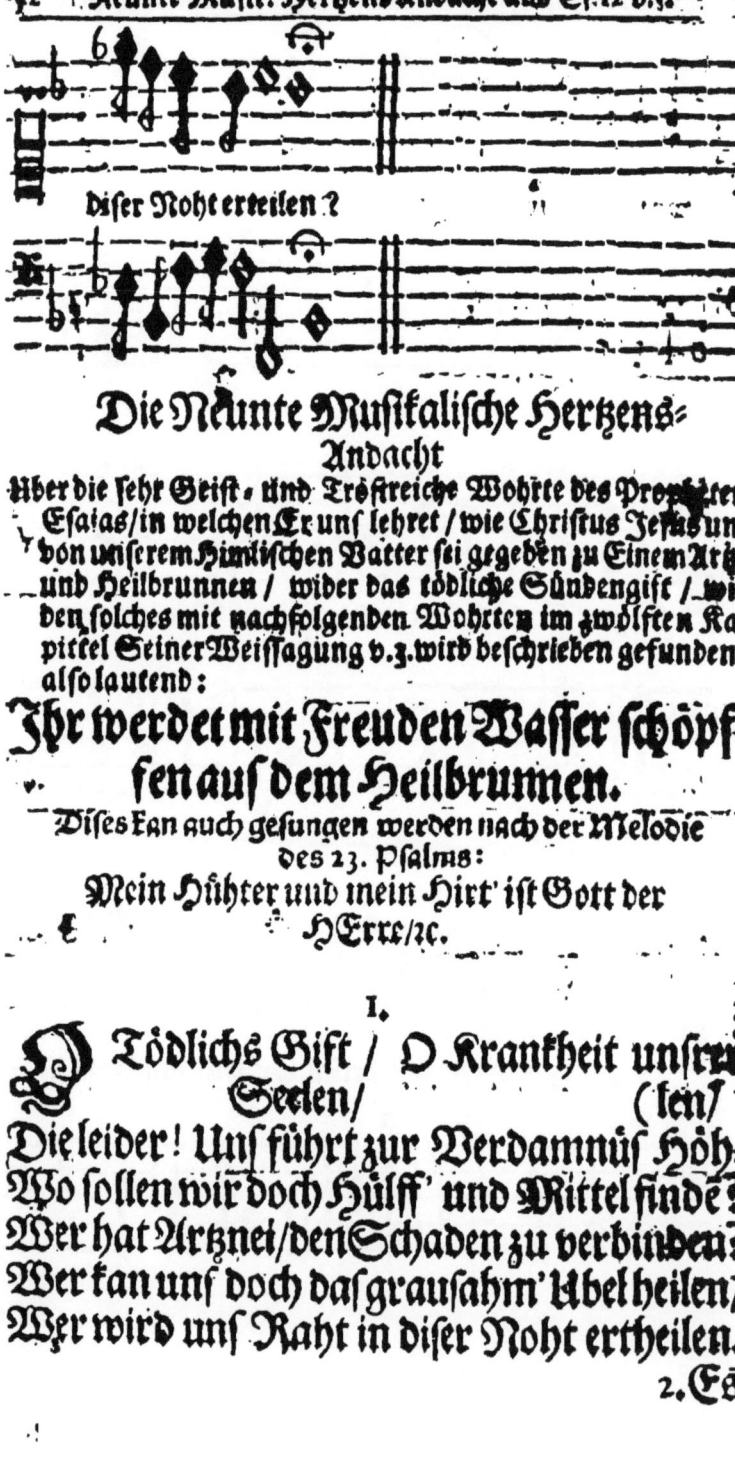

diser Noht erteilen?

Die Neunte Musikalische Hertzens-Andacht

Uber die sehr Geist- und Tröstreiche Wohrte des Propheten Esaias/ in welchen Er uns lehret / wie Christus Jesus uns von unserem Himlischen Vatter sei gegeben zu Einem Artzt und Heilbrunnen / wider das tödliche Sündengift / wie dan solches mit nachfolgenden Wohrten im zwölften Kapittel Seiner Weissagung v. 3. wird beschrieben gefunden/ also lautend:

Ihr werdet mit Freuden Wasser schöpfen auß dem Heilbrunnen.

Dises kan auch gesungen werden nach der Melodie des 23. Psalms:

Mein Hühter und mein Hirt' ist Gott der HErr/ɾc.

1.

O Tödlichs Gift / O Krankheit unsrer Seelen/ (sen/)
Die leider! Uns führt zur Verdamnuß Höh/
Wo sollen wir doch Hülff' und Mittel finde?
Wer hat Artznei/ den Schaden zu verbinden/
Wer kan uns doch das grausahm' Ubel heilen/
Wer wird uns Raht in diser Noht erteilen.

2. Es

Ihr werdet mit Freuden Wasser schöpfen aus dem Heilb. 53.

2.

Es ist der Schad' anfänglich hergekommen
Auß Satans Zorn und Neid/ der auch die
    Frommen   (chet
Sehr heftig plagt: Es hat der Feind gebrau=
Viel Kunst und List/in dem Er angehauchet
Mit Seinem Gift/ die Menschen uns zu töd=
    ten/   (ten.
Nun schweben wir in mehr den tausend Nöh=

3.

Doch trotze nicht/ O Satan/ Gottes Gühte
Hat uns bezeugt Sein Väterlichs Gemühte/
In dem Er uns hat Seinen Sohn gegeben/
Den Er gemacht der Welt zum Heil und Le=
    ben;   (den
Nun haben wir in Seinem Bluht und Wun=
Die wahr Artznei nach allem Wunsch gefun=
    den.

4.

Nun schöpfen wir in allem Kreutz und
    Leiden   (mit Freuden/
Auf dem Heilbrunnen Wasser gnug
Obwol wir oft der Heilung widerstreben
Auß Schwachheit und uns nicht so gahr erge=
    ben
Dem SeelenArtzt wie Wir Ja billich solten/
Wen Wir der Cur uns recht gebrauchen wol=
    ten.

5. Ach

5.

Ach aber/ HErr/ Du darffst auf Mich nicht
warten/   (test)
Es wil mit Mir Sich leider! noch nicht ähr-
Reiß Mich hinweg von Mir. Du Menschen-
hüter/   (vor)
Und zeig' in Dir Mir deiner Weißheit Güth-
Den wo Du nicht Mir hilffst so muß Ich ster-
ben
Ja jämmerlich an Leib' und Seel verderben.

6.

HErr/wilt Du nicht zu meiner Schwachheit
eilen?   (heissen)
HErr/ wilt Du nicht Mich tödlich kranckes
Du bist mein Gott/ mein Helffer und Erret-
ten/
Du bist allein der Sünden Untertretter/
Drüm eile doch Mich armen zu bekehren
Und Mich den Weg der Wahrheit recht zu
lehren.

7.

Bist Du nicht starck genug mich aufzurichten
Auch meine Sünd' und Boßheit zu vernich-
ten?   (men)
Ei soltest Du nicht freundlich zu Mir kom-
Der Du Mich eh' in deine Gunst genommen/
Als Ich mich Dir in Lieb' und Treu verbun-
den/
So hast Du längst Mich libend überwunden?

R. FRor

Ihr werdet mit Freuden Wasser schöpfen auß dem Heilb. 55

8.

Wer weiß doch so Barmhertzigkeit zu finden/
Welch' endlich kan Sich Selber überwinden/
Wie das du Dein HErr Jesu hat bezeuget
Die dich so gahr ans Kreutzes stam gebeuget/
Die dich mit Gall' und Essig hat getränket/
Ja dich zuletst ins schwartze Grab versenket?

9.

Das/ mein Jch/ heist uns gahr das Hertz zu
neigen/ (gen/
Da schmilts Jch/ heist/ Sich geben gahr für ei-
Und bist aus Uns/ O JEsulein/ gebohren/
Du bist nur Uns zum Opfer auserkohren/
Du bist für Uns allein dahin gegeben/
Ach laß auch Uns bei Dir doch Ewig leben.

10.

So bist Du nun dein schwachen Sünder Dei-
den (den/
Ein hohes Guht und Fels des Heils gewor-
Damit auch wir dein Eigenthum verbleiben/
Und alle Sünd' und Laster von Uns treiben/
Du schenkst Dich Uns und wir als deine Glie-
der
Wir schenken Uns Dir dankbarlich itz wieder.

11.

Du bist die Speiß' und Trank so mich erquik-
ken/ (stikken/
Wen mich der Grimm des Höchsten wil er-

D iiii   Du

Du bist der Brunn des Lebens den ich trinke
Wen Ich für Durst gleich in den Abgrund
 sinke/
Du bist das Licht wen Ich im finstren sitze
Ja wen Ich Bluht wie Wasser von mir
 schwitze.

Du lässest mich in keiner Noht verzagen
Wen gleich die Feind' auf's schwerste mich ver-
 klagen; (führet
Du bist immer Witz/ wen Thorheit mich ver-
Und eitler Wahn die Sünd in mir gehäuffet/
Du bist mein Hohet der mich von allem Bö-
 sen/
Ja von der Macht der Höllen kan erlösen.

13.
Du bist mein Raht und Advokat in Nöhten/
Im Fall Ich muß für meiner Sünd erröh-
Der stillest mir das traurige Gewissen/ (ten/
Daß manche Nacht gahr schwehrlich hat ge-
 rissen/ (fen/
Du lehrest mich die Lust des Fleisches däm-
Auch wider Welt / Tod / Höll und Teufel
 kämpfen.

14.
Du hast Dir gantz mein Seelichen verpflich-
 tet/ (tet/
Und als Ihr Freund Sie treuligst unterrich-

Du

Ihr werdet mit Freuden Waſſer ſchöpfen auf dem Heilb.

Du haſt Sie Ja gelehret kindlich behten/
Und Glaubensvoll zu deinem Vatter treten/
Du ſtärkeſt Sie/ wen Sie Sich ſchwach be-
ſindet/
Auch ſo/ daß Sie den Stärkſten überwindet.

15.

Du biſt mein Raht wen Ich Mir nicht kan
rahten/   (ten/
Durch dich begeh' Ich groſſe Glaubenstha-
Du holſt die Schuld welch' Ich erlegen ſolte/
Du ſchlägſt den Feind/ der mich vertreiben
wolte/   (Freuden/
Du ſalbſt mir oft mein traurigs Hertz mit
Was kan mich nun von deiner Libe ſcheiden?

16.

O ſüſſer Brunn'/ O Quelle/ welch' entſprin-
get   get!
Daſelbſt/ wo man das drei mahl Heilig ſin-
O Waſſer/ das nicht findet Seines Gleichen/
Komm' eiligſt/ mir ein Labetrunk zu reichen:
Ich komm'/ Ich ſchöpf' aus meines JEſu
Wunden/
Da hab' Ich ſchon den Freudentrunk gefun-
den.

Unmüglich kans geschehen/ daß wir in gnaden stehen

bei Gott/ wen wir nicht streben/ in seiner Furcht

zu le-ben,

Mein Sohn/ sihe zu/ daß deine Gottesf. nicht Heuchelei sei. 59

Die Zehnte Musikalische Hertzens-Andacht

Uber die herliche Erinnerungswohrte des weisen Haußlehrers Sirach/ in welcher Er uns getreulich warnet für dem in disen letzten Zeiten leider gantz gemeinem Heuchlerischem Christenthum/ wie den diselbe von Ihm werden beschriben in Seinem Zuchtbuche am 1. Kapittel v. 36. biß zum ende/ also lautend:

Mein Sohn/ sihe zu/ daß deine Gottesfurcht nicht Heuchelei sei / und diene Ihm nicht mit falschem Hertzen. Suche nicht Ruhm bei den Leuten durch Heuchelei/ und sihe zu/ was Du redest/ glaubest oder fürhabest. Und wirf Dich nicht Selbst auf/ daß du nicht fallest und zu Schanden werdest; Und der HErr deine Tükke offenbahre/ unnd stürtze Dich öffentlich für den Leuten/ darum daß Du nicht in rechter Furcht Gott gedienet hast/ und Dein Hertz falsch gewesen ist.

Dises kan auch gesungen werden nach der Melodie unsers bekanten Danklides:

Nun last uns Gott dem Herren/ u. s. w.

I.

Unmüglich kans geschehen
Daß wir in Gnaden stehen

Bei

Bei Gott/ wen wir nicht streben
In Seiner Furcht zu leben.

2.

Wir sind zwahr arme Sünder/
Doch gleichwol Gottes Kinder/
Und dises sol uns lehren/
Das wir Ihn kindlich ehren.

3.

Er Selbst hat uns erkohren/
Auch als auf's neu gebohren
Trägt uns in Seinen Armen
Mit freundlichem Erbarmen.

4.

O das der Geist der Liebe/
Und Furcht stets in uns bliebe!
O das Er uns regierte/
Dazu mit Gaben zierte!

5.

Doch wil man dise Gaben
Von Seiner Güthe haben/
Mus man zu Gott Sich kehren
Und Ihn mit Furcht verehren.

6.

Man mus im gantzen Leben
Nur Ihm viel Ehre geben
Und kindlich Seinen Willen
Auch mit der Taht erfüllen.

7. Es

7.
Es wil sich nicht geziemen
Vom Christenthum viel rühmen/
Und leben doch wie Heiden
Die gahr von Gott Sich scheiden.

8.
Die sind nicht Gottes Kinder/
Sie wandeln noch viel blinder/
Als die nicht einen Bissen
Von Ihrem Schöpfer wissen.

9.
Man muß dem HErren dienen/
Der uns so milder schienen;
Auch noch so hoch uns liebet
Daß Er Sich gahr uns giebet.

10.
Doch muß man hie nicht schertzen/
Man dien' Ihm recht von Hertzen/
Nur die sind wahre Christen
Die Sich nicht trotzig brüsten.

11.
Wer Sich in Demuht nennet
Des HErren Knecht/ und kennet
Sein heimliche Gebrechen/
Dem wil Gott Trost zu sprächen.

12.
So dient Ihm nun mit treuen;
Nichts kan uns mehr erfreuen/

Als wen wir dörfen sagen
Gott hab' an Uns behagen.

13.

Dem Fürsten Dienst erweisen/
Pflegt man zwahr hoch zu preisen/
Da Menschen doch verderben
Und schließlich müssen sterben.

14.

Gott aber hertzlich dienen/
Und dessen Grim versühnen
Durch Glauben/Liben/Leben/
Das läst sich hoch erheben.

15.

Der Glaub' ist Ja die Quelle
Der Lieb'/ und recht die Stelle
Der Hoffnung/welch' auf Erden
Läst nie zu Schanden werden.

16.

Laß dir/O Mensch/ den Glauben/
Den theursten Schatz/ nicht rauben/
Den Er kan aus den schwachen
Oft starke Christen machen.

17.

Doch sol Er in Geberden
Nicht nur erfunden werden/
Von Hertzen muß Er gehen/
Wil man für Gott bestehen.

18. Drü

18.
Drum hüte dich für heuchlen/
Gott achtet gar kein Schmeichlen/
Auch kan man Ihn mit Liegen
Noch Falschheit nicht betriegen.

19.
Es komt ohn allen Zweiffel
Die Falschheit nur vom Teufel/
Der rüstet auf mit Listen
Die lose Heuchel Christen.

20.
Kein Mensch sol sich erkühnen
Auf heuchel Ahrt zu dienen
Gott/ und zugleich sein Leben
Dem Satan hin zu geben.

21.
Zu Gott must du dich kehren/
Nur Gott must du verehren/
Du must an Gott nur hangen
Ja stets nach Ihm verlangen.

22.
Nun/ HErr/ du wirst mir geben/
Daß Ich Dir möge leben/
Und lieben dich von Hertzen
So scheide sonder Schmertzen.

bühret: Ich wil den weg euch zeigen/der euch zum

Him- mel führt.

Die Elfte Musikalische Hertzens-
Andacht

Uber die freundliche Inladung des Königes und Propheten Davids/ Kraft welcher Er Sich erbiehtet/die Kinder Gottes in der Furcht des HErren zu unterweisen/wie den Selbige befindlich in Seinem 34. Psalm/also lautend:

Komt her Kinder/ höret Mir zu/ Ich wil Euch die Furcht des HErren lehren. Wer ist/ der guht Leben begehret und gern guhte Tage hätte? Behühte deine Zunge für Bösem/ und Deine Lippen/

E   daß

daß Sie nicht falsch reden. Laß vom bö-
sen und tuhe guhtes / suche Friede und
jage Jhm nach. Die Augen des HEr-
ren sehen auf die Gerechten / und Sei-
ne Ohren auf Jhr schreien. Das Ant-
litz aber des HErren siehet über die / so
böses thun / daß Er Jhre Gedächtnis-
se ausrotte von der Erden.

Welches auch kan gesungen werden nach der Melodie
Meines sonst wolbekanten &.
Liedes:
O Vater aller Gühr / Jch klag' Es Dir
mit Schmertzen.

1.

Komt / meine Kinder / komt / Mir fleissig
    zuzuhören /   (euch lehren;
Jch wil die höchste Kunst (des HErren Furcht)
Komt / kindlich euch zu neigen
Für Gott / wie sichs gebührt:
Jch wil den Weg euch zeigen /
Der euch zum Himmel führt.

2.

Jhr Kinder / lernet doch den Schöpfer recht
    erkennen /   (land nennen,
Ach lernet Seinen Sohn der Menschen Hei-
Komt / lernet Seinen Willen /
Den Er uns kund gethan /

Mit rechtem Ernst erfüllen
In diser Leidensbahn.

3.
Wer wolt' in diser Welt von Hertzen nicht be-
gehren/   (ge das bescheren/
Daß Gott nach Seinem Stand' Jhm mü-
Was Jhm den reichsten Segen/
Ja Glük ohn End' und Zahl
Stets bringen kan zu wegen
In disem Jammertahl?

4.
Ey wol/ gefälts euch den in diser Welt zu ha-
ben   (laben/
Was euch so reichlich kan an Leib' und Seele
So müsset ihr ja fliehen
Das Gift der falschen Lehr'
Als welches euch kan ziehen
Von Gottes Lob und Ehr'.

5.
Ihr müst des Höchsten Wohrt von gantzer
Seele liben/   (üben/
Und in der Weißheit Lehr' euch unaufhörlich
Ihr müsset auch bewahren
Die Lippen und den Mund/
Daß sie die Lügen spahren/
Sehn auf der Wahrheit Grund.

E ij   6. Sol

6.

Sol aber das geschehn / so mus auf diser Er-
den   (werden;
Zufoderst das Gemüht' und Hertz gereinigt
Den / ist das Hertz beladen
Mit Lastern mannigfalt /
So kan der Mund leicht schaden
Und irren gahr zu bald.

7.

Drüm schikke dich zur Buhss' / und lerne dis
für allen /   (fallen;
Das ein Gerechter auch wol Siebē mahl kan
Was sag' Ich viel von Sieben?
Es wird auf einen Tag
Des Bösen mehr getrieben
Als jemand zehlen mag.

8.

Doch / trägst du wahre Reu von wegen dei-
ner Sünden /   (Gnade finden /
Und glaubst an JEsum CHRist / so kanst du
Du must dich gantz verlassen
Auf Sein vergossnes Bluht /
Und das im Glauben fassen /
Den wird dir alles guht.

9.

Es kan dis Bluht allein dich aus der Höll' er-
lösen;   (schnel vom Bösen /
Drauf tuh' auch widrum guhts und lasse

Sei Tag und Nacht geflissen
   Zu halten Fried' und Ruh'/
Ein unbeflekts Gewissen
   Eilt nur dem Himmel zu.

10.

O jagt dem Frieden nach/ den Ihm' ist nichts
   zu gleichen/   (Teufel weichen/
Es mus Ihm Sünde/ Welt/ Tod/ Höll' und
   Drum komt/ wir wollen springen
   Dem edlen Frieden nach/
Wer den ins Netz kan bringen
   Der hat gewonnen Sach'.

11.

Auf/ meine Kinder/ auf/ wir wollen Friede su-
   chen/   (sahm fluchen;
Wir wollen segnen/ wen die Feind uns grau-
   Wir wollen überwinden
   Der Widersacher Neid
Mit Lieb'/ und Sie verbinden
   Durch Fried und Einigkeit.

12.

Es sehen Tag und Nacht des Allerhöchsten
   Augen   (taugen/
Auf die/ so friedlich sind / auf Leute/ die was
   Gott höret auch ihr schreien
   In Trübsahl und Gefahr/
Ja wil sie gahr befreien
   Und schützen immerdar.

E iij   13. Es

13.

Es libet unser Gott von Hertzen die Gerech-
 ten/ (Knechten/
Er wendet Sich mit Lust allein zu Seinen
 Und müssen Sie schon leiden
  Viel Trübsahl in der Welt/
  So füllt Er doch mit Freuden
  Ihr Hertz/wens Ihm gefält.

14.

Welch' aber für und für in Schand und La-
 stern leben/ (derstreben/
Nur fluchen/ schmähen/ und der Tugend wi-
 Verwirren die Gemühter
  Durch Zank/Haß/Zorn und Neid
  Die mangeln auch der Gühter
  Der wahren Seligkeit.

15.

O libster Jesu/ hilf/ uns so den Wandel füh-
 ren/ (lihren/
Daß wir in diser Zeit Dich nimmermehr ver-
 Ich weiß/ Du wirst gedenken
  An uns zur jeden Frist/
  Auch alles reichlich schenken
  Was uns von nöhten ist.

XII.

72 Zwölfte Musik. Hertzens Andacht aus Ps. 39. v. 5.

daß uns verschafft der Gnaden viel Ja Freud

und Trost da- ne- ben.

Die Zwölfte Musikalische Hertzens-Andacht

Uber die Christliche Sterbekunst/ welche uns sehr schön wird gelehret und vorgestellet von dem Könige und Propheten David/ in Seinem 39. Psalm vers. 5./ mit nachfolgenden Wohrten:

Ach HErr/ lehre doch Mich/ daß Es Ein Ende mit Mir haben muß/ und mein Leben Ein Ziel hat/und Ich davon muß.

Dises

Dises kan auch gesungen werden nach der Melodie unsers
wolbekanten Buhspsalms:
Auf tieffer Noht schrei Ich zu Dir/u.s.w.

1.

JCH bin ein armes Schülerlein/
    Das gern in disem Leben
Von Gott wolt' unterrichtet sein/
    Wie man doch müsse streben
Nach einem solchem End und Ziel/
Das uns verschaft der Gnaden viel/
    Ja Freud' und Trost daneben.

2.

Zwahr weis Ich das Gott unsre Tag'
    Hat auf Sein Buch geschrieben;
Ihm ist bekant/ wie manche Plag'
    Und Kreutz uns hier betrüben/
Eh' uns der bleiche Tod verletzt/
Doch jedem ist ein Ziel gesetzt/
    Das schwehrlich zu verschieben.

3.

Nur dis begehr Ich Tag und Nacht:
    Gott wolle mich regieren/
Das Ich doch müge wolbedacht
    Die Sterbenskunst studiren/
Jedoch zuvor hie stetiglich
Eh noch der Tod ereilet mich
    Ein Christlichs Leben führen.

4. Mein

4.

Mein Gott/ Du bist der rechte Mann/
  Der uns fein unterrichten
Und Seine Schüler lehren kan
  Wie man Sein Thun und Tichten
Durch stete Reu und wahre Buhß'
Im Glauben recht anstellen muß/
  Sich Dir/ HErr/ zu verpflichten.

5.

Dein Wohrt ist ja der rechte Stab
  An welchen wir uns lehnen/
Wen uns oft schneller ruft das Grab
  Als wir es selber wähnen/
Dein Wohrt/ HErr/ stärkt uns dergestalt
Daß/ wen wir werden bleich und kalt/
  Nach Dir/ allein uns sehnen.

6.

Dein Wohrt ist ja das rechte Schwehrt
  Wodurch man kan vertreiben
Des Satans Pfeil'/ und stets begehrt
  In Dir allein zu bleiben/
Dein Wohrt erquikt uns in der Noht/
Auch so/ das weder Welt noch Tod
  An uns Sich dörfen reiben.

7.

Du sprichst ja selbst: Wer dis mein Wohrt
  Wird hören unverdrossen/
Und glauben Ihm auch also fohrt/
  Dem wird bald auffgeschlossen

Die

Die Himmelstühr'/ Er wird befreit
Vom Tod'/ und lebt in Ewigkeit
   Samt Meinen Reichsgenossen.

8.

Jedoch/ HErr/ muſ man fürchten Dich/
   Dieweil dein Augen ſehen
Auf alle/ die fein Tugendlich
   Den Weg zum Leben gehen;
Gewißlich in der letſten Noht/
Wen Sie bekämpft der bittre Tod/
   Wird ſolchen wol geſchehen.

9.

Drauf wil ich mich mit wahrer Reu
   HErr Gott/ zu Dir bekehren/
Ich wil die Sünder ohne Scheu
   Den Weg der Wahrheit lehren/
Den ſo man wahre Buhſſe tuht
Und bleibt an Dir/ Du höchſtes Guht/
   So wird uns nichts verſehren.

10.

Ich wil betrachten meine Pflicht
   Der Welt mich zu begeben/
Und ſetzen meine Zuverſicht
   Auf Chriſtum/ der Sein Leben
Auf Lib' allein/ nach Seinem Raht
Für mich dahin geopfert hat/
   Daſ Er mich mücht' erheben.

11.

Ich wil Dein heiligs Abendmahl/
　O Jesu/ so geniessen/
Daß ich mich kühnlich in die Zahl
　Der Gläubigen darf schliessen
Demnach es so gahr kräftig ist/
Daß es kan in der letzten Frist
　Die Todesquahl versüssen.

12.

Ich wil auch durch des Glaubens Kraft
　In Trübsahl Jesum lieben/
Und eine guhte Ritterschaft
　Biß an mein Sterben üben/
Wer standhaft bleibt/ dem ist zu lohn
Vom Himmel selbst ein Ehren-Krohn
　Im Paradis verschrieben.

13.

Ich wil auch behten Nacht und Tag
　Daß ich hie Christlich wallen
Und endlich selig sterben mag/
　So werd' Ich nimmer fallen;
Stets sol/ das HErr erlöse mich
Von allem Ubel gnädiglich/
　In meinem Mund erschallen.

14.

Wollan/ mein Gott/ Ich muß davon/
　Ich muß die Welt verlassen/

Jetz

Dreizehnde Musik. HertzensAndacht aus Es.63.b.3. 77

Jetz neiget sich die Lebens Sonn'/
Ich wil das Eitel' hassen/
Und Dich allein / O Du mein Licht/
Mit fester Lib' und Zuversicht
Im Tod auch freudig fassen.

XIII.

Komt/ laßt uns wandeln gehen zu diser
 Im Garten zu besehen Der Bäume
Frühlings Zeit/ Die schöne Früchte tragen/ woran is
 Lib lig keit/

78 Dreizehnde Musik. HertzensAndacht aus Es. 61. v. 3.

früh und spaat   Der Gahrtner sein behagen

und höchste Wolluft hat.

Die Dreizehnde Musikalische Hertzens-Andacht

Uber die Versetzung der Eblen Bäume und Pflänzlein in der Christlichen Kirchen/ welche am grossen Tage der Heimsuchung Gottes/ zu desselben Libe/ Preiß und Ehren/ in das himlische Paradiß sollen verpflantzet werden/ wie solches beschriben wird von dem Geistreichen Propheten Esaias/ in Seiner Weissagung am 61. Kapittel v. 3./ und in unserer Teutschen Sprache also lautet:

Sie werden genennet Bäume der Gerechtigkeit/ Pflantzen des HErren zum Preiß.

Dises kan auch gesungen werden nach der Melodie unsers wolbekanten Morgenliedes:
Ich danke Dir liber HErre/ u. s. w.

1. Komt/

1.

Komt/ laſt unſ wandeln gehen
  Zu diſer Frühlings Zeit/
Jn Garten zu beſehen
  Der Bäume Libligkeit/
Die ſchöne Früchte tragen/
  Woran itz früh' und ſpaat
Der Gahrtner ſein Behagen
  Und höchſte Wolluſt hat.

2.

Es war von Gott gebauet
  Daſ ſchönſte Paradiſ
Daſ hatt' Er anvertrauet
  Den Menſchen/ welch' Er lies
Als guhte Bäume ſtehen
  Zu tragen edle Frücht'
Ach/ aber/ waſ geſchehen
  Bezeugt unſ daſ Gerücht'.

3.

Es iſt der Gahrte leider!
  Verderbet gantz und gahr/
Demnach deſſelben Neider
  Der Satan embſig war
Durch Sünde zu vernichten
  Die Gahrten groß und klein/
Da muſte Gott aurichten
  Ein anders Gährtelein.

4. Es

4.

Es ließ der HErr auf Erden
  Nach Seiner Freundligkeit
Gerechte Bäume werden/
  Welch' Ihm zur jeden Zeit
Nur Früchte solten geben
  Die nimmermehr vergehn/
Es solt' ihr gantzes Leben
  Im Tuhn/ Im Tuhn bestehn.

5.

Es muste sein versetzet
  Der Baum von seinem Ohrt/
Es war der Mensch verletzet
  An Leib und Seel hinfohrt/
Nichts Guhtes kont' er machen/
  Die Früchte waren wild/
Und Er mit allen Sachen
  Blieb Satans Ebenbild.

6.

Gott aber/ reich von Gnaden
  Hat unser so gedacht/
Daß Er uns arme Maden
  Zu Pflantzen hat gemacht;
Wir sind nicht mehr im Orden
  Der Dörner wie vorhin/
Jetz sind wir Bäume worden/
  Und zwahr nach Gottes Sinn.

7. Es

7.

Es fließt in disem Gahrten
　Die schöne Lebensquell'
Hie kan der Baum sich ahrten/
　Und wachsen treflich schnell/
Wen ihn die Sonn' erhitzet;
　Der Gahrt' hat seinen Wall/
Der kräftig Ihn beschützet
　Für allem Überfall.

8.

Die Diener Gottes pflantzen
　Viel Bäumlein wunderschön/
Nicht Feigen/Pomerantzen
　Welch' in den Gründen stehn/
Besondern Menschenkinder/
　Wovon die Schrift uns lehrt/
Daß sie sind arme Sünder/
　Durchs Wohrt dennoch bekehrt.

9.

Drauf folgt nun das begießen:
　Ach seht die Gnadenquell'
In überfluß' hie fließen
　Als ein Christal so hell'/
O Brünnlein reich von Gaben/
　O Quell' auch roht wie Bluht/
Du kanst die Seel' erlaben/
　Du bleibst mein höchstes Guht!

10. Nun/

10.

Nun / Gott gibt zum Gedeien
 Auch Seinen wehrten Geist /
Durch den wir Abba schreien /
 Der Raht und Tröster heist /
Drauf fahen an zu blühen
 Die Kindlein zahrt und fein /
Wen wir diselben ziehen
 Zu Gottes Ehr allein.

11.

Und komt man den zu Jahren /
 So folgt die wehrte Frucht /
Da mus ein Christ nicht spahren
 Erbarmung / Fried' und Zucht /
Da mus ein Christ vermehren
 Des Allerhöchsten Ruhm;
Und zu desselben Ehren
 Werd' er ein edle Bluhm.

12.

Der Preis mus Gott verbleiben /
 Wil man Sein Pfläntzlein sein /
Man geb' ohn hintertreiben
 Nur Jhm den Ruhm allein.
Bald wird der Winter kommen
 So reist der Tod uns hinn /
Der Tod / der doch den Frommen
 Mus werden zum Gewinn.

13. Wollan

13.

Wolan es ist fürhanden
 Die schönste Frülings Zeit/
Da von des Todes Banden
 Uns Christus Selbst befreit/
Und drauf das Sommerleben
 In Seinem Freudenzelt
Aus Gnaden uns wil geben;
 HErr/ komm/ wen Dirs gefält!

XIV.

Christus spricht: Ein fauler Baum/ bringt auch
Wo der Mensch nicht hält im Zaum/ Hertz/ Zung/

arge Früchte/ Sondern läst Sie gantz und gahr
und Gesich te/

Die Vierzehnde Musikalische Hertzens-Andacht

Uber die Sieben böse Stükke / welche der Gerechter Gott hertzlich straffet und hasset / wie diselbe / der Allerweiseste König Salomon / allen Unbußfertigen zur Warnung hat aufgesetzet in Seinen Sprichwörtern am 6. Kapittel v. 16. 17. 18. 19. / welche in unserer Teutschen Sprache also lauten:

Diese Sechs Stükke hasset der HERR / und an dem Siebenden hat Er Einen Greuel: Hohe Augen / falsche Zungen / Hän-

Hände/ die unschuldig Bluht vergiessen/
Ein Hertz/ daß mit bösen Tükken ümge-
het/ Füsse/ die behend sind/ Schaden zu
thun/ Falscher Zeuge/ der frech Lügen
redet/ und der Hader zwischen Brü-
dern anrichtet.

Dises kan auch gesungen werden nach der Melodie unsers
wolbekanten Passionliedes:
Christus der uns selig macht/ u.s.w.

1.

CHristus spricht: Ein fauler Baum
  Bringt auch arge Früchte;
Wo der Mensch nicht hält im Zaum
  Hertz/ Zung' und Gesichte/
Sondern läst sie gantz und gahr
  Nach dem Bösen ringen/
Wird er endlich offenbahr
  Arge Frücht auch bringen.

2.

Augen/ welche sehn empohr/
  Spotten nur der Armen/
Trotzen hönisch auch bevor
  Sie sich der erbarmen:
Augen die den Ubermuht
  Klährlich lassen blikken/
Solche wil das Höchste Guht
  In den Abgrund schikken.

F iij

3. Falsche

3.

Falsche Zungen/ welcher Gift
 Oft die fromme Hertzen
Sonder Schuld und Uhrsach trift/
 Schaffen bittre Schmertzen:
Zungen welch' ein guhtes Wohrt
 Nur auß Falschheit geben/
Müssen in dem Schwefelohrt'
 Unaufhörlich beben.

4.

Hände/ die mit Grausahmkeit
 Menschenbluht vergiessen/
Wie den fast bei diser Zeit
 Gantze Ströhm' hinfliessen/
Da der Krieg je mehr und mehr
 Christen führt zusammen/
Wird der Höchster straffen sehr
 Durch der Höllen Flammen.

5.

Hertzen die vol Trug und List
 Gleichsahm sich verpflichten/
Andern oft in schneller Frist
 Unglük anzurichten;
Ja der ärgsten Tükke sich
 Ungescheut befleissen/
Solche werden öffentlich
 Satans Brüder heissen.

6. Füsse

6.

Füsse welche gehn geschwind
 Etwas fohrtzusetzen/
Welches auch das frömste Kind
 Grausahm kan verletzen;
Füsse die den Zänkerpfad
 Unaufhörlich lauffen/
Müssen auch ohn alle Gnad'
 In der Höll ersauffen.

7.

Falscher Zeuge der die Wohrt
 Andern offt verkehret/
Ja diselb' an manchem Ohrt
 Lügenhaft vermehret/
Redet nicht waf recht und wahr/
 Hasset stets die Frommen/
Der muf endlich in Gefahr
 Seiner Seelen kommen.

8.

Welcher unter Brüdern pflegt
 Hader anzurichten/
Und nur Haff' und Zank erregt
 Beide zu vernichten/
Der ist ja den Teufeln gleich/
 Die das guhte stöhren/
Wird demnach des Teufels Reich
 Endlich auch vermehren.

9.

Greulich ist es daß die Welt
  Jhre schönste Glieder
Oft zu schnöden Tahten hält/
  Daß sie hin und wieder
Richten Noht und Unglük an;
  Schämt euch doch ihr Augen/
Merket was die Zunge kan/
  Was die Hände taugen.

10.

Ach ihr Füsse/ stehet still/
  Höret auf zu lauffen/
Wer zum Himmel eilen wil
  Meide ja den Hauffen
Derer/ welch' hie Nacht und Tag
  Gehn nach eiteln Dingen/
Ach Sie müssen bald mit Klag'
  Hin zur Höllen springen.

11.

Unser Ohren sollen wir
  Opfern Gott/ zu höhren
Was Er uns läst für und für
  Durch die Diener lehren;
Unser Mund sol sein bereit
  Gott ein Lied zu singen/
Und nach unsrer Seeligkeit
  Sol das Hertz hie ringen.

12. Jesu/

12.

Jesu/laß Dein heiligs Wohrt
Stets mich unterrichten/
Das zu preisen Dich hinfohrt
Heiss' itz all mein Tichten;
Jesu laß mich nimmermehr
Deinen Zorn empfinden/
Sondern Dir vielmehr zur Ehr
Selbst mich überwinden.

XV.

Komm Seelichen zu lernen / wie man Sich von der Welt fein Christlich müss entfernen/ zu suchen

Die Funfzehnde Musikalische Hertzens-Andacht

Uber die lehrreiche Vermahnung des weisen Hauslehrers Sirach/ beschrieben in Seinem Buche am 7. Kapittel v. 34. also lautend:

Was Du tuhst/ so bedenke das Ende/ so wirst Du nimmermehr übels thun.

Dises kan man auch singen nach der Melodie unsers bekanten Morgenliedes:

Ich dank Dir liber Herre/u.s.w.

1.

KOmm/Selichen/zu lernen/
  Wie man sich von der Welt
Fein Christlich müss' entfernen/
  Zu suchen ein Gezelt/
Das herlich ist geschmükket
  Selbst durch des Schöpfers Hand/
Die dich auf Lib' hinrükket
  Ins rechte Vaterland.

2.

Ein Christ der mus bedenken
  Stets seines Lebens Ziel/
Und sich von Hertzen lenken
  Zu Gott/der Ihm so viel
Und oft hat lassen sagen:
  Er sol nicht sicher seyn/
Man werd' Ihn bald hintragen
  Ins finstre Kämmerlein.

3. Wer

3.

Wer solches nicht betrachtet
  In diser kurtzen Zeit
Ja wenig nur beachtet
  Sein End' und Sterbligkeit/
Den wird der Feind mit zagen
  Ergreiffen gahr zu schnell/
Sein' arme Seel' auch tragen
  Erbarmlich in die Hell.

4.

Er aber/ dem Sein Sterben
  Ligt Tag und Nacht im Sinn/
Ist frei für dem Verderben
  Fährt drum mit Frieden hin/
Dieweil er auch gelebet
  Hier als ein frommer Christ/
Und dem hat nachgestrebet
  Was Ehr- und rühmlich ist.

5.

Es ist kein Ding auf Erden/
  Wodurch ein Mensch alhier
Recht Tugendhaft kan werden/
  Als wenn man für und für
Gedenket an sein Ende/
  Ja schauet auf sein Grab;
Ein solcher wird behende
  Vom Bösen lassen ab.

6. Hie-

6.
Hiedurch wird er erkennen/
  Wie doch sein Helffer sei
Der Siegesfürst zu nennen
  Der ihn gemachet frei
Vom Tod' und dessen Banden/
  Der stärkt ihn als ein Held/
Macht Selbst den Tod zu Schanden/
  Führt ihn zum Himmelszelt.

7.
Ein Christ muß auch bedenken
  Das künftige Gericht/
Wo heuchlen/bitten/schenken
  Durchauß wird nützen nicht/
Da wird kein aussenbleiben
  Kein' Ehhaft noch Gefahr/
Kein Eydschwuhr/kein verschreiben
  Auch gelten nicht ein Hahr.

8.
Wer dises recht betrachtet
  Und seinen Richter nicht
Den Spöttern gleich verachtet
  Der komt nicht ins Gericht'
Ach laßt uns nicht vergessen
  Der Zeit/wo mit der Taht
Uns das wird zugemessen
  Was man verdienet hat.

9. Ein

9.

Ein Chriſt muſ auch erwegen/
　　Was wol nach diſer Zeit
Die Sünd' ihm werd' erregen
　　Für bittre Grauſamkeit?
Wie die Verdamte ſterben/
　　Und in der Quahl doch nicht
Mit Leib und Seel verderben
　　O ſchreklichs Strafgericht'!

10.

O Gott/dort ewig leiden/
　　Wo kein Erquikkung iſt/
O Gott/ Dein Antlitz meiden
　　Der du ſo lieblich biſt/
Wen wir diſ recht bedenken/
　　Wie ſolten wir nicht ſchnell
Zu deiner Furcht unſ lenken
　　Zu meiden Tod und Hell'?

11.

Ein Chriſt muſ auch betrachten
　　Des Glaubens Ziel und End'/
Auch ſolches höher achten
　　Als waſ die Welt oft nennt/
"Luſt/Ehre/Reichthum/Prangen/
　　"Hinweg: Diß geht nicht weit/
"Ein Chriſt hat ſein Verlangen
　　"Bloſ nach der Seeligkeit.

12. Dort

Sechszehnde Muſ. HertzensAndacht aus Pſ. 50. v. 15.

12.

Dort kan man JEſum ſehen/
  Dort wird/Leib/Seel' und Muht
In Freud' und Wonne ſtehen
  Für Gott dem höchſten Guht/
O Ruh'/O liblichs Weſen/
  Mach' auf die Freudenthür'/
Alsden bin ich geneſen/
  O Gottes Statt in Dir!

XVI.

Wen Trübſahl/Angſt/und Schmertz verdrükt des
Menſchen Hertz/So fäht es an zu zagen/Ja jämerlich zu
zagen/

96 Sechszehnde Muf. HertzensAndacht aus Pf. 50.v. 15.

zagen/ Es spricht: Ich mus erli- gen

Unmüglich werd' Ich siegen.

Die Sechszehnde Musikalische Hertzens-Andacht

Uber die schöne und überauß Tröstreiche Verheissung Gottes / welche geschehen ist allen hochbetrübten und nohtleidenden Hertzen/ wie diselbe beschrieben wird / von dem Könige und Propheten David in Seinem 50. Psalm v. 15. / in unsrer Teutschen Sprache also lautend:

Ruffe mich an in der Noht / so wil Ich Dich erretten/ so solt Du Mich preisen.

Dises kan man auch singen nach der Melodei unsers wolbekanten Kirchenliedes:

Auff meinen lieben GOtt/ u. s. w.

1. Wenn

1.

WEn Trübsahl/ Angst und Schmertz
Verdrükt des Menschen Hertz/
So fäht es an zu klagen/
Ja jämmerlich zu zagen/
Es spricht: Ich muß erliegen
Unmüglich werd' Ich siegen!

2.

Nein Hertz/ sei wolgemuht/
Wen Gott dir solches thut/
Als den wil Er dir weisen
Du solst den Schöpfer preisen/
Der dich von allem Bösen
So herlich kan erlösen.

3.

Der HErr wil nicht allein
Von uns gelobet sein/
Wen Er uns Guhts erzeiget/
Ach nein! Auch wen Er schweiget/
Und wir in Trübsahl wanken/
So sollen wir Ihm danken.

4.

Ein wolversuchter Christ
Der kan zur jeden Frist
Den Allerhöchsten loben/
Je mehr die Feinde toben
Je fester wird er stehen
Und Gott üm Hülff' anflehen.

G   5. Wo-

5.

Wo Gottes Hülff' uns fehlt/
Da wird man so gequählt/
   Daß mancher wünscht sein Leben
   Dem Würger hinzugeben/
   Da wollen Luft und Erden
   Zu klein und eng' Ihm werden.

6.

Da schreit er auf der Tieff'
Als ehmahls David rieff:
   Mein Gott wilt Du nicht sehen
   Mein Elend/ und mein Flehen
   In diser Noht erhören/
   Ja Dich zu mir nicht kehren?

7.

Wo bleibt Dein Trost so lang?
Es macht mir hertzlich bang
   O grosser Gott/ die Sünde
   Welch' ich in mir befinde/
   Wie kan ich doch bestehen?
   Es ist üm mich geschehen?

8.

Der Sünden folgt die Rach'
Als auf dem Fusse nach/
   Da Krankheit/ Krieg und Zagen
   Samt tausend andern Plagen/
   So häuffig uns bedekken/
   Daß Leib und Seel' erschrekken.

9.

Was ist den nun für Raht?
Ey/Der geschlagen hat/
  Der kan uns auch verbinden/
  Er läst Sich überwinden
  Durch unser kläglichs Schreien/
  Sein Hand muß uns befreien.

10.

Er spricht zu jederman:
Rufft Mich in Nöhten an/
  Ich weiß schon was euch fehlet
  Demnach Jeßia gezehlet
  Eur Elend sammt den Trähnen/
  Die nach dem Trost sich sehnen.

11.

Was zagt Ihr? geht nur fohrt/
Und lernet/ Mir mein Wohrt
  Im Glauben fürzuhalten/
  Und den/ so läst Mich walten/
  Den wil Ich näher tretten
  Und herlich euch erretten.

12.

O wunderliche Güht'
O väterlichs Gemüht'!
  O Himlisches Versprächen/
  Mich sol hinfohrt nicht schwächen
  Viel Martern/ Plagen/ Dreuen/
  Mein Gott wird mich erfreuen.

G ij 13. Sein

Sechszehnde Muß. Hertzens Andacht aus Ps. 50. v. 15.

13.

Sein Wohrt versichert mich/
Drüm ruff' Ich ängstiglich/
Ja wen Ich muß erkalten
Und mir mein Hertz wil spälten/
So fleh' ich: hilf auß Nöhten/
Der Tod/HErr/wil mich tödten.

14.

Drauf hörst Du mein Geschrei/
Drauf kom̃st Du bald herbei/
Und läst in solchem Schrecken
Dein gühtigs Hertz mich schmecken/
So gabe/daß ich mein Leben
Auch kan mit Lust aufgeben.

15.

Dem Schutz folgt die Gebühr:
Bald geht mein Dank herfür/
Daß ich für allen Dingen/
Dir zeitlich muß lobsingen/
Und dort mit süssen Weisen
In Ewigkeit Dich preisen.

102 Siebenzehnde Muſ. Hertzens Andacht aus Pſ. 51. v. 17.

auf den Grund Vom Sünden Schlam verderbet.

Die Siebenzehnde Muſikaliſche Hertzens-Andacht

Uber daß hertzliche Gebeht des Königes und Propheten Davids / in welchem Er den Allerhöchſten Gott erſuchet / daß Er Jhm Seinen Mund eröfnen wolle / damit Er Seines Schöpfers Lob müge verkündigen und auſbreiten / welches Gebeht iſt zu finden / in Seinem 51. Pſalm v. 17. / alſo lautend:

HERR/ tuhe meine Lippen auf / daß mein Mund deinen Ruhm verkündige.

Diſes kan man auch ſingen nach der Melodie unſers wolbekanten Kirchenliedes:
Ein feſte Burg iſt unſer Gott / u. ſ. w.

I.

GAhr groſ iſt meine Miſſetaht /
   Die leider! Ich begangen /
Drum fühl' ich weder Troſt noch Raht
   Viel Angſt hat mich umfangen /
Den mein Gewiſſen ſpricht:
Du kanſt hinführo nicht

Ge=

Gebrauchen Zung' und Mund
Du bist biß auf den Grund
  Vom Sündenschlam verderbet.

2.

Ach Gott/ ich fühl' es gahr zu wol/
  Ich kan zu Dir nicht treten/
Noch auch/ als ich in Nöhten sol/
  Von gantzer Seele behten/
Dein Geist ist wie verjagt
Das machet mich verzagt/
Weil der nun ist dahin
So hat auß meinem Sinn'
  All' Andacht sich verlohren.

3.

Ich solte Dir ja täglich zwahr
  Du grosser Gott/ lobsingen/
Ja Dir auch mitten in Gefahr
  Mein Lippenopfer bringen/
Nun aber fühl' ich daß
Die Sünd ohn unterlaß
Mich quählet dergestalt/
Das ich versinke bald
  Ohn Hoffnung/ Lieb' und Glauben.

4.

Ich solt'/ HErr/ meine Missetaht
  Dir billig zwahr bekennen/
Und das/ was Dich beleidigt hat/
  Fein öffentlich nur nennen.

Nun

Nun aber fühl' ich wol
Daß ich der Bosheit vol
Doch Stum/ und Sprachlos bin/
Ach Gott/ wo sol ich hin?
　　Mein Hertz wil mir drob brechen.

5.

Allein zu Dir/ HErr Gott/ wil ich
　　Von gantzer Seele schreien/
Daß Du doch wollest gnädiglich
　　Mich diser Angst befreien/
Du gibst zur jeden Frist
Uns gern was nöhtig ist/
Es mag gros/ oder klein/
Geist- oder Leiblich sein/
　　Man kans von Dir erbitten.

6.

So nim den nun auch gnädig an/
　　O frommer Gott/ mein Flehen/
Doch weil ich nicht viel reden kan/
　　Wirst Du mein Hertz ansehen/
HErr/ öffne mir den Mund/
Dazu des Hertzen Grund/
Laß Deine Gnad in mir
O Schöpfer für und für
　　Sich häufig doch vermehren.

7.

Der Satan zwahr schliest immer zu
　　Und macht uns viel verdriessen/

Doch

Doch HErr/ Du schaffst uns widrum Ruh'/
   Und komst/ bald auffzuschliessen
Die Lippen/ Ja das Hertz/
Damit der grosse Schmertz/
Der uns den Leib offt plagt/
Auch gahr die Seele nagt
   Sich Dir mug' offenbahren.

8.

So tuh'/ HErr/ meine Lippen auf/
   Die leider gantz verschlossen/
Dein Lob/ das soll mit vollem Lauff
   Itz werden ausgegossen/
Dein Ruhm sol weit und breit
In diser kurtzen Zeit
Erschallen biß wir Dich
Erheben Ewiglich
   Und samt den Engeln jauchtzen.

9.

Es sol Dein Ruhm verkündigt sein
   Durch behten/ straffen/ lehren/
Auf das sich mügen groß und klein
   HErr Gott/ zu Dir bekehren/
So kan man/ wie man sol/
Gebrauchen recht und wol
Den Mund/ des Schöpfers Ruhm/
Als dessen Eigenthum/
   Fein Christlich auszubreiten.

10.

Verleihe mir/ O frommer Gott/
   Das ich ja standhafft bleibe/

Daß meine Zung hie keinen Spott
  Mit Deiner Langmuht treibe/
Daß auch mein Mund nicht fehl'/
Und nur mein Lob erzehl';
Ach nein/ich bin nur Staub/
Ein Schatt'/ein welkes Laub/
  Was solt' ich mich viel rühmen?

II.

Nur/Dir gebührt Lob/Preiß/und Ehr';
  Es sol mein Mund ausbreiten
HErr/deinen Ruhm je mehr und mehr
  Und zwahr für allen Leuten;
Gelobet seist Du Gott/
Du grosser Zebaoht/
Itz lern' Ichs in der Zeit
Wie Dir in Ewigkeit
Hallelujah zu singen.

XVIII.

So führst du mich im Leben noch O grosser
Ja legst auf mich ein solches Joch Daß mich schier

Gott

Die Achtzehnde Musikalische Hertzens-Andacht

Uber die schönen Wohrte / mit welchen der fromme getreue Gott / alle angefochtene hochbetrübte Hertzen tröstet / welche Wohrte beschrieben stehen / bei dem geistreichen Propheten Esaia am 48. Kapittel v.10. / und also lauten:

Ich wil Dich ausserwehlt machen im Ofen des Elendes.

Dises kan auch gesungen werden nach der Melodie unseres wolbekanten KirchenPsalmens:

Erbarm Dich mein / O Herre GOtt / u. s. w.

1.

So führst Du mich im Leben noch
 O grosser Gott / zur Höllen /
Ja legst auf mich ein solches Joch /
 Das mich schier gahr kan fellen?
Ach! Trauren halt mein Hertz so fest /
Das es Jhm keinen Trost zuläst /
So weinig ein verdamter Mann
Trost in der Höllen finden kan.

2.

Mein Seelichen klagt in der Noht:
 Sie müss' itz gahr vergehen /
Sie leide stündlich schier den Tod /
 Sie könne Gott nicht sehen;
Sie könn' in diser grossen Pein
Hinführo nicht mehr glaubig sein /
Gedult die woll' auch nicht herfür /
Ja / Saft und Kraft verschwind' in Jhr.

3.

Ach/ sei zu frieden/ libste Seel'/
   Es muſt' auch Jesus wohnen
In diser Traur- und Marterhöhl'/
   Es wolt' Ihn nimmer schonen
Sein Vatter/ der die Missethat
Der Welt auff Ihn geleget hat/
Daſ Ihm der Schweiſ wie Bluht auſdrang/
Und Er da mit dem Tode rang.

4.

Er schwitzte Bluht in diser Nöht/
   So war Sein Hertz geplaget/
Daſ macht Ihm banger alſ der Tod/
   Drüm hat Er schier verzaget/
Ja/ Jesus rief: Mein Gott/ mein Gott/
Muſ Ich nun werden gahr zum Spott/
Iſts müglich daß so grausahmlich
Mein Vatter/ Du verläſseſt Mich?

5.

Iſt Dir/ HErr Jesu/ diſ geschehn/
   (Der Du biſt Gott) im Leiden/
So wird es mir nicht besser gehn/
   Die Trübsahl wird mich scheiden
Von Gott/ Der mich nicht schauen wil/
Von Gott/ Der gäntzlich schweiget ſtil/
Von Gott/ Der Sich verbirgt für mir/
Ja gantz vermaurt die Gnadentühr'!

6. Ach

6.

Ach Gott/ Ich muß in solcher Pein
  Als eine Taube kirren/
Ich muß von Dir verlassen sein
  Du tränkst mich ja mit Myrrhen
Ruff' ich zu Dir/ Du hörst mich nicht/
Du hast so gahr Dein Angesicht
Von mir gekehrt in diser Noht/
Daß ich nichts wünsch' als nur den Tod.

7.

Itz kan ich meine Nichtigkeit
  O grosser Gott/ erkennen/
Nicht darf ich in der Leidens Zeit
  Dich meinen Vatter nennen;
Es ist doch keine Kräfft in mir/
Der Glaub ist gahr verloschen schier/
Drum kan ich Dir nicht trauen mehr;
Ach/ daß ich nie gebohren wär'!

8.

Hör' auf/ O Seel' hör' auf hinfort
  So jammerlich zu klagen/
Vernim doch was des HErren Wohrt
  Auf dises weiß zu sagen:
Der fromme Gott betrübt uns wol/
Nicht aber/ daß man Ewig sol
Von Jhm' im Grim verstossen sein:
Aufs Tunkle folgt ein Gnadenschein.

9. Es

9.

Es plagt der HErr die Menschen nicht/
Wie Menschen thun/ von Hertzen/
Er bleibt doch unser Trost und Licht
Auch in den Höllen Schmertzen/
Ob mich der Satan schon versucht
Bin ich doch gleichwol nicht verflucht/
"Drum was in diser Leidens bahn
"Mein Gott verhängt/ ist wol getahn.

10.

Ach HErr/ ob Du Dich gleich für mir
Verbirgst mit Deiner Gühte/
Kan ich doch nicht mistrauen Dir/
Ich weiß ja Dein Gemühte/
Daß/ wen Du mich am meisten kränkst/
Alsden Du meiner so gedenkst/
Daß Dir Dein Vatterhertz schier bricht/
Da kanst mich ja verdammen nicht.

11.

Dein Grim zwahr hat mich sehr erschrekt/
Dein Zorn hält mich gebunden;
Doch/ alß ich nur dein Wohrt geschmekt/
Da hab ich schnel empfunden
So reichen Trost/ ja Fried und Kraft/
Daß ich bin gleichsam aufgerafft
Zu Dir ins Reich der Herligkeit
Von aller Noht und Quahl befreit.

XIX.

Die Neunzehnde Musikalische Hertzens-Andacht

Uber eben diselbe herliche Göttliche Trostwohrte durch den Geistreichen Propheten Esaias beschrieben / mit welchen der Getreue Gott/Geistlicher weise angefochtene / hochbetrübte Hertzen kräftig widrum aufrichtet / wie Selbige zu finden im 48. Kapittel Esaias/ v.10./also lautend:

Ich wil Dich ausserwehlt machen im Ofen des Elendes.

Dises kan auch gesungen werden nach der Melodie unsers wolbekanten Bußpsalmens:

O HErre Gott begnade Mich/ u.s.w.

1.

Wie selig war ich in der Zeit/
Als ich/ O HErr der Herligkeit/
Dein Wohrt recht hab' empfunden/
Wodurch Ich überwunden
Die Trübsahl welche meine Seel'
Hat gleichsahm in der Marterhöhl'
   Erschrekket und geplaget;
   Nun aber ist verzaget
Mein Hertz/ und widrum zitterns vol/
Weiß nicht/ was es beginnen sol/
Du hast mich/ HErr/ gahr sehr erschrekt/
In dem Du Dich also versteckt/
   Daß ich Dich nicht kan finden.

2.

Ich weiß schier nicht in meinem Sinn'
Ob ich bei Dir im Himmel bin/
   Noch ob ich in der Hellen
   Dem Satan mich muß stellen?

Ich

Ich weiß auch nicht zu diser Frist/
Was mir von Dir zu glauben ist/
　Ob Du mich auserkohren?
　All' Hoffnung ist verlohren;
Bald zweifl' ich ob Dein Grim mich plagt/
Bald/ ob mein Wandel Dir behagt/
Bald/ ob ich leb' in diser Welt/
Bald ob der Tod mich schon gefellt/
　O Höllenschmertz! O Plagen!

3.

Ach HErr/ mir ist von Hertzen bang
Ach HErr/ es wird zu schwehr und lang?
　Umsonst ist mein Begehren/
　Den ich muß Dein entbeeren;
Doch wil ich nicht verzweiflen gahr/
Ich weiß/ mein Gott/ Du wirst fürwahr
　Dich nicht von mir entfernen/
　Den nunmehr kan ich lernen/
Wie nöhtig mir die Demuht sei/
Auch wie mein Hertz ohn Heuchelei
Zu Dir/ mein Gott/ durch wahre Buhß
Und ernste Reu sich kehren muß/
　Ja bloß sich Dir gelassen.

4.

Itz lern' ich alles/ was die Welt
Für reich/ schön/ stark und prächtig hält
　Verschmähen und verachten;
　Und dem allein nachtrachten/

H ij　　　　　　　Was

Waſ unſ in SeelenAngſt und Pein
Kan recht ein himliſch Labſahl ſein.
　Hinweg mit ſolchen Gaben/
　Die nur daſ Fleiſch erlaben;
Gott iſt allein daſ höchſte Guht/
Daſ mir erquikt Hertz/Seel' und Muht/
"Gott weiſ alsden auch Hülff' und Raht
"Wen mich die Welt verlaſſen hat/
"Und kein Geſchöpf kan tröſten.

　　　5.
O frommer Gott/ gib mir Gedult/
Laß mich erkennen meine Schuld/
　Laß mich ſein ſtil Dir halten
　Und nicht zu bald erkalten
In diſem Angſt und Trübſahlfeur/
"Die Prob iſt hie zwahr mächtig theur/
"Wer die recht kan beſtehen/
"Dem wird ſehr wol geſchehen.
Drum laß mich ja nicht murriſch ſein/
Es iſt doch Dir bewuſt allein/
Waß meiner Seelen nütz und guht/
Auch alles/waſ ihr ſchaden thut/
　Gib nur Gedult im leiden!

　　　6.
Ich weiſ ja/waſ ich glauben ſol/
Daß Gott unſ zwahr betrübet wol/
　Doch wil Er Sich der Armen
　Auch widrum ſchnel erbarmen/

　　　　　　　　　　　Sein

Sein Zorn der wåhrt ein Augenblik/
Der Trübsahl ruft Er bald zurükk/
Er kan unſ ja nicht haſſen/
Noch Sein Geſchöpf verlaſſen/
Er wil/ und muſ/ in Leidenszeit
Erzeigen unſ Barmhertzigkeit;
Jedoch Er weiſ die rechte Stund'.
HErr hilf/ daß ich aus Hertzengrund'
Auch ſolcher müg' abwarten.

7.

Wollan/ diſ Wetter laſſ ich gern/
Es ſei mir nah'/ es ſei mir fern/
Auch über mich ergehen/
Es mag nur daſ geſchehen/
Waſ meinem Schöpfer wol gefält/
Er hat doch alles ſchon beſtelt/
Waſ mir von Jahr zu Jahren
So lendlich widerfahren;
Ich weiſ wer ſo mich ſchläget wund/
Der macht mich widrum auch geſund/
Und wer mich führt zur Höll hinein/
Der muſ auch mein Erlöſer ſein
Und Ewig mich erfreuen.

8.

Drauf hoff' Ich HErr/ zur jeden Friſt/
Daß Du ſo fromm und gnådig biſt/
Ja/ daſ Du hilfſt im leiden/
Daſ macht mein Hertz vol Freuden/

Nun

118 **Zwantzigste Muf. HertzensAnbacht aus Pf. 14. v. 9.**

Nun weiß ich/ was der Wundermann
Für grosse Ding' in Trübsahl kan/
  Den weil Er ist vol Güthe
  Zeigt Er mir Sein Gemühte/
Daß nichts als unser Heil begehrt.
Nun Gott/ der Du mich hast bewehrt/
Ich wil mit einem Lobgesang'
Erheben Dich mein Lebenlang
  Und dort Dich ewig preisen.

XX.

Auf meine Seel' und rüste Dich Dem Schöpfer

dar zu ge ben Dich selbst zur Wohnung säuber-

Schmekket und sehet/wie freundlich der HErr ist. 119

lich Auf daß Er möge le= ben
In dir/und giessen seine Güht' Auf
grosser Lib' in dein Gemüht/ O Himmels Schatz'/O

H iiij   Gaben/

120 Zwantzigster Mus. Hertzens Andacht aus Ps. 34. v. 9.

Gaben/ Welch uns für alles laben.

Die zwantzigste Musikalische Hertzens-Andacht

Uber die wundersüsse und Trostreiche Worte des Königes und Propheten Davids/ von der unaussprechlichen Freundligkeit und Leutseligkeit des HErrn Jesu / beschrieben in Seinem 34. Psalmb. 9./ welche in unserer Teutschen Sprache also lauten:

Schmekket und sehet / wie freundlich der HErr ist.

Dises kan auch gesungen werden nach der Melodie des/ aus unseren Ersten Himmelsliedern wolbekanten Himmelfahrts Gesanges/ welches Anfang also lautet :

Du LebensFürst/ Herr Jesu Christ/ der du bist aufgenommen/ u. s. w.

1.

Uf meine Seel/ und rüste dich
    Dem Schöpfer darzugeben
Dich selbst zur Wohnung sauberlich/
    Auf daß er müge leben

In

Jn dir/ und giessen Seine Güht'
Auß grosser Lib' in dein Gemüht/
O HimmelsSchatz/ O Gaben/
Welch' unß für alles laben!

2.

Gott ist ein Ewigs/ liblich Guht/
Gott ist gantz vollenkommen/
Der unß in Seine Gnadenhuht
Hat väterlich genommen/
Doch wird Er nicht nur so genant/
So wil Er werden auch erkant/
Versteh' in wahren Glauben/
Den unß kein Feind kan rauben.

3.

Wie sol ich aber/ als ein Knecht/
Der seines Herren Willen
Zwahr weiß doch nicht erfüllet recht/
Mein Seelichen hie stillen?
Jch muß HErr Deine Süssigkeit
Ja Güht und Trost in diser Zeit
Erst schmekken und empfinden/
Den kan ichs fein ergründen.

4.

Wie komm' ich aber wol dazu
Daß ich in meinem Hertzen
Empfinde solchen Fried' und Ruh
Demnach ich so viel Schmertzen

H v   Von

Von wegen meiner Missetaht
Die mich sehr hart beschwehret hat/
   Muß Tag und Nacht erleiden/
   Auch allen Trost itz meiden.

          5.

Der Satan treibt zur jeden Zeit
   Sein Werk in mir mit Prangen/
Mit Geitzen/ Wollust/ Zorn und Neid/
   O Gift der alten Schlangen!
Du must heraus/ so wird bekehrt
Mein arme Seel'/ und recht gelehrt/
   Wie herlich sie für allen
   Dem Schöpfer kan gefallen.

          6.

Dem HErren muß ich hangen an
   So lang ich leb auf Erden/
Ich wil/ so viel ich immer kan/
   Mit Ihm ein Geist auch werden/
Ich bin doch gäntzlich itz bedacht
Der Welt zu geben gute Nacht/
   Nur Gott mich zu gelassen/
   Die Wollust stets zu hassen.

          7.

Wen Welt und Wollust gehn herauß/
   Alsden beziht mit Freuden
Der Schöpfer Seiner Seelen Hauß/
   Schnel muß daß Eitle scheiden;

                    Die

Die stille Seel' ist rein und frei/
Bald geust in Sie vol Lieb' und Treu
 Der grosse Menschenhühter
 Den Reichthum Seiner Gühter.

8.
Ach kommet/schmekket/sehet doch/
 Wie freundlich Sich erzeiget
Der fromme Gott/der täglich noch
 Vom Trohn des Himmels steiget/
Und senket Sich in unsre Seel'/
O wundersüsses Freudenöhl'/
 O Trost/O liblichs Wesen/
 Durch Dich kan man genesen!

9.
Es kan ja niemand ohne Dich
 Mein Schöpfer/Dich erkennen/
Den wo Du selbst nicht lehrest mich
 In Deiner Libe brennen/
So weis ich nichts; Wen aber Du
Bist meiner Seelen Licht und Ruh/
 So prang' ich wol vergnüget
 Gleich dem/der obgesieget.

10.
Hinweg/O Welt/mit deiner Pracht/
 Hinweg mit deinen Schätzen/
Mein Jesus/der mich freudig macht/
 Der kan mich recht ergetzen/

Er

724 Ein und Zwantzigste M. Hertzens And. aus Ps. 39. v. 6.

Er ist und bleibt das höchste Guht/
Das grosse Wunder an mir tuht/
  Das Fried und Trost mir schikket/
  Das Ewig mich erquikket.

II.

Ach kommet/ schmekket/ seht doch nur/
  Wie freundlich Sich erweiset
Der Schöpfer Seiner Kreatur/
  Welch' Ihn drum hertzlich preiset;
Mein Gott/ ich bin in Lib' entzükt/
Ach laß mich werden hingerükt
  Zu Dir/ ach laß mich gehen/
  Dein' Herligkeit zu sehen.

XXI.

Sagt mir doch ihr Menschenkinder   Was dis
Nur ein Traum/ Ja noch was minder   Nur ein

unser

126 Ein und Zwantzigste M. Hertzens Anb. aus Pſ. 39. v. 6.

Nur ein Ding das in der Taht Für ſich ſelbſt kein

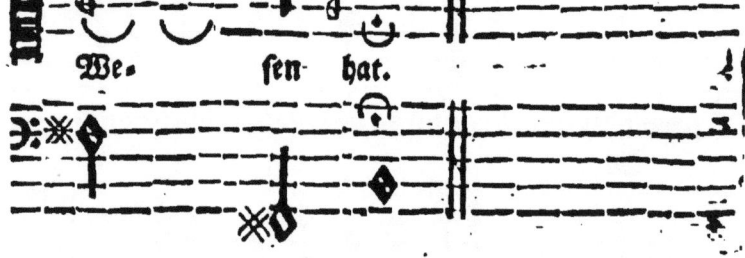

We- ſen hat.

Die Ein und Zwantzigſte Muſikaliſche
Hertzens-Andacht

Uber die ſchönen Wohrte des Königes und Propheten Davids / durch welche Er alle Menſchenkinder erinnert / daß Sie Jhre groſſe Nichtigkeit wol erkennen / und allein Gott die Ehre geben ſollen / wie denn ſotahne Wohrte beſchrieben ſtehen in Seinem 39. Pſalm v. 6. / und alſo lauten:

Wie gahr nichts ſind alle Menſchen /
Die doch ſo ſicher leben /

Diſes kan auch geſungen werden nach der Melodie Münchs / auß den Himliſchen / wolbekanten Liedes:

JEſu / Du mein libſtes Leben / u. ſ. w.

1. Sagt

1.

Sagt mir doch ihr Menschenkinder/
   Was diß unser Leben sei?
Nur ein Traum/ ja noch was minder/
   Nur ein Lauf/ der schnel vorbei/
Nur ein Schatten der verschwindet/
   Welches Ansehn und Gestalt
   Weiß von keinem Hinderhalt;
Nur ein Schlaf/ der nichts empfindet/
   Nur ein Ding/ das in der Taht
   Für sich selbst kein Wesen hat.

2.

Ach! der Mensch hat kein Vermügen
   Nur durch sich/ der Höchst allein
Muß durch Seine Macht es fügen/
   Daß er etwas könne sein/
Wie der Schatten pflegt zu hangen
   An dem Leib/ und wie der Glantz
   Klebet an der Sonnen gantz/
So solt' auch kein Mensch hie prangen/
   Gantz vergeblich ist sein Ruhm/
   Nichts/ das heist sein Eigenthum.

3.

Gahr zu sehr hat der geirret/
   Der sich selber schreibt was zu/
Ja derselb' ist gantz verwirret/
   Ihm entgeht der Seelen Ruh'/

Und drauf fält er von dem Wesen
Welches alles ist allein/
Daſ auch alles hie läſt ſein/
Da die Welt muſ durch geneſen/
Da vergiſt ſein ſtoltzer Muht/
Gott/ das Allerhöchſte Guht.

4.

Laß/ O Menſch dich nicht betriegen/
Ach! du fälſt ſo liederlich
Von der Wahrheit zu den Lügen/
Libſte Seel' erinnre dich/
Daß diſ ſei die groſſe Sünde
Welcher auch die Straffe bald
Folget/ als ihr Hinderhalt/
Den der Menſch der ſich geſchwinde
Wendet ab von ſeinem Gott
Wird noch öffentlich zum Spott.

5.

Hühte dich für eigner Libe/
Hühte dich für eigner Ehr/
Es ſind rechte Seelendiebe/
Welch'/ O Menſch/ uns mehr und mehr
Von dem höchſten Guht abwenden/
Und ins Elend bringen dich/
Heiſt nun das nicht jämmerlich
Sich vom Satan laſſen blenden
Daß man Gottes Gunſt vertreibt
Und nur ſich verbunden bleibt.

6.

Sol man der gestalt verlassen
　Seinen Fels/ Schutz/ Schild und Hohrt?
Sol man so den Schöpfer hassen/
　Der uns durch Sein Ewigs Wohrt
Leben/ Weisheit/ Kräft und Stärke/
　Ehre/ Gühter/ Würdigkeit
Reichlich gibt zu Seiner Zeit?
O wie grosse Gotteswercke!
　Alles dis gebühret nur
　Gott und keiner Kreatur.

7.

Lucifer der war erhoben,
　Und begabt mit hoher Zier/
Das er hertzlich solte loben
　Seinen Schöpfer für und für:
Aber er wolt überstreben
　Die Natur und Eigenschaft
　Des Geschöpfs/ und Seine Kräft
Uber Gottes Stuhl erheben/
　Drüm ließ auch des Höchsten Hand
　Fallen Jhn in Spott und Schand.

8.

Eben so pflegt Gott zu straffen
　Alle/ welch' auf Ubermuht
Ehr und Ansehn zu sich raffen
　Da doch er/ das höhste Guht/
　　　J　　　　　　Nimmer

Nimmer fohrt sie wil erhalten/
　Weil sie so gahr liederlich
　Nur von Ihm abwenden sich
Ja vermeinen fast zu schalten
　Als ihr Schöpfer/der allein
　Vollenkomlich guht kan sein.

9.

Niemand sol alhier begehren/
　Was des Allerhöchsten ist/
Oder es wird Ihn verzehren
　Gottes Grim in schneller Frist;
Niemand sol auch Ehr' annehmen
　Die dem Schöpfer zugehört/
　Wer das tuht ist gantz betöhrt/
Ach! Er mag ins Hertz sich schämen/
　Weil er das beim Satan sucht/
　Das ihn Ewig macht verflucht.

10.

Hilf/HErr Jesu/daß ich müge
　Suchen Dich/du wahres Licht/
Den so find' ich zur Genüge
　Alles/was mir noch gebricht/
Laß mich doch das rechte Leben
　Finden bei der Lebensquell/
　Welche fleust so treflich hell/
Daß sie reichen Trost kan geben
　Meiner Seelen in der Zeit/
　Folgends auch in Ewigkeit.

22. Musil. HertzensAndacht aus Eccl.4.b.17.

Reu und Schmertz Des Sünders Sich läst sehen.

Die Zwei und Zwantzigste Musikalische Hertzens-Andacht

Uber den rechten und nutzbringenden Kirchgang aller frommen und Gottergebenen Christen / wie uns derselbe wird gelehret und beschrieben von dem Allerweisesten Könige Salomon/in Seinem Prediger am 4. Kapittel v.17. / und in unserer Teutschen Sprache also lautet:

Bewahre Deinen Fuß / wen Du zum Hause Gottes gehest/ und komme daß Du hörest.

Dises kan auch gesungen werden nach der Melodie unsers wolbekanten Kirchenliedes:

Komt her zu Mir/spricht Gottes Sohn/u.s.w.

1.

Ermuntert euch/ ihr Christenleut'/
Ermuntert euch/ wir wollen heut'
   Ins Hauß des HErren gehen/
Bringt aber mit ein gläubigs Hertz/
In welchem wahre Reu' und Schmertz
   Des Sünders sich läst sehen.

2.

Bringt her ein Hertz/ das stets gedenkt
An Gott/ das sich mit Freuden lenkt/
   Desselben Wohrt zu hören/
Wodurch man sich vom Schaum der Welt/
Welch' uns so manchen Fallstrik stelt/
   Zu Gottes Reich kan kehren.

3.

Bringt her ein Hertz/ das keusch und rein
Dem Schöpfer muß gefällig sein/
   Ja gantz sich Ihm gelassen/
Das seinem Gott ohn' allen Zwang
Hie dienen wil sein Lebenlang/
   Dazu die Wollust hassen.

4.

Bringt her ein Hertz das sanft und still
Sein Unrecht niemahls rächen wil/
   Das leichtlich kan vergeben
Dem Negsten seine Fehl' und Schuld/
Das in der Sanftmuht und Gedult
   Mit jederman wil leben.

        J iij   5. Bringt

5.

Bringt her ein Hertz/ das dankbar ist/
Ein Hertz/ das hie zur jeden Frist
    Des Höchsten Woltaht preiset/
Ein Hertz/ das recht erkennen kan/
Was Gottes Hertz an jederman
    Für grosse Güht' erweiset.

6.

So sol ein Christ sein ausstafiert/
Wen er ins Gottes Hauß spatziert/
    So schön muß er sich schmükken/
Damit der reinen Engel Schaar
Ihn schütz'/ auch treulich in Gefahr/
    Wen Satan ihn wil drükken.

7.

Es mag ein Christ auch äusserlich
Am Sabbahttage schmükken sich/
    Und das üm Christus willen/
Als der gantz sauber/ weiß und rein
Von Sünd' und Lastern muste sein/
    Des Vatters Grim zu stillen.

8.

Komt aber bald zu hören daß/
Was Gottes Knecht' ohn' unterlaß'
    Auß Seinem Wohrt' euch lehren/
Wie man dem Schöpfer dienen soll/
Und wie man Lib' und Glaubens voll
    Ihn kindlich muß verehren.

9. Laſt

9.

Laſt keinen Tag fürüber gehn/
Daß ihr nicht ſollet färtig ſtehn
  Mit Freuden das zu faſſen/
Waſ Gott nach Seinem weiſen Raht
Denſelbigen erwieſen hat
  Welch' Ihm ſich gantz gelaſſen.

10.

Doch/prüft erſt alles/was ihr hört/
Damit ihr werdet nicht betöhrt
  Von ſelbſtgewachſnen Geiſtern/
Die ſich wie Schäflein angetahn
Und gehn doch ſtets der Wölfe Bahn
  Welch' alles wollen meiſtern.

11.

Es komm' auch keiner nur zum Schein/
Sein Andacht muſ recht feurig ſein/
  Durch daſ Gebeht entzündet/
Den Gott/der iſt ein ſolcher Mann/
Der die Gedanken prüfen kan/
  Der Seel und Hertz durchgründet.

12.

Komt meine Liben/ pranget nicht/
Seid Ehrerbiehtig/den daſ Licht/
  Daſ euch wird angeſtekket/
Iſt ja des Allerhöchſten Wohrt/
Daſ unſren Seelen fohrt und fohrt
  Wie Milch und Honig ſchmekket.

13.
Ihr Himmel hört: Gott Selbst der spricht/
Es ist der Priester Lehre nicht/
   Sie stehn an meiner Stelle/
Mein Wohrt/ von ihnen fürgebracht/
Fleust her von Mir mit gantzer Macht/
   Gleich einer Wasserquelle.

14.
Ihr Menschen hört/ Gott hats bestelt/
Es ist ein Werk daß Ihm gefällt
   Wer nun den Höchsten liebet/
Der hört Sein Wohrt auch hertzlich gern
Und ist von solchem niemahls fern
   Wen Trübsahl ihn betrübet.

15.
Hilf frommer Gott/ daß wir hinfohrt
Nicht hören nur dein heiligs Wohrt
   Besondern auch bewahren
Dasselb' in diser Leidenszeit/
Biß wir ins Hauß der Ewigkeit
   Zu Dir mit Freuden fahren.

XXIII.

Und von den Schäflein angehört.

Die Drei und Zwantzigste Musikalische Hertzens-Andacht

Uber eben diselben Wohrte des allerweisesten Predigers Salomon / in welchen Er alle Kinder Gottes ernstlich ermahnet / daß Sie Sich mit höhestem Fleisse zum Hause des Herren sollen halten / Sein heiliges und allein Seligmachendes Wohrt mit rechtschaffener Hertzens Andacht anzuhören / wie den solche Ermahnung beschrieben im 4. Kapittel b.17./also lautend:

Bewahre Deinen Fuſ / wen Du zum Hauſe Gottes geheſt / und komme daſ Du höreſt.

Diſes kän auch geſungen werden nach der Melodei ynes wolbekanten Behtgeſanges:

Vatter unſer im Himmelreich / u.ſ.w.

1.

HErr / unſer Gott / Du haſt geſagt /
Daß Dir es hertzlich wöl behagt /
Wen wir an dem beſtimten Ohrt
Erſcheinen / wo dein heiligs Wohrt
Von treuen Hirten wird gelehrt /
Und von den Schäflein angehört.

2. Du

2.

Du sprichst/ Dis ist mein lieber Sohn/
Der Menschen Heil und Gnadenthron/
Der Mir für alles wol gefält/
Den sol auch hören alle Welt;
Wer Ihn nun libt/ der libt zugleich
Mein wehrtes Wohrt und Gnadenreich.

3.

So komt ihr Christen/ daß wir bald
Vernehmen/ wie so schön erschalt
Des HErren Stimm'; O kräftigs Wohrt/
Das uns führt zu des Lebensport!
O Brod vom Himmel/ Zukkersüß/
O Speis auß Gottes Paradieß!

4.

Wir sind (Gott Lob) nicht auf der Zahl
Der Spötter/ die dis Abendmahl
Verachten/ das die Seel' ergetzt/
Das Christus Selbst hat eingesetzt/
Hinweg mit solcher losen Rott'/
Das Wohrt ist uns fürwahr kein Spott.

5.

Last uns versäumen keine Zeit/
Die Lehr' ist ja so weit und breit/
Das sich nicht finden wird ein Mann/
Der sie gantz außstudiren kann/
Ihr Sinn ist reicher als das Meer/
Das geht und komt doch widrum her.

6. Last

6.

Laſt unſ auff König David ſehn/
Mit ihm ins HErren Hauſ zu gehn.
Wo man von Seinen Wundern lehrt/
Und Ihn mit ſchönem Dank verehrt/
Ja dient Ihm auch mit ſolcher Luſt/
Die nur den Frommen iſt bewuſt.

7.

Seht/wie Maria geht dahinn/
Wo Gottes Wohrt heiſt ihr Gewinn/
Schaut/wie der Raht auſ Mohrenland
Trägt Eſaias in der Hand/
Und/als derſelb' ihm wird erklährt/
Erlangt er daſ/waſ er begehrt.

8.

Auf! daß wir gehn; nicht wir allein/
Die Kinder ſollen mit unſ ſein/
Es muſ des theuren Wohrtes Schatz
In ihrer Seel' auch finden platz/
Gott libt Sie ſehr/als die zugleich
Gehören mit ins Himmelreich.

9.

Komt laſt uns gehn/auf daſ wir nicht
Verliehren unſrer Seelen licht/
Und wandeln auf der Höllenbahn/
Wie mancher hat für unſ getahn/
Wer ſich nicht hält ans Wohrt allein/
Muſ Ewiglich verlohren ſein.

10. Komt/

10.

Komt/ laſt unſ gehn/ damit die Schaar
Der Chriſten Preiſ' itz offenbahr
Mit einem Mund'/ auch früh und ſpaht
Den Gott der unſ erleuchtet hat/
Wol unſ/ wen wir für einen Mann
Da ſtehn/ Ihn früh zu ruffen an.

11.

Komt laſt unſ gehn/ damit daſ Wohrt
Sich nicht verliehr' an unſerm Ohrt'
Und wir verſchmachten jämmerlich/
Wenn Gott im Zorn verſtekket Sich/
O Seelenhunger/ deine Noht
Iſt zehn mahl herber als der Tod!

12.

Komt laſt uns gehn/ damit der HErr
Wen wir die treuen Prediger
Verſchmähen/ nicht ohn unterlaſſ'
Unß ſtraff'/ und auß gerechtem Haſſ'
Unſ ſchikke Theurung/ Sterben/ Brand/
Samt dem verfluchten Krieg' ins Land.

13.

Komt/ laſt unſ gehn/ damit wir nicht
Erzittern/ wen daſ Strafgericht
Gehalten wird am letzten Tag'/
Und der gerechte Richter ſag';
Ihr Spötter/ weicht nuhr bald von Mir/
Euch iſt verſagt die Gnadentühr'.

14. Ei

142 24. Musik. HertzensAndacht aus Sir. 14. v. 18.

14.

Ei komt ihr lieben laſt unſ gehn/
Daſ wir des HErren Antlitz ſehn/
Und lernen Ihn erkennen wol/
Daſ unſre Seelen Freudenvoll
Sich tröſten ſeiner groſſen Treu/
Welch' alle Tag an unſ wird neu.

15.

O Jeſu/ meines Hertzen Wonn'
Ich weiſ/ ich muſ ja bald davon/
Ach/ laß dein Wohrt den theuren Schatz
In meiner Seel itz finden platz/
Daſ Er mich ſtärk in diſer Zeit/
Und führ' hernach zur Ewigkeit.

XXIV.

Recht wird der Menſch auf Erden   Ein ſchwaches
Daſ treflich voll Beſchwerden Treibt leichten

Fleiſch

Die Vier und Zwantzigste Musikalische
Hertzens-Andacht

Uber die Nichtigkeit und Flüchtigkeit deß Menschlichen Lebens/ absonderlich über die Schwachheit und Gebrechligkeit unsers Fleisches / welches wie ein Kleid verschleiffet/ wie solches der weise Hauslehrer Sirach beschreibet / in Seinem Büchlein am 14. Kapittel v. 18 / in unserer Teutschen Sprache also lautend:

Alles Fleisch verschleisset/ wie ein Kleid/ den Es ist der alte Bund/ Du must sterben.

Dises kan man auch singen nach der Melodie unsers wolbekanten Abendliedes:

Wacht auf Ihr Christen alle/ u. s. w.

1.

REcht wird der Mensch auf Erden
   Ein schwaches Fleisch genant/
Das treflich vol Beschwerden
   Treibt leichten Kindertand;
Drum niemand sich erheben
   Noch andre schmähen sol/
Waß disem ist gegeben
   Wird jenem auch noch wol.

2.

Wird einer schon geschätzet
   Sehr hoch in diser Welt/
Und oben an gesetzet/
   In dem ein ander fält/
So sind für Gottes Augen
   Sie dennoch alle gleich/

Als

Als Menschen die nichts taugen/
 Obs arm sind oder reich.

3.
Es muß ein jeder klagen
 Mit Hiob stündlich schier:
Was hab' ich viel zu sagen
 Ist auch wol Kraft in Mir?
Ich bin ja nicht von Steinen/
 Mein Fleisch ist nicht von Ertz/
Mein Seelichen muß weinen/
 Man treibt hie keinen Schertz.

4.
Das Fleisch/ und unsre Kleider/
 Darinn der Leichnam wohnt
Verschliessen endlich leider!
 Diweil die Sünd' uns lohnt/
Diß kan man täglich sehen/
 Den/ wie das Kleid wird alt/
So muß der Mensch vergehen
 Und werden ungestalt.

5.
Es muß das Kleid zerreissen
 Wens gleich von Silber ist/
Des theuren Sammits gleissen
 Vergeht in kurtzer Frist/
Wo mag wol sein geblieben
 Der Pracht/ den Salomon

Mit Kleidern hat getrieben?
　　Ach! der ist längst davon!

6.

Das Fleisch/ das Gott gegeben
　　Der Seelen/ als ihr Hauß/
Hat zwahr von ihr das Leben/
　　Doch fährt die Seel' herauß/
So muß der Leib vergehen/
　　Es schafts die Seel' allein/
Daß unser Fleisch bestehen
　　Ja gahr kan tähtig sein.

7.

Man mag des Leibes wahrten
　　So guht man immer kann/
Es wird sich doch nicht ahrten/
　　Den/ komt das Ziel herann/
So muß der Leib verderben/
　　Es ist der Sünden Sold/
Das unser Fleisch muß sterben/
　　Obs gleich nicht gerne wolt'.

8.

Ach/ keiner für dem andern
　　Hat Vortheil! Jung und alt/
Ja/ was nur lebt/ muß wandern/
　　Der Kaiser selbst wird kalt/
Es muß sein Fleisch verschliessen
　　Recht als ein Baurenkleid/

Ja solt es schon verdriessen
    Auch selbst die Frömmigkeit.

9.

Waß mag doch Gott bewegen/
    Den Gott voll Lib' und Treu/
Daß Er ins Grab läst legen
    Das schönste Leibsgebeu?
Kan den nicht Gnad erwerben
    Ein reuigs Hertz und Mund?
Ach nein/der Mensch muß sterben/
    Diß heist der alte Bund!

10.

Der Mensch ist zwahr zum Leben
    Anfangs von Gott gemacht/
Derselb' hat ihm gegeben
    Ein Kleid von grossem Pracht/
Diß aber hat vernichtet
    Des Adams schwehrer Fall/
Der leider! angerichtet
    Das Sterben überall.

11.

Wie nun die Sünd' ist kommen
    Durch einen in die Welt;
So hat sie zugenommen
    Und alles Fleisch gefellt/
Der Bund wird nun gehalten/
    Ja muß so fest bestehn/

K ij   Daß

Daß Junge samt den Alten
  Jetz stets zum Grabe gehn.

12.

Was mag man sich viel quåhlen?
  Es heist: Du must daran;
Wir wollens Gott befehlen
  Was man nicht ändern kan/
Muß gleich diß Fleisch verwesen/
  Wolan/ es komt die Zeit/
Daß widrinn es genesen
  Wird in der Ewigkeit.

XXV.

Zu wem sol Ich in diser Zeit/ Mit dem
Zu Gott/ der Seine Freundligkeit/ Erweist

Gebeht

Verwirff mich nicht in Meinem Alter/u. s. w. 149

und mich Geführet hat so wunderlich Ja noch

erhält mein Leben.

Die Fünf und Zwantzigste Musikalische Hertzens-Andacht

Uber das schöne Gebehtlein/ dessen Sich alle und Jede Christen/ sonderlich aber alte und betagte Leute mit höhestem Fleisse können und sollen gebrauchen/ wie uns dasselbe absonderlich hat verzeichnet und fürgeschrieben/ der König und Prophet David in Seinem 71. Psalm v. 9./ welches in Teutscher Sprache also lautet:

Verwirf Mich nicht in Meinem Alter/ Verlaß Mich nicht/ wen Ich Schwach werde.

Dises kan auch gesungen werden nach der Melodie unsers wolbekanten Kirchpsalms:

An Wasserflüssen Babylon/u.s.w.

1. Zu

1.

Zu wem sol ich in diser Zeit
  Mit dem Gebeht mich wenden?
Zu Gott/ der Seine Freundligkeit
  Erweist an allen Enden/
Der mich nach Seinem hohen Raht
Auß Mutterleib gezogen hat/
  Der gnädig auch vergeben
Mir meine schwere Sünd'/ und mich
Geführet hat so wunderlich/
  Ja noch erhält mein Leben.

2.

Wen aber meine Zeit ist hinn/
  Die mir mein Gott verliehen/
Und ich nun alt und kümrich bin/
  Ja bald von hier muß ziehen/
So seuftz/ O Schöpfer/ ich zu Dir/
Daß Du mich wollest für und für
  Selbst heben/ pflegen/ tragen/
Daß ich in disem Jammertahl/
Wo nichts als Arbeit/ Müh' und Quahl/
  Von deiner Treu kan sagen.

3.

O frommer Gott/ nun werd' ich schwach/
  Nun fühl' ich manche Schmertzen/
Der eine folgt dem andern nach/
  Ja nahet sich zum Hertzen/

K iiij   Spann'

Spann' einmahl auf/ und laß mich doch
Entrinnen itz dem schwehren Joch/
   Immittelst steh' im Leiden
Mir treulich bei/ HErr hilf geschwind/
Daß mich/ als Dein so liebes Kind/
   Von Dir nichts müge scheiden.

4.

In meinem Alter/ bitt' ich sehr/
   Du wollest mir verleihen
Auß väterlicher Gunst Gehör/
   Und gnädig mir verzeihen
HErr/ meine Sünd' und Missetaht/
Die Dich so hart beleidigt hat
   Ach/ laß mich Gnade finden!
Wen Du vergibst die schwehre Schuld/
Und mit den Sündern trägst Gedult/
   Muß Straff' und Zorn verschwinden.

5.

Laß mich im Glauben sein gesund/
   Damit ich stets vertraue
Nur Deiner Lib'/ und auf den Grund
   Des Glaubens kräftig baue;
Verdamlich hab' ich zwahr gelebt/
Und nur den Lastern nachgestrebt/
   Doch/ Jesus hat verdienet
Den Himmel mir/ durch Seinen Tod/
Auch endlich durch so manche Noht
   Den Vatter mir versühnet.

6. Hil

6.

Hilf aber/ daſ des Glaubens Krafft
　Nur durch die Lib' erſcheine/
Lib' iſt des Glaubens Eigenſchaft/
　Die Lib' iſt auch die Meine/
Die Frucht des Baumes zeigt nur an
Was er dem Gährtner nützen kan/
　HErr/ laſ auch mich erweiſen/
Daß ich im Alter früchte trag'
Auf daß an jenem groſſem Tag
　Ich hoch Dich könne preiſen.

7.

Hilf mir vollenden meinen Lauff/
　Laß jederzeit mich nehmen
Daſ libe Kreutz gedültig auf
　Des Fleiſches Luſt zu zähmen/
Laß mich in Hoffnung frölich ſein
Und trauen Deiner Güht' allein/
　So kan ich ruhig ſterben/
Drauf iſt verſichert Hertz und Muht/
Daſ ich das allerhöchſte Guht/
　Den Himmel/ werd' ererben.

8.

HErr/ meine Kräffte nehmen ab/
　Es nahet ſich zum Ende/
Mein ſchwacher Leib der eilt ins Grab/
　Mir zittern ſchon die Hände/

K v　　　　Sehr

Sehr tunkel wird der Augen Licht/
Die dürren Beine stehen nicht/
　Das Haubt fäht an zu wanken/
Ach/ wende Dich doch itz zu mir/
Verlaß mich nicht/ so werd' ich Dir
　Von gantzer Seele danken.

9.

Gib mir ein seligs Stündelein
　Auf diser Welt zu scheiden/
Du wirst ja selber bei mir sein
　Und lindern mir mein Leiden/
Du bist mein Schutz in aller Noht/
Drauf hilf mir nun den bittern Tod
　Hie Siegreich überwinden/
Ich kan doch nichts aus eigner Macht/
Du bist es der den Tod verlacht/
　Bei Dir ist Kraft zu finden.

10.

Ich sehe schon der Engel Heer
　Rund üm mein Lager stehen/
Zu dienen mir ist Ihr Begehr/
　Nun wird es bald geschehen/
Daß Sie mein Seelchen nehmen auf/
Und führen es mit schnellem Lauff
　In Gottes Reich/ zu leben
Ohn Alter/ Schwachheit und Gefahr/
Ja mit den Engeln immerdar
　In Freud' und Lust zu schweben.

XXVI.

nen Muht; O höchstes Guht/kein Feind darff mich ver-
le-   ¿en.

Die Sechs und Zwantzigste Musikalische
Hertzens-Andacht

Uber den schönen Kernspruch des Königes und Propheten Davids/beschrieben in Seinem 73.Psalm v.25.26./mit folgenden Wohrten:

Wen Ich nur Dich habe/ HErr/ so frage Ich nichts nach Himmel und Erden. Wen Mir gleich Leib und Seele verschmachtet/ so bist Du doch Gott allezeit meines Hertzen Trost und Mein Theil.

Dises

Wen Ich nur Dich habe/HErr/u.s.w.

Diſes kan man auch ſingen nach der Melodie unſers Auf den Sonderbahren Himliſchen wolbekanten Valet-Geſanges:
Nun Welt/du muſt zu rükke ſtehn/u.ſ.w.

1.

Trotz' immerhin du ſchnöde Welt
  Mit deinem Gold- und Schätzen/
Ein anders iſt/ſo mir gefält/
  Das freudig kan ergetzen
    Mir meinen Muht;
    Du höchſtes Guht/
Kein Feind darſt mich verletzen.

2.

Es ſol kein Unfall treffen mich/
  Kein Trübſahl wird mich plagen/
Ja ſträubt' auch Satan ſelber ſich/
  Darf ich doch nicht verzagen/
    So gahr im Tod'
    Als ſchwerſten Noht
Werd' ich nicht ſchmertzlich klagen.

3.

Warum? Mein Jeſus läſt mich nicht/
  Mit Ihm kan ich friſch prangen/
Auf Ihn ſteht meine Zuverſicht/
  An Jeſu wil ich hangen/
    Nach Ihm allein
    In Noht und Pein
Geht brünſtig mein Verlangen.

4. Du

4.

Du schnöde Welt nim immerhin
  Mein Guht/mein' Ehr' und Leben/
Ich wil/O stoltze Räuberinn/
  Dennoch an Jesu kleben/
    Sein fester Schutz
    Hat dir zu Trutz
  Mir sichres Gleit gegeben.

5.

"Wen gleich der Himmel lauter Gold
  "Ja Diamanten were/
"Bleib' ich der Welt doch nimmer hold/
  "Nur rühm' ich mich der Ehre/
    "Daß Jesus Christ
    "Mein Helffer ist
  "Zu dem ich bloß mich kehre.

6.

Was nützt' es mir/könt' ich gleich sein
  Ein HErr der gantzen Erden/
Und müste mir mein Jesulein
  Dadurch geraubet werden?
    Das brächte mir
    Doch für und für
  Nur höllische Beschwerden.

7.

Mein Jesus ists/für welchem sich
  Jetz alle Knie beugen/

Für welchem sich demühtiglich
Die Himmels Geister neigen/
Von welches Macht/
Kraft/Ehr und Pracht/
Auch alle Trohnen zeugen.

8.

Gott lob/daß ich in diser Welt
Kan meinem Jesu leben/
Und daß ich dort im Himmelszelt
Auch hocherfreut sol schweben/
Das dank ich hier/
O Jesu/Dir/
Den Du must beides geben.

9.

Was frag' ich nach des Himmels Bau/
Der sol und muß vergehen/
Er kan so weinig alß der Tau
Zur heissen Zeit bestehen/
Mein Jesulein
Bleibt doch der Mein/
Ihn werd' Ich Ewig sehen.

10.

Was frag' ich nach der Erden Kloß/
Es wird die Zeit ja kommen/
Daß diser/wer' er noch so groß/
Durchs Feur wird weggenommen;
Mein Jesus steht/
Wen diß vergeht
Doch ewig bei den Frommen.

11.

Und halt' ich meinen Jesum nur
　In Glauben recht umfangen/
Frag' ich nach keiner Kreatur/
　An Ihm wil ich fest haugen/
　　Nach Ihm allein
　　Sol Einig sein
　Mein Wünschen und Verlangen.

12.

Ich hab'/O Jesu/schon geschmekt/
　Wie freundlich Du Dich zeigest
Der Seelen/die Dich längst erwekt/
　Wie liblich Du Dich neigest
　　Zu Deiner Braut/
　　So Dir vertraut/
　Wie Du die Hertzen beugest!

13.

Drüm/libster Jesu/wen ich Dich
　Nur hier und dort kan haben/
Ja/wen Du mir wirst Ewiglich
　Hertz/Muht und Seele laben/
　　Frag' ich fürwahr
　　Kein Einzigs Hahr
　O Welt/nach deinen Gaben.

162 27. Musik. Hertzens Andacht aus Ps. 73. v. 25. v. 26.

laß Jammer/ Angst und Zagen Biß in mein Grab mich plagen / Mein Gott ist doch nicht fern.

Die Sieben und Zwantzigste Musikalische Hertzens-Andacht

Uber eben denselben schönen Kernspruch des Königes und Propheten Davids/ verzeichnet in Seinem Drei und Siebenzigsten Psalm:

Wen Ich nur Dich habe/ HErr/ so frage Ich nichts nach Himmel und Erden/ u. s. w.

Dises kan auch gesungen werden nach der Melodie unsers bekanten Hausliedes:

Von Gott wil Ich nicht lassen/ u. s. w.

1. Kan

1.

KAn ich gleich gahr nicht meiden
   Des Kreutzes Bitterkeit/
Muſ ich viel Trübſahl leiden
   In diſer kurtzen Zeit/
Wollan ich tuh' es gern/
   Laß Jammer/Angſt/ und Zagen/
   Biß in mein Grab mich plagen/
Mein Gott iſt doch nicht fern.

2.

Wer ſich ſchämt auſzutrincken
   Des Kreutzes Becherlein/
Derſelbe muſ zur Linken
   Auch dort geſtellet ſein;
Ein Kämpfer kriegt den Krantz/
   Wer tapfer hie geſtritten
   Und willig hat gelitten/
Prangt dort im Himmelsglantz.

3.

Drum wen gleich tauſend Plagen
   Schnel überfallen mich/
Und ich die Laſt muſ tragen
   Des Kreutzes jämmerlich/
Bleibſt Du/ doch allezeit
   HErr Jeſu/ meine Wonne/
   Mein Hertzensluſt und Sonne/
Mein Ehr' und Herligkeit.

4.

Wen schon wird ausgesogen
 Mein schwacher Leib/ das er
Gleich wie die Wasserwogen
 Mus wanken hin und her/
Bleibst Du doch für und für
 Der Trost in meinem Hertzen/
 Durch welchen alle Schmertzen
Sich scheiden schnell von mir.

5.

Wen mich Anfechtung quählet/
 Wen Hülff' und Trost ist hin/
Wen aller Raht mir fehlet/
 Ja wen Muht Seel' und Sinn
Zugleich verschmachten wil/
 So kanst Du mich erquikken
 Und so Dein Hülffe schikken
Daß ich bald werde still.

6.

Wen mir mein Hertz wil brechen
 Auch oft in tausend Stükk/
Und ich kein Wort kan sprechen/
 Noch ziehen mich zurükk/
Alsden bist Du mein Hohrt/
 O Jesu/ der mich labet/
 Ja reichlich mich begabet
Durch Dein so gnädigs Wohrt.

7. Ach

7.
Ach/ solt' ich Dich nicht lieben
So wol zur bösen Zeit/
Als wen da wird vertrieben
Die Zeit in Fröligkeit?
Du bist ja der uns nur
Kan Hülff' und Trost ertheilen/
Wen sonst die Noht zu heilen
Weis keine Kreatur.

8.
Was hilfts/ das man in Nöhten/
Da bald mit Grausahmkeit
Der Würger uns wil tödten/
Und reissen auf der Zeit/
Viel Schätz' und Gühter hat?
Das kan kein' Hülff' uns bringen/
Man mus zu Dir sich dringen/
HErr Jesu/ Du weist Raht.

9.
Von Dir kan ich frei sagen:
Du bist mein bester Theil/
Mein Trost/ mein Wolbehagen/
Mein ausserwehltes Heil;
Drauf bin und bleib' ich Dein/
Und wo Du wirst regiren
Mit Wonn' und Jubiliren/
Da wil ich bei Dir sein.

10. Es

10.

Es kan mich nicht betrüben
  Das Scheiden aus der Welt/
In dem ich Dich zu liben
  Dein Wohrt mir fürgestelt/
Mein Hertz das ist der Platz/
  In welchem Du schon wohnest/
  Und mir aus Gnaden lohnest/
Du theurer Seelen Schatz.

11.

Wen ich nur Dich besitze
  HErr Jesu/ meine Freud'
Und lauter Bluht gleich schwitze/
  Betrift mich gantz kein Leid;
Ja wen schon Seel und Muht
  Mir gantz und gahr verschmachten/
  Werd' ich es doch nicht achten/
Du bleibst mein höchstes Guht!

XXVIII.

Ach das mir Gott doch gönn-
te

Daß

Das zerstossene Rohr wird Er nicht zubrechen. 167

Daß ich mit Abra- ham Von Hertzen gläuben könn- te/ Als der ein Messer nam Sein einzigs Kind zu schlachten Ach könt'

Ji ij   Ichs

Die Acht und Zwantzigste Musikalische Hertzens-Andacht

Uber die herliche Trostwohrte/kräftig zu gebrauchen wider die Schwachheit des Glaubens / welche GOtt Selber geredet durch den Mund des Propheten Esaias / derselbige auch verzeichnet hat in Seiner Weissagung am 42. Kapittel v. 3. also lautend.

Das zerstossene Rohr wird Er nicht zubrechen/ und den glimmenden Docht wird Er nicht auslesschen.

Das zerstoßene Rohr wird er nicht zubrechen/u.s.w.

Dises kan auch gesungen werden nach der Melodie Meines wolbekanten Gesanges/ welcher zu finden/ in Meinen Himlischen Liedern/ dessen Anfang ist:
Von Gnade wil Ich singen:

1.

ACh daß mir Gott doch gönnte/
Daß ich mit Abraham
Von Hertzen glauben könte/
Als der ein Messer nam
Sein einzigs Kind zu schlachten;
Ach könt' ichs recht betrachten/
Wie treu der Herscher liebt/
Der uns Sich Selber giebt!

2.

Gleich wie man gahr gelinde
Greift an ein schwaches Rohr/
Damit es nicht geschwinde
Zerbrech' und spring' empohr
So wil auch nicht zerbrechen
Der HErr/ noch gäntzlich schwächen
Den kleinen Glaubensstab/
Den Er uns selbst erst gab.

3.

Gleich wie man pflegt zu blasen
Gahr sanft ein Döchtlein an/
Daß starker Winde Rasen
Sonst nicht außleschen kan;
So sanft läst sich auch merken
Der HErr/ in uns zu stärken

Daß

Das kleine Glaubens Licht/
Daß es verlesche nicht.

4.

Was darf ich mich den kränken/
Daß ich so schwach itz bin
Im Glauben/ und gedenken:
Gott wolle nicht forthin
In Trübsahl mich erhören/
Er kan den Glauben mehren/
Der Glaub' ist ja Sein Werk/
Er gibt ihm auch die Stärk'.

5.

Ich weiß/ daß durch den Glauben
Mein Gott mich selig macht/
Kein Feind kan mir das rauben/
Was Gott mir zugedacht/
Was darf ich den viel sorgen?
Ihm ist ja nicht verborgen/
Wie stark/ wie groß/ wie klein
Mein Glaub' hie müsse sein.

6.

Drüm laß' ich stets mir gnügen
An Seiner Gnad und Gunst/
Ich weiß/ Er wird es fügen/
Wie Seiner Libe Brunst
So vielmahls hat verheissen/
Daß nichts uns sol abreissen
Von Seiner Lib' und Treu/
Die Tag für Tag wird neu.

7. Wer

7.

Wer kan doch vollenkommen
In disem Leben sein?
Diß fehlt auch wol den Frommen/
Drům wil ich mich allein
Auf meinen Gott verlassen/
Und den vertraulich fassen/
Ist gleich der Glaube schwach/
Bald folgt die Krafft hernach.

8.

Der HErr wil nicht ansehen
Des Glaubens Dürftigkeit/
Es kan vielmehr geschehen/
Daß Er in kurtzer Zeit
Denselben stårkt/vermehret/
Ja heilet/was versehret/
Und gibt dem Müden Kraft/
Welch' uns viel Nutzen schaft.

9.

O Stårke der Geringen/
O Zuflucht/wen so gahr
Auf uns die Wetter dringen/
Und dreuen viel Gefahr!
O Schatt' in heissen Tagen/
Wen wir mit tausend Plagen
Ach rund umgeben sind/
Den hilfst Du HErr geschwind.

10. Du

10.

Du sprichst: Ich wil erquikken
 Die mühden Seelen bald/
Den Armen wil ich schikken
 Raht/Trost und Auffenthalt/
Ja was versehrt zu finden/
Das wil Ich gern verbinden/
 Ist gleich ein Schäflein schwach/
 Ich lauff Ihm willigst nach.

11.

Hierauf nun wil ich bauen/
 Dein Wohrt betriegt mich nicht/
Dir wil ich HErr vertrauen/
 Du bist die Zuversicht/
Ja Heil und Trost der Armen/
Du wirst Dich mein erbarmen/
 Und schaffen/das ich frei
 Von aller Schwachheit sei.

XXIX.

Verdamter Satan trolle dich/Was magst du mich
Mein trauter Jesus libet mich Er wil Ja nicht

ver-

Die Neun und Zwantzigste Musikalische Hertzens-Andacht

Uber eben diselbe kräftige Trostwohrte / wider die Schwachheit des Glaubens/ welche beschrieben sind von dem Geistreichen Propheten Esaias/in Seiner Weissagung am 42. Kapittel/und in unser Teutschen Sprache also lauten:

Das zerstossene Rohr wird Er nicht zubrechen/und den glimmenden Docht wird Er nicht auslescheu.

Dises kan auch gesungen werden nach der Melodie/ Meines/ aus den Himlischen Liedern bekanten Passion Liedes:

O grosser Gott ins Himmels Trohn/u.s.w.

1.

VErdamter Satan/trolle dich/
   Was magst du mich versuchen?
Mein trauter Jesus libet mich/
   Er wil ja nicht verfluchen
     Ein Hertz/ das schwach
     Ihm folget nach/
Er wil vielmehr der Armen
Aus Gnaden Sich erbarmen.

2.

Ich weis gahr wol/wie schwach ich bin/
   Darf aber nicht verzagen/
Mein Jesus nimt die Schwachen hinn/
   Ja wil Sie Selber tragen;
     Wen Petrus sinkt/
     Auch schier ertrinkt/

So reicht Er ihm die Hände/
Daß Er die Noht abwende.

3.

Er spricht gantz freundlich: Wer zu Mir
In seiner Noht wird kommen/
Dem mach' Ich willigst auf die Tühr/
Und Er wird angenommen;
Drüm kommt doch nur/
Hört meinen Schwur:
Es sol fürwahr nicht sterben
Ein Sünder/ noch verderben.

4.

Gleich wie der Artzt die Kranken heilt/
Nicht aber die Gesunde;
So wird auch denen Raht ertheilt
Die zur betrübten Stunde
Ergeben sich
Nur bald an Mich/
Die rechte Kur zu finden/
Die wil ich schnel verbinden.

5.

Ich tuh' als ein getreuer Hirt/
Der/ wen er hat verlohren
Ein Schäflein/ so bekümmert wird/
Daß Er Sich gleich verschwohren
Zu suchen daß
Ohn Unterlaß;
So wil Ich Mich bemühen
Auch dich herfür zu ziehen.

6. Ich

6.

Ich tuh' als eine Mutter pflegt/
Die mehr für kranke Kinder
Als für die Starken Sorge trägt/
So halt auch ich gelinder,
Die krank und schwach/
Viel Ungemach
Des Glaubens halber leiden/
Ich wil Sie drüm nicht meiden.

7.

O süsse Wohrt'! O Freundligkeit!
Solt Ich dir nicht vertrauen?
Mein Gott/ich werd' in diser Zeit
Dich noch im Glauben schauen/
Du wirst in mir
Ja für und für
Auch wirken nur das wollen
Das/das wir leisten sollen.

8.

Mein Hertz/O Gott/versichert sich
Daß Du so gnädig merkest
Auf das/wornach verlanget mich/
Und mir den Glauben stärkest/
Ich bin ja Dein/
Wie könts den sein
Daß Du mich soltest hassen/
Ja sonder Glauben lassen.

9. Ich

9.

Ich weiß in meiner Angst und Noht
Mich anders nichts zu rühmen
Als meiner Schwachheit/ die nur Koht/
Ich kans ja nicht verblühmen/
Nur deine Kraft
Gibt Glaubenssafft/
Sie kan allein die Schwachen
Frisch/ starck/ und freudig machen.

10.

Und ist mein Glaub itz noch so klein/
(Ich wils zwahr nicht verhehlen)
So wirds dennoch ein Glaube sein/
Dis kan mir nimmer fehlen/
Nur Christus weiß
Was kalt/ was heiß/
Was groß/ was klein zu schätzen/
Auf Ihn muß man es setzen.

11.

Gleich wie das kleinste Kindlein kan/
Wens ihm wird fürgehalten/
Das theurste Kleinoht greiffen an;
So können wir auch walten
Mit disem Schatz/
Im fall uns Platz
Auf Erden wird gelassen/
Den Glauben recht zu fassen.

M   12. Drauf

12.

Drauf glaub' ich/ mein HErr Jesu Christ/
Du wirst mich ferner lehren
Was heilsam/ auch zur jeden Frist
In mir den Glauben mehren/
Ist er gleich klein/
Es wird Sein Schein
In Trübsahl und Beschwerden
Durch Dich vergrössert werden.

XXX.

Muß nicht in disem Meer der Sün-den
Verfolgung/ Haß und Neid sich fin-den/
Der nimmerstillen bösen Welt/ Erhebt sich nicht
Die Satan selbst hat angestelt?

Der

Die Dreissigste Musikalische
Hertzens-Andacht

Uber die hochwichtige Antreibung und Vermahnung zur Brüderlichen Versöhnung und Abhaltung von Zorn und Zwietracht/ wie diselbe zu finden bey dem weisen Haußlehrer Sirach/ in seinem Buche am 28. Kapittel/ also lautend:

Wer Sich rächet/ an dem wird Sich der HERR wieder rächen/ und wird Ihm Seine Sünde auch behalten. Vergib Deinem Nechsten/ was Er Dir zu Leide gethan hat/ und bitte den/ so werden Dir deine Sünde auch vergebe. Ein Mensch hält gegen dem Andern den Zorn/ und wil bei dem HErren Gnade suchen. Er ist unbarmhertzig gegen Seines gleichen/ und wil für Seine Sünde bitten. Er ist nur Fleisch und Bluht/ und hält den Zorn/ Wer wil den Ihm Seine Sünde vergeben? Gedenke an das Ende/ und laß die Feindschafft fahren/ die den Tod und Verderben sucht/ und bleibe in den Gebohten.

Dieses kan auch gesungen werden nach der Melodie Meines wolbekanten Himmelsliedes:
O Gott/ was ist das für Ein Leben/ u. s. w.

I.

Mus nicht in disem Meer der Sünden
  Der nimmerstillen/ bösen Welt

Ver-

Verfolgung/Haß/und Neid sich finden/
Die Satan selbst hat angestelt?
Erhebt sich nicht der Spötter Schaar/
Und schaft den Frommen viel Gefahr/
Ja muß die Tugend nicht auf Erden
Geplagt/verfolgt/beneidet werden?

2.

Merk aber wol was Christus lehret
Wen Er das Christenthum beschreibt/
Wer Ohren hat und doch nicht höret/
Ja gahr auf seinem Hertzen treibt
Was von der Lib' Er uns gesagt/
Die Gott so treflich wol behagt/
Wer dises/sag' Ich/weinig schätzet/
Wird an der Seelen sehr verletzet.

3.

Er spricht: Tuht andern das mit Freuden/
Was ihr von ihnen selbst begehrt;
Wer wil nun gern sich lassen neiden
Wer wil von andern sein beschwehrt?
Ach müchte man ohn' Unterlaß
Bedenken dis! Neid/Zorn/und Haß
Die würden nicht so gräulich wühten
Noch so viel Lasterthier außbrühten.

4.

Ach Gott/was nützet uns das Rechten/
Das lästern/schmähen/welches doch

Getrieben wird von gleichen Knechten?
  Wir ziehen all an einem Joch/
  Gott ist der HErr/ wir ohne Zahl
  Sind dessen Diener alzumahl/
Drům müssen wir uns bald versühnen/
Als die nur einem HErren dienen.

5.

Wen jemand sonder Schuld muſ leiden/
  Sol er sich gleichwol rächen nicht;
Viel weiniger sind die zu neiden/
  Die nicht vergessen ihrer Pflicht/
  Besondern thun/ was sich gebührt;
  Wie wird man den so gahr verführt/
Daſ/ die wir eines Leibes Glieder/
Einander sind so sehr zu wider?

6.

Mein' ist die Rach'/ und ich wil richten/
  Spricht Gott/ Ich wil die Missetaht
In meinem Grim' und Eifer schlichten/
  Die mich so hart beleidigt hat;
  Bedenk' ein jeder diſe Wohrt/
  Und koint der HErr nicht alsofohrt/
So wird Er unverhoft sich rächen/
Sein Zorn wird als ein Feur ausbrechen.

7.

Es kans der Mensch nicht leicht vergessen/
  Wen Ihm' ein Schimpf begegnet ist/

Er

Er sorgt und sinnet gantz vermessen/
  Daß er sich räch' in kurtzer Frist;
Vielmehr gedenkt auch Gott an dich/
Wo du dich rächest grausamlich/
Sein Eifer wird dich hart versehren/
Wirst du nicht schnel vom Zorn dich kehren.

8.

Es ist doch gahr ein kläglichs Wesen/
  Wen man den Ubeltähtern pflegt
Ihr schändlichs Leben vorzulesen
  Auch was für Straff hierauf gelegt;
Viel tausendmahl elender steht
Der Mensch/ der ohne Buß hingeht/
Wil keinen Hader lassen schlichten/
Den wird sein Schöpffer greulich richten.

9.

Ach/laßt uns dises doch bedenken/
  Wir sind in Sünden gäntzlich Tod/
Noch wil uns Gott das Leben schenken
  Um Christi willen/ der die Noht
Von uns nach einen theuren Raht
Durch seinen Tod gewendet hät/
Doch/ diser Schatz wird bloß gegeben
Den Christen/ welch' im Friede leben.

10.

Wer bist du Mensch? Ein arme Made/
  Ein' Handvol Staub/ ein bißlein Koht/

31. Musik. HertzensAndacht aus Ps. 77. v. 4/7.

Wer ist dein Schöpffer? Reich von Gnade/
HErr über Teufel/ Sünd' und Tod;
Nun Gott der wil barmhertzig sein/
Ja machen dich von Sünden rein/
Was wilt den du/ voll von Gebrechen
Dich viel an deinem Bruder rächen?

II.

Gedenk' ans End'/ und laß doch fahren
Die Feindschafft/ so dein Hertz noch hegt/
Ey wilt du den die Buhsse spahren/
Biß man dich gahr zu Grabe trägt?
Der Richter ist schon für der Thür'/
O liber Mensch/ koimt der herfür/
So hilft kein bitten/ flehen/ schenken;
Heut' ist es Zeit diß zu bedenken.

XXXI.

Wohin sol ich mich wenden
Es zittern mir die Len-den/

In

Die Ein und Dreissigste Musikalische Hertzens-Andacht

Uber die herliche und schöne Wohrte des Königs und Propheten Davids/ in welchen Er handelt/ von dem fürtrefflichem Nuze der Geistlichen Lobgesänge/ von Ihm beschrieben in Seinem 77. Psalm v. 4. und 7./ und in Teutscher Sprache also lautend:

Wen Ich betrübt bin/ so gedenke Ich an GOtt/ wen Mein Hertz in Aengsten ist/ so rede Ich. Ich denke des Nachts an Mein Seitenspiel/ und rede in meinem Hertzen.

Dises kan man singen nach der Melodie unseres bekanten Lobpsalmies:

Nun lob mein Seel den Herren/ u. s. w.

1.

WOhin sol ich mich wenden
  In meiner schwehren Angst und Noht?
Es zittern mir die Lenden/
  Ich bin versehrt biß auf den Tod;
Wo sol ich Hülffe finden
  In meiner Traurigkeit?
Wer hilft mir überwinden/
  Mein überschwehres Leid?
Zu Dir/ HErr/ wil ich treten
  Mit fester Zuversicht/
Und unaufhörlich behten/
  Ich weiß/ Du läst mich nicht.

2. Wen

2.
Wen ich ein Liedlein singe
  Mein Gott/ und Dir in grosser Quahl
Mein Lippenopffer bringe
  Mit heissen Trähnen ohne Zahl/
So wird dadurch vertrieben
  Des Hertzens Traurigkeit/
Das schaffet/ HErr/ dein Lieben/
  So mich zur bösen Zeit
Mit reichem Trost' erquikket/
  Und wiedrum frölig macht/
Wen Trübsahl mich erstikket
  Ja schier hatt' umgebracht.

3.
Ihr Himmelsüsse Lieder
  Erdichtet durch des Geistes Krafft/
Ihr stärkt den Glauben wieder/
  Den schier das Kreutz hatt' hingerafft/
Durch euch wil ich erzehlen
  Dem Höchsten meine Noht/
Durch euch wil ich befehlen
  Mich Ihm biß in den Tod;
Und wen ich nun dort oben
  Leb' aller Angst befreit/
Als den wil ich Ihn loben
  Auch in der Ewigkeit.

4.
Solt ich/ HErr/ nicht gedenken
  An Dich/ wen Ich betrübet bin?

Ja

nicht lenken.
n Angst mein Hertz und Sinn?
Dich nicht preisen/
dein' Engel Dir
a Dank erweisen/
men für und für?
t ihnen bringen
daß Gott gefält/
nahl Heilig singen
ssen Wunderheld'.

5.

ch die Sonne/
der Mohn und alle Stern'/
Dich mit Wonne
serströhme nah' und fern/
Dich die Fische/
Tieff' im Meer/
Berge/Büsche/
luhmen/hin und her;
Hagel/Flammen/
nde/Regen/Schnee/
mehr zusammen
en Wolken seh'.

6.

Dich mit Schalle
el/Würme/Vieh' und Tihr/
ren alle
ir zu Dienste für und für/

Die

Die König' und die Richter
   Zusamt der Fürsten Schaar.
Erheben die Gesichter/
   Zu danken immerdar/
Die Jüngling und Jungfrauen
   Sind färtig und bereit/
Den Ehrentrohn zu bauen
   HErr/ Deiner Herligkeit.

7.

Ich weiß ja/ daß das behten
   Dem Satan/ Trübsahl/ Angst und Noht
Kan Siegreich untertreten/
   Ja zwingen selbst zu letst den Tod:
Kein Seufzen ist verlohren/
   Kein Trähnlein ist umsunst/
Den Gott der hat geschwohren
   Daß Er wil Seine Gunst
Und süsse Libe schenken
   Nur denen/ welche stets
Hochrühmlich Sein gedenken/
   Und pflegen des Gebehts.

8.

Ach/ Alles/ was auf Erden
   Uns armen Menschen nöhtig ist/
Das muß erbehten werden
   Von Gott allein zur jeden Frist;
Recht behten/ heist Gott loben
   Um Seine Güht' und Treu/

Wo

Wo behten wird verschoben/
  Da wohnt n uhr Gleisnerei/
O guhter Geist/regiere
  Mich Armen/daß mein Sinn
Dem Höchsten jubilire/
  Biß ich vergraben bin.

XXXII.

Brich/O Mor-   gen Sonne   lieb-
Gott Ich wil-   mit Wonne   Kind-

lich doch herfür/ Denn du hast beschützet Mich die
lich danken Dir

gantze

192 32. Musik. Herzens Andacht aus Pf. 77. v. 4/7.

gantze Nacht, Daß Mich nicht beschmitzet Satans

list und Macht.

Die Zwei und Dreissigste Musikalische Hertzens-Andacht

Uber eben diselben Wohrte des Königlichen Propheten Davids/in welchen Er handelt von der fürtreflichen Nützbarkeit der Geistlichen Lieder und Lobgesänge / beschrieben in Seinem 77. Psalm v. 4. und 7. / also lautend:

Wen Ich betrübet bin/so gedenke Ich an Gott/wen mein Hertz in Aengsten ist/so rede Ich. Ich denke des Nachts an mein Seitenspiel/ und rede in meinem Hertzen.

Dises

Wen Ich betrübet bin/ so gedenke Ich an Gott/ u.s.w.

Dises kan man auch singen nach der Melodie unseres bekanten Passionliedes:

O wir arme Sünder/ u.s.w.

1.

Brich/ O Morgensonne/
  Lieblich doch herfür/
Gott/ Ich wil mit Wonne
  Kindlich danken Dir/
Den du hast beschützet
  Mich die gantze Nacht/
Daß mich nicht beschmitzet
  Satans List und Macht.

2.

Geht herfür ihr Sterne/
  Bleicher Mond brich an/
Leuchtet uns von ferne/
  Daß mein Mund doch kan
Jetzt sein Opffer bringen/
  Und mit süssem Tohn
Unserm Gott lobsingen
  Für dem Gnadentrohn.

3.

Komt ihr Gotteskinder/
  Last des Höchsten Wohrt
Wohnen auch nicht minder
  Unter uns hinfohrt/
Hebt die Freudenpalmen
  Jauchtzend Himmelan/

Singt

Singt die schönsten Psalmen
  Die man finden kan.

4.

Lasset itz erschallen
  Mangen Lobgesang/
Ist doch auch ein Lallen
  Das ohn allen Zwang
Auf dem Hertzen gehet/
  Gott sehr lib und wehrt/
GOtt/ der das erhöhet/
  Was nur Ihn begehrt.

5.

Last für allen Dingen
  O ihr Christenleut/
Eure Stimm' erklingen/
  Gottes Herligkeit
Tag und Nacht zu preisen/
  Last Hertz/ Sinn und Muht
Ehr' und Dank' erweisen
  GOtt dem höchsten Guht'.

6.

O du Geist von oben/
  O du süsses Licht/
Las uns/ GOtt zu loben/
  Doch ermüden nicht;
Unser Hertz kan spühren
  Deine Gegenwahrt/
Wo das Moduliren
  Niemahls wird gespaart.

7.

Unser Hertz sol heissen
  HErr/ Dein Psalterspiel/
Daß sich wird befleissen/
  Dich ohn End' und Ziel
In der Welt zu loben/
  Auch mein Geist allein
Stets zu Dir erhoben/
  Sol dein' Harffe sein.

8.

HErr/ Es sol da singen
  Nicht der blosse Mund/
Noch ein Lied erklingen
  Ohn des Hertzen Grund:
Nein/ es sol mit Trähnen
  Auß der Seelen gehn/
Die sich stets wird sehnen
  Dich mit Lust zu sehn.

9.

Bald so wil ich bähten
  HErr/ auß gantzer Macht/
Bald so wil ich treten
  Voller GlaubensPracht
Für den Trohn der Gnaden/
  Wen ein grosser Schmertz
Schwehrlich hat beladen
  Mein betrübtes Hertz.

10.

Bald so wil ich schreien
　Wen der Feinde Schaar
Nah' ist/ nach dem Dreuen
　Mich zu würgen gahr;
Bald so wil ich bitten
　Wen ich Armer steh/
Gleichsahm in der Mitten/
　Und mein Grab anseh.

11.

Bald so wil ich loben/
　Wenn zur argen Zeit/
Für der Feinde Toben/
　Du mich hast befreit/
Ja mich auß der Höllen
　Gleichsahm hast gebracht/
Wil ich den bestellen
　Deinen Ruhm mit Macht.

12.

HErr/ Dein Lob außbreiten
　Ist der Engel Lust/
Drum sol diß bei Zeiten
　Mir auch sein bewust;
Ja die kleine Kinder
　Sollen früh und spaht
Rühmen/ HErr/ nicht minder
　Deine Majestat.

13. Laß

13.

Laß' im gantzen Leben
　Mich/O Gott/nur Dich
Und Dein Thun erheben/
　Laß mich würdiglich
Dich mit süssen Weisen
　Rühmen in der Welt/
Biß ich werde preisen
　Dich ins Himmels Zelt.

XXXIII.

Hat jemand Lust zu wissen Worauf man sol be-
flissen Ja gantz verliebet sein? Der komm' itz mich zu
hören/

hören/Ich wil in treulich lehrē Was Himlisch heist allein.

Die Drei und Dreissigste Musikalische
Hertzens-Andacht

Uber die gahr herliche / und fast unvergleichliche Glaubens-wohrte/des gedultigen Kreutzträgers Hiob / beschrieben in Seinem Büchlein am 13. Kapittel/welche/ob Sie wol nicht also verteutschet / dennoch in unserer Sprache eigentlich lauten/wie folget:

Ob Mich der HErr gleich tödten wird/ so wil Ich dennoch auf Ihn hoffen.

Dises kan auch gesungen werden nach der Melodie des sonst nicht unbekanten Liedes:

O Welt Ich muß Dich lassen:

I.

HAt jemand lust zu wissen/
Worauff man sol beflissen
  Ja gantz verliebet sein?
Der komm' itz mich zu hören/
Ich wil ihn treulich lehren/
  Was Himlisch heist allein.

2. Ich

2.

Ich weiß/worauf ich setze
Mein Hoffnung; nicht auf Schätze/
  Nicht auf das blosse Geld/
Das wird gahr leicht gestohlen/
Der Krieger kan es hohlen/
  Wen er die Macht behält.

3.

Das Wasser kan es rauben/
Die Flamm' hinweg es klauben/
  Kein eitles Ding besteht/
Seht wie mit allen Gühtern/
Samt allem Vieh' und Hühtern/
  Des Hiobs Glük vergeht!

4.

Der Mensch ist ja verfluchet/
Der sein' Ergetzung suchet
  Im Reichthum/Geld und Gold/
Der Mammon kan nichts nützen/
Ja kan sich selbst nicht schützen
  Ist keinem Menschen hold.

5.

Man sol auch nicht erheben
Das Hertz/wen uns gegeben
  Viel' Häuser/Schlösser/Land/
Viel' Aekker/Wälder/Wiesen/
Man hat von allen disen
  Ja für den Tod kein Pfand.

6.

Man sol auf Menschenkinder
Verlassen sich vielminder/
 Was kan der Fürsten Gunst
Für Seligkeit uns schenken?
Man mag sich wol bedenken/
 Ihr Pracht ist lauter Dunst.

7.

Ich wil mein' Hoffnung stellen
Auf Gott/so wird mich fellen
 Kein Trübsahl/Angst noch Noht/
Dem Höchsten wil ich trauen/
Was gilts ich werde schauen
 Sein' Hülf' auch gahr im Tod'.

8.

Und ob mein Schöpffer solte
Mir nehmen/was ich wolte
 Behalten hertzlich gern/
Ja wen mein Grab stünd' offen/
Wil ich auf ihn doch hoffen/
 Sein' Hülff' ist nimmer fern!

9.

Laß Krieg/laß Armuht kommen/
Es werde mir genommen
 Das Leben gahr dazu/
Ich wil ihn doch nicht lassen;
Wer seinen Gott kan fassen/
 Der findet leichtlich Ruh.

10. Was

10.
Was solt ich mich viel grähmen?
Wil mir der Schöpfer nehmen/
Was Er gegeben hat;
Er nehm' es als Sein Eigen/
Er wird mir plötzlich zeigen
Daß Er weiß andern Raht.

11.
Laß falsche Mäuler klaffen
Viel Trübsahl mir zu schaffen/
Laß schmähen alle Welt/
Laß liegen/lästern/dreuen/
Mein Gott wird mich erfreuen/
Der grosse Wunderheld.

12.
Ich wil der Hülf' erwahrten/
Die Hoffnung muß sich ahrten/
Waß mir mein Gott verspricht/
Das sol und wird geschehen/
Bald werd' ich Rettung sehen/
Sein Wort das teuscht mich nicht.

13.
Ey/solt' ich den nicht hoffen/
Da doch Sein' Ohren offen
Ja mild zu hören sind?
Wer hofft wird nicht zu Schanden/
Die Hülff ist schon fürhanden/
Kompt sie gleich nicht geschwind'.

N v   14. Er

14.

Er spricht: wir sollen behten/
So woll' Er näher treten;
 Ich ruff'/HErr/Tag und Nacht/
Mein Hertz ist schier zerbrochen/
Drum hilf/wie Du versprochen/
 Gebrauch' itzt Deine Macht.

15.

Du kanst ja Hülff erzeigen/
Die Feinde müssen schweigen/
 Dein Retten hat kein Ziel/
Du weist nicht nur zu rahten/
Du bist auch gros von Tahten/
 Und schenkst der Gnaden viel.

16.

Wollan/was Du versprochen/
Wird nimmermehr gebrochen/
 Dein Wohrt bleibt für und für/
Jm Leben und im Sterben
Läst Du mich nicht verderben/
 HErr/das vertrau' ich Dir.

XXXIV.

Die Vier und Dreissigste Musikalische Hertzens-Andacht

Uber die Trostreiche Verheissung Gottes/ allen den jenigen getahn/welche von gantzer Seelen auff ihn hoffen/ wie dieselbe beschreibet der Geistliche Prophet Esaias/in Seiner Weyssagung am 49. Kapittel v.23. /also lautend:

Du solt erfahren/ daß Ich der HErr bin/ an welchem nicht zu Schanden werden/ Alle Die auf Mich harren.

Dises kan auch gesungen werden nach der Melodie Meines bekanten Traurliedes unter den Himlischen:

Jammer hat Mich gantz umgeben/u.s.w.

1. Sei

1.

Sei zu frieden/ meine Seele/
　Sei zu frieden/ ob du schon
Rust in diser Unglükshöhle
　Dulden Trübsahl/ Spott und Hohn/
Hoffnung läst dich hier auff Erden
Nimmermehr zu Schanden werden/
　Rettung ist ihr süsser Lohn.

2.

Hoffnung ist gahr fest gegründet
　Auf das Allerhöchste Guht/
Das im Leiden auch entzündet
　Durch den Glauben Hertz und Muht/
Diser Grund mus ewig bleiben/
Auch/ den können nicht vertreiben
　Armuht/ Krankheit/ Krieg und Gluht.

3.

Nun aus disem Grunde fliessen
　Ruhe/ Friede/ Freud' und Lust/
Welch' uns alles Kreutz versüssen/
　Das so mangem ist bewust/
Wer im Hoffen sich kan üben/
Darf sich nimmermehr betrüben/
　Den sein Hertz bleibt stets in Rust.

4.

Wie den Schlössern/ die gebauet
　Auf des starken Felsen Grund/
Für den Winden gahr nicht grauet/
　Noch auch für des Meeres Schlund;

So/

So/ wer Hoffnung hegt im Hertzen/
Ey dem können Todes Schmertzen
　　Schaden auch zu keiner Stund'.

5.

Hofnung wünschet nicht zu haben
　　Zeitlichs Glük/ Lust/ Freud und Ehr/
Ach sie wil sich blos erlaben
　　An dem Schöpfer mehr und mehr;
Gott hie suchen/ Gott hie finden/
Kan das Unglük überwinden/
　　Plagt es uns gleich noch so sehr.

6.

Welch' auf Gott ihr Hofnung setzen
　　Und Ihm trauen festiglich/
Solche kan gahr nicht verletzen
　　Satans List noch Fersenstich/
Nimmer können solche fallen/
Weil diselben stehr für allen
　　Gleich wie Zion/ brüsten sich.

7.

Aber/ wer sein Hofnung leget
　　Nur auf Reichthum/ Ehr' und Glük/
Und dagegen nicht erweget
　　Diser Tohrheit böse Tük/
Ach/ der wird im Eiteln wühlen/
Und dagegen schmertzlich fühlen
　　Ihrer Wirkung lose Stük.

8. Alle

8.

lles aber wird probieret
  Durch des Kreutzes Bitterkeit/
en ein Christ/den es berühret/
  Läst in diser argen Zeit
ald sein Hofnung thätlich schauen;
an er nun dem Schöpfer trauen/
  Ey so siegt er stets im Streit.

9.

bel hat es der getroffen/
  Der nur auf sein Glük und Guht
leich dem Tohren pflegt zu hoffen;
  Das betrübt nur Hertz und Muht:
ol der Seelen wol geschehen/
y so mus man blos ansehen
  Den/ der so viel Guhts uns thut.

10.

ott der gibt/ was wir begehren/
  Gott beschert uns Glük und Heil/
ott der mus uns all' ernähren/
  Gott schenkt jedem auch sein Theil/
) der Gaben! unterdessen
  Wird des Gebers gantz vergessen/
  Das Geschenk bleibt mittler weil!

11.

olches aber/ uns zu zähmen/
  Mus oft widrum zu sich hinn
er getreue Vatter nehmen/
  Das wir ändern unsre Sinn/

Und

Und mit Dankbarkeit erkennen/
Daß der Höchste sei zu nennen
   Unser Reichthum und Gewinn.

12.

Heftig müssen die verletzen
   Ihre Seelen/ welche nur
Ihr Vertrauen närrisch setzen
   Auf die schwache Kreatur/
Ach! diß Eitle muß auf Erden
Solchen Weltergebnen werden
   Noch zum Unfall/ Fluch/ und Schwuhr.

13.

Hofnung wird zwar recht genennet
   Eine Tugend/ welch' im Streit'
Als ein frischer Kämpfer rennet/
   Welch' auf eigne Frömmigkeit
Und auf eignes Glük nicht bauet/
Sondern dem allein vertrauet/
   Der vom Tod' uns auch befreit.

14.

Guhte Nacht/ mit deinen Schätzen/
   Guhte Nacht/ du blinde Welt/
Mein Vertrauen wil ich setzen
   Nur auf Gott/ der mich erhält/
Der auch mir/ wen ich in Frieden
Aus der Welt bin abgeschieden/
   Hat sein ewigs Reich bestelt.

XXXV.

XXXV.

Fürwahr HErr/deine Freundligkeit Die wir in diser Gnadenzeit Mit höchster Lust und Wonne schmekken/Die kan in unsrer Seel' erwekken Zu dir/solch

eine

Die Fünf und Dreissigste Musikalische Hertzens-Andacht

Uber die allgemeine/überauß Trostreiche Irladung zum Gnadenreich Christi / wie Selbige beschrieben wird / von dem Propheten Esaias in Seiner Weissagung am 55. Kapittel v. 1/2./ und in Teutscher Sprache also lautet:

Wollan/ alle/ die Ihr durstig seid/ komt her zum Wasser/ und die Ihr nicht Geld habet/ komt her/ kauffet und esset/ komt her/ kauffet ohne Geld und umsonst/ beide Wein und Milch. Warum zehlt Ihr Geld da/ da kein Brod ist/ und Eure Arbeit / da Ihr nicht satt von werden könnet? höret mir doch zu und esset das Guhte/ so wird Eure Seele in Wolluft satt werden.

Dises kan man auch singen nach der Melodie unsers schönen Pfingstliedes:

Kom heiliger Geist/ Herre Gott/ u.s.w.

1.

Fürwahr HErr/ deine Freundligkeit
Die wir in diser Gnadenzeit
Mit höchster Lust und Wonne schmekken/
Die kan in unsrer Seel' erwekken
Zu Dir/ solch' eine Zuversicht/
Daß wir im Kreutz' auch zweifeln nicht/
Du werdest das gahr reichlich geben/
Wodurch der Geist in uns muß leben.

2. Wir

2.

Wir sind von Durst und Hunger krank/
Drüm suchen wir itz Speiß und Trank/
  Doch/solche nicht/die nur erquikket
  Den Leib/und oft die Seel' erstikket/
Uns fehlet HErr/ der Gnadensafft/
Dazu des edlen Wohrtes Krafft/
  Diß ist der Hunger/der die Hertzen
  Belegt mit tausend Angst und Schmertzē.

3.

Wird dises Mangel nicht gestilt
Durchs Wasser/ welches reichlich quikt/
  O Gott aus Deiner sondren Güthe/
  Ja wunderfreundlichem Gemühte/
So muß mein' arme Seel vergehn/
Sie kan für Dir gahr nicht bestehn/
  Du/HErr/nur kanst sie herzlich speisen/
  Und reichlich ihr Dein' Huld' erweisen.

4.

Wolan/Du rufst hie jederman/
Daß niemand sich beklagen kan/
  Dieweil kein Mensch wird ausgeschlossen/
  Den alle können Tischgenossen
O HErr/ an Deiner Tafel sein/
Und schmekken Deinen Gnadenwein/
  Das heist den: alle Welt mit Gnaden
  Zu Sich und Seinem Reich' inladen.

5. Wie

5.
Wie töhricht aber ist die Welt/
Alß die vergeblich zehlt ihr Geld/ (men?
Was kan doch guhts von Menschen kom-
Ihr Wissen wird gahr weinig frommen/
Gott achtet nichts der Werke Zahl/
Es komt auß Gnaden alzumahl/
　Dem Schöpfer können wir nichts geben/
　Alß daß wir Ihm nicht widerstreben.

6.
So komm'/ O meine Seele/ komm/
Laß ab vom Bösen/ werde fromm/
　Tuh guhtes/ wie gantz unverhohlen
　Vom Schöpfer dir ist anbefohlen/
Ach/ folge des Propheten Raht/
Laß ab von deiner Missetaht/
　Sei friedlich/ laß die Noht der Armen
　Gantz Hertz-und Schmertzlich dich er-
(barmen.

7.
Dein Ohren neig' am rechten Ohrt
Zu hören fleißig Gottes Wohrt/
　Den/ daß wird dich zur Buhsse treiben/
　Ja lehren dich recht gläubig bleiben;
Den wer den Schöpfer liebt und ehrt/
Der hält Sein Wohrt auch hertzlich wehrt/
　Pflegt drüm mit grosser Lüst zu treten
　Ins Gotteshauß/ daselbst zu behten.

O iij　　　8. Woll-

8.

Wolan/ ich nehm' es stets in acht/
Was Esaias schreit mit Macht:
   Ach kommet kommet doch mit Hauffen/
   Die Speisen ohne Geld zu kauffen;
Ist keiner nun der hören wil/
So werd' ich kommen in der Still'/
   Und das aus lauter Gnad empfangen/
   Womit ich ewiglich kan prangen.

9.

Ich komm'/ O Jesu/ laß mich bald
Geniessen/ was so mannigfalt
   In deinem Wohrt wird aufgetragen/
   Ach Gott wem solt' hie nicht behagen
Dein Manna/ das die Seel' erquikt/
Ja sie für Freuden gantz entzükt/
   O süsses Brod/ vom Himmel kommen/
   Wie gern wirst Du von mir genommen!

10.

Du läst uns sagen: Esset doch/
Hier ist ja gnug und übrig noch/
   Drüm esset doch nur meine Liben
   Vom Glaubenshunger angetrieben/
Komt meine Freund' und schmekt allein
Den hochverlangten Gnadenwein/
   Komt/ eure Schnittlein inzutunken/
   Und werdet alzumahl itzt trunken.

11. Bei

11.

Bei disem Mahl bin ich nicht stumm/
Dein süsses Evangelium
   Das mus ich/ HErr/ mit sondern Weisen
   In Deiner Kirch' aufs höchste preisen/
O prächtigs Mahl/ O lieblichs Brod/
O Trank/ der in der letzten Noht/
   Wen uns der Würger wil erstikken
   So gahr die Seel' auch kan erquikken.

12.

HErr Jesu/ las doch dis allein
In aller Noht mein Labsahl sein/
   Und wen ich leiden mus auf Erden/
   Von diser Kost mich trunken werden;
Nichts frag' Ich nach der gantzen Welt/
Ist dises Mahl nur mir bestelt/
   Wodurch mein Geist sich kan erheben
   Mit Dir in höchster Lust zu leben.

XXXVI.

Mit Trähnen wird gebohren Der Mensch auff
Mit Trähnen wird verlohren Was hie der

Die Sechs und Dreissigste Musikalische
Hertzens-Andacht

Über des weisen Lehrers Sirachs/ nohtwendige Ermahnung/ wie Sich Ein Christ / wen Ihm die Seinigen durch den zeitlichen Tod werden hinweg gerissen / recht solle verhalten/ und in solche leidige Traurfälle schikken/ wie solches beschrieben wird gefunden in Seinem Buche am 38. Kapittel v.16-24./ also lautend:

Mein Kind/ wen Einer stirbt/ so beweine Ihn und klage Ihn / als sei dir gros Leid geschehen / und verhülle Seinen Leib gebührlicher weise/ und bestatte Ihn ehrlich zum Grabe. Du solt bitterlich weinen und hertzlich betrübt sein / und Leid tragen/ darnach Er gewest ist/ zum weinigsten Einen Tag oder Zweene/ auf das man nicht übel von Dir reden möge/ und tröste Dich auch wieder / das Du nicht traurig werdest/ den von Trauren komt der Tod/ und des Hertzens Traurigkeit schwächet die Kräfte. Las die Traurigkeit nicht in Dein Hertz / sondern schlage Sie von Dir / und denke ans Ende / und vergis nicht/ den da ist kein Wiederkommen / Es hilft Ihn nicht/ und Du thust Dir Schaden. Gedenke an Ihn/ wie Er gestorben/ so must

Du auch sterben. Gestern war Es an
Mir/ heute ists an Dir. Weil nun der
Todte in der Ruhe liegt/ so höre auf Sei-
ner zu gedenken/ und tröste Dich wieder
über Ihn/ weil Sein Geist von
Ihm geschieden ist.

Dises kan auch gesungen werden, nach der Melodie Mei-
nes wolbekanten Sterbliedes:
O Schöpfer aller Dinge/ u. s. w.

I.

Mit Trähnen wird gebohren
   Der Mensch auf dise Welt/
Mit Trähnen wird verlohren
   Was hie der Würger fellt/
Mit Trähnen wird vergraben
   Der gantz erstorbner Leib/
Und dises Kreutz mus haben
   Kind/ Vatter/ Mann und Weib.

2.

Gott selber hat verbunden
   Die Hertzen der gestalt/
Daß/ wen so tiefe Wunden
   Daß Scheiden schlägt/ Sie bald
Darob bekümmert werden/
   Ja klagen hochbetrübt/
Daß dises geht zur Erden
   Was sie so sehr geliebt.

3. Was

3.

Was aber ist zu machen/
 Wen nun der Tod schon gahr
verschlukt in Seinen Rachen
 Was uns das Libste war?
Nichts anders/als mit Klagen
 Sie setzen in ihr Grab/
Nach dessen Wolbehagen
 Der beides nam und gab.

4.

Die Todten fein begraben
 Ist Christlich/recht und guht/
Demnach ihr Engel haben
 Die Seelen in der Huht;
Auch die Begräbnis lehret:
 Es werde bald geschehn/
Daß widrum reich verehret
 Die Leiber auferstehn.

5.

Doch sol man kläglich weinen/
 Und zwar von Hertzen Grund/
S muß das Hertz ja meinen
 Was sonst beklagt der Mund/
Man muß sich Schmertzlich sehnen
 Nach dem/was uns gefiel/
Hinweg/gezwungne Trähnen/
 Ihr seid ein Heuchelspiel!

6. Ver-

6.

Verhühtet nur das Schelten
 Der Leute/ welches zwahr
Gehöret wird nicht selten/
 Wen man sich offenbahr
Der Traurigkeit entschläget/
 Man spricht: schaut überall/
Wie der sich nichts beweget
 Ob disem Todesfall?

7.

Immittelst muß man klagen/
 Doch mässig/ Niemand sol
Für Trauren gantz verzagen/
 Dis merk ein jeder wol/
Weil Traurigkeit dem Hertzen
 So weh und bange macht/
Daß mancher wird mit Schmertzen
 Zu früh ins Grab gebracht.

8.

Es nehmen ab die Kräfte/
 So/ das ein kluger Mann
Sein' Arbeit und Geschäfte
 Nicht mehr verrichten kan/
Bald muß er selbst sich legen/
 Das hat der Harm gemacht
Von des Verstorbnen wegen/
 Den er ins Grab gebracht.

9. Viel

9.

Viel besser ists/ gedenken:
  Bald komt die Reig' an dich;
Als sich vergeblich kränken
  Ja quählen jämmerlich/
Du wirst doch nichts erwerben/
  Als schwach und ungesund
Die leben/ und drauf sterben/
  Dis ist der alte Bund!

10.

Sprich nicht: Er ist verlohren/
  Den ich behalten wolt:
Er war dazu gebohren,
  Daß er auch sterben solt/
Es wird die Zeit bald kommen/
  Da durch des Grabes Thür'
Er widrum mit den Frommen
  Zum Leben geht herfür.

11.

Hör' auf ihn zu beklagen/
  Er ruhet sanft und süß/
Er hat ein Joch getragen/
  Das schwehr und sündlich hieß/
Nun hat er abgeleget
  Das Kreutz- und Sünden Joch/
Ein Joch das uns erreget
  Hie manche Pein annoch.

12. O selig/

12.

O selig/dessen Seele
  Schon ist in Gottes Hand!
Der Leib schläft in der Höhle/
  Die gleichwol dises Pfand
Wird widrum von sich geben/
  Wenn Seel' und Leib zugleich
Ohn Ende sollen leben
  In Gottes Freudenreich.

XXXVII.

Liebste Seele las uns finden/ Eine Wohnung welcher Pracht Alles das kan überwinden

Was die Fürsten herlich macht/ laß' uns werden

Hausgenossen/ Dessen/drauß wir sind entsprossen

Laßt uns gehn dahin geschwind/ Wo wir erst er-

zeuget

zeuget sind   Wo wir erst erzeuget sind.

Die Sieben und Dreissigste Musikalische Hertzens-Andacht

Uber die schöne Wohrte des Königes und Propheten Davids / welche verzeichnet stehn in Seinem 84. Psalm v. 2/ 3./ und in Teutscher Sprache also lauten:

Wie lieblich sind Deine Wohnungen / HErr Zebaoth / Mein Leib und Seele freuet Sich in dem lebendigem GOtt.

Dises kan auch gesungen werden nach der Melodie Meines wolbekanten Buhsliedes:

Jesu der du meine Seele/u. s. w.

I.

Liebste Seele / laß uns finden
    Eine Wohnung / welcher Pracht
Alles das kan überwinden /
    Was die Fürsten herlich macht /
Lass' uns werden Hausgenossen
Dessen / drauß wir sind entsprossen
    Last uns gehn dahin geschwind /
    Wo wir erst erzeuget sind.

2. Ach/

2.

Ich/ waſ ſollen die Gedanken
  Andern werden offenbahr?
Daß ſie bleiben in den Schrancken
  Schweigen hindert viel Gefahr/
Laſſet unſ in diſem Leben
Aergerniſſ auch niemand geben/
  Wie zu zeiten tuht ein Wohrt
  Daſ im Augenblikk iſt fohrt.

3.

Laſſet unſ den Sabbaht halten
  Der im Geiſt geſchäftig iſt/
Wo daſ Libefeur erkalten
  Kan noch wil zu keiner Friſt/
Laſſet unſ fein Einſahm bleiben/
Und in Gott die Zeit vertreiben/
  So/ daſ wir mit gantzer Macht
  Nehmen Seine Werk in acht.

4.

Viel erfahren/ lernen/ wiſſen/
  Bringt der Seelen weinig Ruh/
Auf daſ Eitle ſein befliſſen
  Hilft unſ endlich nirgends zu
Jeſum wiſſen und erkennen
Iſt die höchſte Kunſt zu nennen/
  "Aber ſolche zu verſtehn
  "Muſ man in ſich ſelber gehn.

5. Halt

5.

Halt' Ich mich zu Menschenkindern/
So befind' ich daß sie mich
Stündlich schier am Guhten hindern/
Weil sie fast verächtiglich
Schätzen Gott und Seine Gühte;
Ach/ein ruhiges Gemühte
   Das nuhr Gott zu sehn begehrt/
   Wird der höchsten Lust gewehrt.

6.

Wen ich mich der Welt entziehe
   Den so nah' ich mich zu Gott/
Schneller komm' ich wen ich fliehe
   Zu dem HErren Zebaoht/
Seine Wohnung sind für allen
Liblich/wo man hört erschallen
   Noch in diser Gnadenzeit
   Unsers Schöpfers Herligkeit.

7.

Jedes Sämlein muß ja bringen
   Eine Frucht/welch' ihm ist gleich;
Wollen wir von hinnen dringen
   In des Allerhöchsten Reich/
Ey so muß auch sonder Schertzen
Wohnen stets in unserm Hertzen
   Gottes Sam'/als Wohrt und Geist/
   Die man Seine Pflantzen heist.

8. Gott

8.

Gott/ich wil mich Dir gelaſſen
Und in Demuht halten ſtill/
Alles Plaudern werd' ich haſſen/
Den ich weiß es iſt dein Will/
Unterthänig Dir zu trauen/
Nicht auf Menſchlichs Tuhn zu bauen/
Alle Wolluſt/Freud'/und Zier
Find' ich blooß/O Gott/in Dir.

9.

Noahs Täublein könte finden
Auf den Waſſern keine Ruh';
Ach/ich bleib auch gahr dahinden
Lauf ich Dir nicht eiligſt zu/
Libſter Jeſu/laß mich kehren
Doch zu Dir/Du wirſt mich lehren/
Sonder Liſt und Heuchelei/
Was der Seelen Wolluſt ſei.

10.

Ruhig iſt mir mein Gewiſſen
Wen ich fliehen mag die Welt/
Bleib auch nur auf das befliſſen/
Was dem Höchſten wolgefält;
Nur auf Gott ſein Hoffnung ſetzen/
Und in Jhm ſich recht ergetzen/
Iſt der Seelen libſte Luſt/
Doch der Welt gantz unbewuſt.

11.

Das Gewissen muß bestehen
  In der Freud' und Traurigkeit;
Wo wir nun der Welt nachgehen/
  Schaft es nichts als Hertzeleid;
Wenn wir aber Gott betrachten/
Uns und unser Tuhn verachten/
  Den empfinden wir davon
  Innerliche Freud' und Wonn'.

12.

Endlich/wo die Seel' auf Erden
  Mit dem Schöpfer reden wil/
Muß sie solchem heimlich werden
  Und Jhn hören in der Still';
Aber solche Gunst zu spühren
Muß man erst die Welt verliehren/
  Selig ist allein der Mann
  Der sich Gott gelassen kan.

XXXVIII.

Wer bin ich Jesu meine Lust Daß Du so
Mich Armen da mir wol be- wust Wie hart ich

hoch

willen nur/ Mich gantz verfluchte Kreatur In Deine

Gunst zu fas- sen.

Die Acht und Dreissigste Musikalische Hertzens-Andacht

Über eben diselbe Wohrte der Gottseligen Wittwen und Heldinnen Judith / beschrieben in Ihrem Büchlein am 9. Kapittel v.16. / also lautend:

Es haben Dir die Hoffärtigen noch nie gefallen/ aber allezeit hat Dir gefallen der Elenden und Demühtigen Gebeht.

Dises kan auch gesungen werden nach der Melodie unsers wolbekanten Kirchengesanges:

An Wasserflüssen Babylon/ u.s.w.

L Wer

1.

WEr bin ich/ Jesu/ meine Lust/
  Daß Du so hoch geliebet
Mich Armen/ da mir wol bewust/
  Wie hart ich Dich betrübet?
Ich war Dein Feind/ O Gottes Sohn/
Dennoch hast Du den hohen Trohn
  Des Himmels gern verlassen/
Und das üm meinent willen nur/
Mich gantz verfluchte Kreatur
  In Deine Gunst zu fassen.

2.

Ach/ wen ich an Dein Kreutz gedenk
  Und an dein schwehres Leiden/
Ja mich zu deinen Wunden lenk/
  O Jesu/ Licht der Heiden/
So wird das edle Flämmelein
Der Libe Gottes hell und rein
  So reich in mir vermehret
Das auch mein Hertz schnel von der Welt/
Von Wollust/ Ehr'/ auch Guht und Geld/
  Allein zu Dir sich kehret.

3.

In wahrer Demuht merk' ichs an/
  Wie hoch Du mich geschätzet/
Ach/ schaut doch an den SchmertzenMann/
  Wie hat man Jhn verletzet/

Wie hat man Ihn verspeit/ gehöhnt/
Wie hat man Ihn mit Dorn gekröhnt/
 Wie hat man Ihn zerschlagen!
Noch hat der HErr der Herligkeit
Um meinentwegen in der Zeit
 Dis alles gern ertragen.

4.

Solt' ich den widrum liben Dich
 O Jesu/ nicht von Hertzen/
Der Du gelitten hast für mich
 Solch' unerhörte Schmertzen?
Solt' auch mein Hertz von Hoffahrt rein
Dem Nechsten nicht gewogen sein
 Und ihn ohn Ende liben?
Solt' ich mit ihm nicht werden froh
Wen er sich freut/ auch mich also
 Wen er sich grähmt betrüben?

5.

Wer Christlich libt der freut sich nicht/
 Wens andern übel gehet/
Er weis/ das rechter Libe Pflicht
 Im gühtig sein bestehet;
Er schaut sein eignes Elend an/
Das täglich sich noch häuffen kan/
 Drum wil er liber richten
Sich selbst/ als seines Nechsten Werk
Ein einziges Unglükk hat die Stärk/
 Uns gäntzlich zu vernichten.

6. Durch

6.

tuht wird der Mensch auch oft
ung sehr gestärket/
en er unverhoft
t des Höchsten merket/
an recht bei sich bedenkt/
Blindheit gantz versenkt/
t so weinig wissen/
vor Ihm früh' und spaht/
das gelehret hat/
erkennen müssen.

7.

/ mein HErr Jesu Christ/
meinen Sachen/
Vermügen gahr nichts ist/
nich kräftig machen/
n Demuht ich zu Dir/
ß Du für und für
nen wollest stärken/
Hoffnung setz' auf Dich/
nicht liederlich
/noch meinen Werken.

8.

t macht uns angenehm
Thun und Lassen/
k libt/ ist stets bequehm
ts von Zank und Hassen;

Ein

Ein solcher machts/ wie Christus spricht:
Ich hör' und wiedersprächs nicht/
 Das Hadern wil ich meiden
Und wen mich gleich der Lästrer schilt/
So wil ich das nach Gottes Bild'/
 In Demuht willigst leiden.

9.

Die Demuht schaft mir Fried' und Ruh'/
 Auch innerlich im Hertzen/
So kräftig/ daß ich immer zu
 Kan dulden Pein und Schmertzen/
"Es mag mir gehen/ als/ es wil/
"Ich halte meinem Schöpfer still/
 Nichts/ weis ich/ sol mich trennen
Von meines Jesu Lib' und Güht'/
Es ist zu freundlich sein Gemüht/
 Ach könt' ichs stets erkennen!

10.

O Jesu/ laß doch für und für
 In mir die Demuht grühnen/
Damit ich willigst müge Dir
 In Leid' und Freude dienen;
Dein Leben laß mir HErr allein
Ein kräfftiges Exempel sein/
 Den darin ist zu finden/
Wie man Tod/ Teufel/ Hölle/ Welt/
Und alles/ was uns Strikke stellt
 Kan freudig überwinden.

Mein Leib und Seele freuen sich/ u. s. w.   237.

daß man freudig spühret   Desselben Eigenschaft.

Die Neun und Dreissigste Musikalische
Hertzens-Andacht

Uber den herlichen und schönen Ruhmspruch des Königes und Propheten Davids/ in welchem Er bezeuget die innerliche und Göttliche Freude/ die Er in Seinem Hertzen empfindet/ wie davon zu lesen in Seinem 84. Psalm v. 3. / und in unserer Teutschen Sprache also lautet:

Mein Leib und Seele freuen Sich in dem lebendigem Gott.

Dises kan auch gesungen werden nach der Melodie unsers wolbekanten Dank- und Kirchenliedes:

Nun lob Mein Seel den HErren/ u. s. w.

I.

FRisch auf/ es sol erheben
   Mein Seelichen den höchsten Gott/
Es sol mit Freuden geben
   Viel Dank dem HErren Zebaoht/
Den Er macht uns vol Freuden
   Als selbst der Freuden Trohn/
Der uns von allem Leiden
   Erlöst durch seinen Sohn/

Er

Er ist es/der uns führet
  Durch Seines Geistes Krafft/
So/daß man freudig spühret
  Deßelben Eigenschaft.

2.

Er ists/der uns erfüllet
  Mit Freuden das zerknirschtes Hertz/
Im fall uns hat verhüllet
  Ein' unverhoffte Pein und Schmertz;
Ich wil in meinem HErren
  Und Schöpfer frölig sein/
Kein Unglük sol versperren
  Mir disen Freudenschein;
Sei munter mein Gemühte/
  Und schikke dich mit Fleiß/
Zu preisen Gottes Gühte/
  Die nichts vom Trauren weiß.

3.

Diß ist ein Stük vom Leben/
  Das Ewig heist/nach diser Zeit/
Woselbst uns wird gegeben
  Nach diser Welt/Ergetzligkeit;
Den Gottes Reich bestehet
  Ja nicht in Speis' und Trank:
Wer Jesum nun erhöhet
  Und liebt sein Lebelang/
Derselbe wird empfinden
  Gerechtigkeit und Fried'/

l'Angst muß hie verschwinden/
Frisch auf mein Freudenlied!

4.

ṅen den nach disem Leiden
Mein Seelichen erst Geistlich ist
̇rfüllet gantz mit Freuden/
So sol sich auch in schneller Frist
̇ein schwacher Leib ergetzen;
Den waſ erwirbt man doch
̇on allem Guht' und Schätzen/
Demnach der Arbeit Joch
ṅſ so die Glieder drükket/
Daß/ wo man in der Zeit
̇iselbe nicht erquikket/
Bald folgt Zerbrechligkeit.

5.

Baſ sol daſ stete Grähmen?
Gott günnet unſ von Hertzen gern/
̇aß wir mit Freuden nehmen
Daſ libe Brod/ und von unſ fern
̇ie Traurigkeit verjagen;
Drům gebt unſ edlen Wein/
Ẇir wollen Kleider tragen
Die liblich sind und fein
Ṁit Salben zugerichtet/
Wie Salomon unſ lehrt/
Ẇer dessen Raht vernichtet
Den hat der Geitz betöhrt.

6 Doch)

6.

Doch wil ich mich nicht freuen
   Wie sich die Welt zu freuen pflegt/
Den Richter wil ich scheuen/
   Der alles auf die Wage legt/
Es komt nach vielem Lachen
   Auch oft des Traurens viel/
Den täglich Hochzeit machen/
   Gibt ein verruchtes Spiel/
Der HErr spricht: Weh' euch Reichen/
   Eur Trost ist schon dahin/
Drum muß die Wollust weichen
   Der Seelen Mörderin.

7.

Ich wil mich Gottes rühmen/
   Nicht meines Reichthums/ Stärk/ und (Ehr
Es wil sich auch geziemen
   Daß ich die Welt je mehr und mehr
Samt ihrem Wust verlasse/
   Daß ich das eitle Guht
Der Menschenkinder hasse/
   Dagegen meinen Muht
In Jesu kräftig mache;
   In Jesus frölig sein/
Ist gahr ein' edle Sache/
   Die dringt ins Hertz' hinein.

8.

O Jesu/ meine Wonne/
   Wen komt die rechte Freudenzeit/

40. Muſ. HertzensAndacht aus Eſ. 55. b. 6/7.

In der ich wie die Sonne
   Hell gläntz' in deiner Herligkeit?
Wen ſol ich von der Erden
   Geriſſen und von Dir
Einſt aufgelöſet werden?
   Ach/ eile doch zu mir/
Mein Wunſch iſt bald zu reiſen
   Aus diſem Trähnentahl/
Dich ewiglich zu preiſen
   In deinem Freudenſahl.

XL.

Du ſchnöde Sündenfrucht / wer muß dich nicht verfluchen / Du ſchaffeſt Es / daß die/ welch' Ihren

Die Vierzigste Musikalische
Hertzens-Andacht

Uber die ernstliche Ermahnungs Wohrte des Geistreichen Propheten Esaias/ Kraft welcher Er alle Christen unterweiset und lehret/ wie Sie Gott in diser Gnadenzeit recht suchen und finden sollen/ massen Er Selbige beschrieben in Seiner Weissagung am 55. Kapittel v. 6/7. / in Teutscher Sprache also lautend:

Suchet den HErren/ weil Er zu finden ist/ ruffet Ihn an/ weil Er nahe ist. Der Gottlose lasse von Seinem Wege/ und der Ubelthäter Seine Gedanken / und bekehre Sich zum HErren / so wird Er Sich Sein erbarmen/ und zu unserem Gott/ den bei Ihm ist viel Vergebung.

Dises kan auch gesungen werden nach der Melodie Meines/ unter den Himlischen Liedern wolbekanten Gesanges:
O Vater aller Gühr/ Ich klag' Es Dir von Hertzen/ u. s. w.

1.

DU schnöde Sündenfrucht/ wer muß dich
    nicht verfluchen?   (suchen/
Du schaffest es/ daß die/ welch' ihren Gott nicht
    Daß höchste Guht verliehren;
    Den Gott der weicht zurükk/
    In dem Er oft muß spühren/
    Der Menschen lose Tükk.

2. Ach/

2.

Ach/du gerechter Gott/ du must ja billig has-
　　　sen　　　　　　　　(verlassen/
Die Sünder/ wen sie Dich und Dein Gesetz
　　Du must von ihnen kehren
　　　　Dein freundlichs Angesicht/
　　Und deinen Grim vermehren/
　　　　Der oftmahls schonet nicht.

3.

Drum/ O ihr Sünder eilt/ zu suchen und zu
　　　　finden　　　　　　　(zünden
Daß Allerhöchste Guht/ läst eure Seel' ent-
　　Ein heiliges Verlangen/
　　　　Nur den zu ruffen an/
　　Der freundlich euch umfangen
　　　　Und widrum trösten kan.

4.

Itzt ist die rechte Zeit/darin wir suchen müssen
Den HErren unsern GOtt/ mit Beten und
　　　　　mit Bühssen/
　　Noch strekt Er auß Sein' Hände/
　　　　Ja rufft fast jedem zu/
　　Daß er nach Ihm Sich wende/
　　　　Und find hie wahre Ruh'.

5.

Es ist das Heil itzt nah'/ein jeder sey beflissen/
Den Sohn/ daß Er nicht zürn'/in Demuht
　　　　schnel zu küssen/

Laſt

Laſt unſ den nicht verſäumen
  Die hocherwünſchte Zeit/
Daß wir nicht dörfen räumen
  Daſ Hauſ der Seligkeit.

6.

Waſ wegert ihr euch viel/ waſ nützet daſ ver-
      ziehen?   (knien
Komt eiligſt doch herzu/ komt/ laſt unſ nieder-
  Den HErren anzubehten/
  Der unſ ſo nah' itzt iſt/
Den der wil untertreten
  Die Sünd' in ſchneller Friſt.

7.

Wo finden wir Jhn den? Er iſt an allen Ohr-
      ten/   (lungspfohrten/
Jedoch wir wollen gehn zu den Verſam-
  Er libt für allen Dingen
  Der Chriſten Heiligthum/
Da wollen wir beſingen
  Auch Seines Namens Ruhm.

8.

Wie wird Er aber doch von unſ zuletſt gefun-
      den?   (Geſunden
Allein durch wahre Buhſſ': Es dörfen die
  Sich nicht ſo ſehr bemühen
  Zu ſuchen Hülf und Raht/
Ein Kranker muſ nur ziehen
  Zu dem der Mittel hat.

Q iij   9. Ach

9.

Ach laſt unſ unſre Sünd' und Miſſetaht er-
kennen/ (nennen/
Es kan kein Sterblicher ſich from und heilig
Ach/ niemand kan verhehlen
Die Sünd' in diſer Welt/
Es wird ſie der erzehlen
Der alle Ding' erhält.

10.

Wir fehlen mit der Taht/ wir fehlen mit Ge-
danken/ (der wanken;
Wir fehlen ſtündlich ſchier mit hin und wie-
Laſt unſ daſ böſe Dichten
Des Hertzens mannigfalt
Doch kräftiglich vernichten/
Und dämpfen mit Gewalt.

11.

Waſ folgt den wol hierauf/ waſ nützet es unſ
Armen? (barmen/
Es wil der Höchſte Gott ſich unſer ſchnel er-
Er wil den Eyfer ſtillen
Der unſ zu Bodem trat/
Und daſ üm Chriſti willen
Der unſ erlöſet hat.

12.

Dagegen wollen wir die Sünd' auch hertzlich
haſſen/ (laſſen/
Und von dem böſen Weg' alſ Kinder GOttes

Wir

Wir wollen das gedenken
 Und thun was Christlich heist/
Ja Muht und Seele lenken
 Zu Gott durch Seinen Geist.

13.
Erbarmung / Gnad' und Lib' ist uns im
  Wohrt versprochen/
Es wird die Missetaht nicht nach Verdienst
Gott ist sehr reich von Gühte/ (gerochen/
 Sein Hertz das bricht Ihm schier/
Sein Väterlichs Gemühte
 Tuht kräftig sich herfür.

14.
O welch' ein edler Trost für alle die/ so klagen/
Das sie die Sünde quählt / sie dörfen nicht
Den/wo die Sünd' ist mächtig   (verzagē/
 Da kan man klährlich sehn
Flugs neben ihr sehr prächtig
 Des Höchsten Gnade stehn.

15.
Das Meer ist zwahr sehr gros/wird gleichwol
  noch ümschrenket/   (denket/
Wer aber Gottes Gühk' und grosse Treu be=
 Der mus mit Hertz und Munde
 Zuletst bekennen frei/
Daß Sie zu keiner Stunde
 Recht abzumessen sei.

)(O)(

Q iiij   XLI.

41. Muſ. Hertzens Andacht aus Eſ. 57.v.1/2.

Ach und Weh ver- gieſſen muß.

Die Ein und Vierzigſte Muſikaliſche
Hertzens-Andacht

Uber die ſehr Lehr- und Troſtreiche Wohrte / beſchreibend die allerbeſte Nohtflucht der Gerechten/ wodurch Sie zur Ruhe und Friede kommen/ welche zu finden in dem Propheten Büchlein Eſaiæ/ und zwar in deſſelben 57. Kapittel v. 1 /2./ in Teutſcher Sprache alſo lautend:

Der Gerechte komt ümm/ und niemand iſt der Es zu Hertzen nehme/ und heilige Leute werden aufgeraffet/ und niemand achtet darauf. Den die Gerechten werden weggeraffet für dem Unglük / und die richtig für Sich gewandelt haben/ kommen zum Friede/ und ruhen in Ihren Kammern.

Diſes kan auch geſungen werden nach der Melodie Meines wolbekanten Himmels Liedes:
O Gottes Lamm/ daß Du die Schuld/ u.ſ.w.

1. Recht

1.

Echt wird das Leben diser Zeit
Genennet solch' ein' Eitelkeit/
Die mit der Vogelflucht auf Erden
Gahr füglich kan verglichen werden/
Ud dise Flucht ist voller Trähnen/
Die der/ so sich in wahrer Buhss'
lein nach Gott gedenkt zu sehnen/
Mit Ach und Weh vergiessen muss.

2.

Seht/ wie es dem Gerechten geht/
Er hie für seinem Schöpfer steht/
Nicht als ein solcher/ dessen Leben
Ihm die Gerechtigkeit kan geben/
Odurch er Gottes Reich muss erben;
Ach nein/ die würkt der Glaub allein/
Die Werke können nichts erwerben/
Es muss hie lauter Gnade sein.

3.

Ihr Menschenkinder/ eilt herzu/
Vernehmt/ wie man zum Fried' und Ruh'
Auf disem Trähnenthal muss kommen/
Nur Jesus hat hinweg genommen
Der Sünden Straff'/ Er hat befreiet
Sein Völklein durch Sein eignes Bluht/
Desswegen es itzt billig schreiet:
Dein Leiden/ HErr/ komt uns zu guht'!

4. Ach

4.

Ach aber/ daß die böse Welt
Alsden so manges Netz uns stelt/
   Daß unsre Seele muß auf Erden
   Als ehmahls Loht geplaget werden!
"Wer Christlich lebt/ stirbt alle Tage/
"Ja schwebt auch stündlich in Gefahr;
Doch fragt nach frommer Christen Plage
   Die schnöde Welt hie nicht ein Hahr.

5.

Die böse Welt versteht ja nicht
Des Allerhöchsten Strafgericht/
   Im fall' ein frommer Christ muß leiden/
   Muß Ehr' und Guht und Wollust meidē/
So heist es bald: Seht den Gerechten/
   In Trübsahl kan er nicht bestehn;
Wil einer mit den Lastern fechten/
   Muß er zu Grund' und Boden gehn!

6.

Bei weitem nicht: Gott hilft auß Noht/
Auch so/ daß wir Welt Sünd' und Tod/
   Dazu den Satan überwinden/
   Ein rechter Christ kan Hülffe finden/
Wen er zu seinem Schöpfer fliehet;
   Den dessen Hertz steht nimmer zu/
Er ist es/ der zu sich uns ziehet/
   Ja letstlich bringt zum Fried und Ruh'.

                      7. Ach

7.

ch aber/wen ein solcher Knecht/
ser heilig/züchtig/und gerecht
  Gelebet hat/wird weggenommen/
  Alsden pflegt Angst und Noht zu kommen;
e grösser hie die Straffen werden/
  Je zeitiger führt Gottes Hand
ein Allerlibste von der Erden
  Hinauf ins rechte Vaterland.

8.

leich alß ein Haußherr seinen Schatz
ewahrt in einem sichren Platz/
  Wo keine Dieb inbrechen können;
  So wil auch unser Gott unß gönnen/
aß/wen wir werden ausgespannet
  Wir gehn in einen sichern Ohrt/
So gahr kein Feind unß übermannet/
  O höchsterwünschter Lebensport!

9.

leich wie die Mütter Tag und Nacht
uf ihre Kinder sind bedacht/
  Daß sie diselbe wol bewahren;
  Gleich wie kein Hirt auch pflegt zu spahren
ür seine Schäflein Leib und Leben;
  So wil auch der Gerechten Schaar
er Höchste Gott Versichrung geben
  Für aller Trübsahl und Gefahr.

10. Da

10.

Da führt er sie mit Lust herzu/
Da bringt er sie zum Fried und Ruh'/
　　Er läst der Seelen nach die Frommen
　　Ins Paradis mit jauchzen kommen/
Der Leichnam/ der hie für Beschwerden
　　Und Krankheit schwehrlich konte gehn/
Der mus zwar Erde widrum werden/
　　Und doch bald freudig auferstehn.

11.

Itzt komt der libe Tag herbei/
Das auch der Leib wird widrum frei.
　　Wan unsre Kammern aufgeschlossen/
　　Und wir als Gottes Reichsgenossen
An Leib und Seel vereinigt sehen
　　Den Richter auf den Wolkentrohn/
Den werden wir zu Jesu gehen
　　Der uns erwarb die Himmelskrohn.

XLII.

Göttlichs Feur/ das mich ent- zündet

Brich

traut   Ei let sstündlich Dich zu grüssen

Deiner Lieb' itz zu ge- niessen.

Die Zwei und Vierzigste Musikalische
Hertzens=Andacht

Uber nachfolgende schöne Wohrte / welche handeln von der Kraft und Nohtwendigkeit des liben Gebehts / durch welches wir unseren allerlibsten Seelenbräutigam / Christum Jesum / unaufhörlich sollen suchen / wie den selbige Wohrte beschrieben stehen im hohen Liede Salomons am 3. Kapittel v. 1. / und also lauten:

Ich wil suchen / den meine Seele liebet.

Dises kan auch gesungen werden nach der Melodie Meines nunmehr wolbekanten Abendliedes:

Werde munter Mein Gemühte / u. s. w.

1. Gött-

1.

Göttlichs Feur/daſ mich entzündet/
　　Bricht mit gantzer Macht herfür/
Biſ mein armes Seelchen findet/
　　Waſ es ſuchet mit Begier/
Süſſer Jeſu/Deine Braut/
Welche Dir für längſt vertraut/
　　Eilet ſtündlich Dich zu grüſſen/
　　Deiner Lib'itz zu genieſſen.

2.

Gönn' ihr/daß ſie müge treten
　　Bald zu Dir in Lib' und Leid/
Daß ſie durch ihr hertzlichs Behten
　　Schmekken Deine Freundligkeit/
Daß ſie reden/merke Du/
Daß ſie bald empfinde Ruh'/
　　Und dein' Himliſch' Antwohrt höre/
　　Ja zu Dir ſich freudig kehre.

3.

Ach/wie werd' ich mich erfreuen/
　　Wen ich meinen Geiſt zu Dir
Darf erheben ſonder Scheuen/
　　Und Du lieblich brichſt herfür/
Mein Geſpräch zu hören an/
Welches daſ erhalten kan/
　　Waſ mein Seelichen/verklähret
　　Durch dein' Herligkeit/begehret.

　　　　R　　　　　　4. Mein

4.

Mein erschaffner Geist versinket
　Durch des Glaubens grosse Kraft/
Wen auß Deinem Geist Er trinket
　Gott/dein' Himlisch' Eigenschaft;
Den geschicht ihm treflich wol/
Deiner Libe wird er vol/
　Welch' ihn dergestalt entzündet/
　Daß er nichts/als Dich empfindet.

5.

Durch diß Behten wird erfüllet
　Mein Gemüht mit Lieb' allein
Gegen Dir/welch' alles stillet/
　Was mir könte schädlich sein/
Sintemahl ich ümm' und an
Anders nichts gedenken kan/
　Als nur Gott/der mich erquikket/
　Der mich selbst auß mir entrükket.

6.

Meine Zunge muß den schweigen/
　Mein Gemühte seuftzet nur/
Daß zum Schöpfer gantz mich neigen
　Müg' ich arme Kreatur;
Ach/mich dürstet für und für
Allerhöchster Gott nach Dir/
　Sintemahl Du bleibst für allen
　Meine Lust und Wolgefallen.

7. Pak

7.
Packe dich mit deinen Schätzen/
  Packe dich/ du schnöde Welt/
Nimmer wirst du mich ergetzen/
  Es ist nichts/ daß mir gefält
Auſſer Gott mein höchste Zier/
Der so herlich wirkt in mir/
  Daß der Himmel sampt der Erden
  Mir drob gahr zu wider werden.

8.
Höchstes Guht von allem Guhten/
  Schönste Schönheit/ welcher Pracht
Gegen aller Welt vermuhten
  Unsern Geist gantz himlisch macht/
Freud' und Wonne die kein Mann
In der Welt ausdenken kan/
  Freundligkeit und süſſes Weſen/
  Daß uns ewig läſt geneſen!

9.
Aber/ daß sind bloſſe Wohrte/
  Nur dem tunklen Schatten gleich/
Meiner Seelen Hauß und Pfohrte
  Heist wol tausend mahl so reich/
Wen ich höre Gottes Stimm'/
Ach so wird des Satans Grimm/
  Auch was ſonſt mir Unruh machet/
  Durch des Glaubens Krafft verlachet.

10. Kein

10.

Kein Geschöpf sol mich erschrekken/
  Mein Gemüht ist Eisenfest/
Gott/ ich lerne Dich recht schmekken/
  Selig/ der sich Dir geläst!
Dein Erbarmen reitzet mich/
Daß ich hertzlich libe Dich/
  Gantz und gahr muß ich Dich haben/
  Mich auf HimmelsAhrt zu laben.

11.

Komm'/ O HErr/ ich wil Dich führen
  Recht in meines Hertzen Schrein/
Laß Dich aber nicht verliehren/
  Sol ich anders Selig sein.
Ach/ ich such'/ ich bitt'/ ich frag'/
Ach ich ruff'/ ich fleh'/ ich klag'/
  Hat mein Libster sich verborgen?
  Ach ich schweb' in tausend Sorgen!

12.

Nun/ ich wil nicht unterlassen/
  Meinen Schöpfer alß ein Mann
Durch den Glauben anzufassen/
  Daß er nicht entfliehen kan;
Laufft Er den/ so folg' ich nach/
Such' und bitt' ihn tausendfach/
  Biß Er endlich/ überwunden/
  Mir an meiner Brust gefunden.

XLIII.

43. Muſ. HertzensAndacht aus Cant. 3. v. 1.

treten Was deine Lib' und Gunſt erhält/ Das
heiſt von gantzer Seele Beh- ten.

Die Drei und Viertzigſte Muſikaliſche
Hertzens-Andacht

Uber eben diſelbe Wohrte/ welche uns zwahr kürtzlich/ aber doch nachdenklich unterrichten und lehren/ wie wir durch ein Hertzinnigliches Gebeht/ GOtt/ als das Allerhöchſte Guht/ ſollen ſuchen und finden/ wie dan Selbige Wohrte vorgedachter maſſen ſtehen verzeichnet im Hohen Lied Salomons am 3. Kapittel v. 1./ alſo lautend:

Ich wil ſuchen/ Den meine Seele liebet.

Diſes kan man auch ſingen nach der Melodie Meines Beſchluſſgeſanges in den Himliſchen Liedern:

So wünſch Ich Mir zu guhter letſt/ u.ſ.w.

1. Wil

1.

Wie sol ich doch/ O Gott/ zu Dir/
　Dem Uhrsprung' alles Guhten
　　kommen?
Wer öfnet mir die Gnadentühr'/
　Auf daß ich itz werd' angenommen?
Ich weiß schon/ Gott/ was Dir gefält/
　Drüm wil ich näher zu Dir treten/
Was Deine Lib' und Gunst erhält/
　Das heist/ von gantzer Seele behten.

2.

Für Dir/ HErr/ darf ein Behter stehn
　Betrübt und niedrig von Geberden/
Doch muß es recht von Hertzen gehn/
　Im Fall er wil erhöret werden/
In Dir sol sein mein Hertz und Sinn/
　An Dir wil ich durch behten hangen/
Biß daß ich gantz versichert bin/
　Und Du gestillet mein Verlangen.

3.

Je mehr ich beht' in diser Zeit/
　Je hell- und klährer ich erkenne/
O grosser Gott/ dein' Herligkeit/
　Wodurch in Deiner Lib' ich brenne;
Je mehr ich seuftzen kan zu Dir/
　Je schön- und süsser ich dich finde/
Biß endlich ich/ mein' höchste Zier/
　Dadurch mich gäntzlich überwinde.

R iiij　　　　4. Den

4.

Den triumphirt mein freier Muht/
 Den springt mein Hertz/ alß das gefunden
Sein allerhöchstes Seelen Guht/
 Daß aller Furcht es hat entbunden/
Den fühl' ich erst in meiner Seel'/
 (O Schatz/ dem gahr nichts zu vergleiche!)
Des Himmels Fried'/ und Freudenöhl/
 Ein Schatz/ dem alle Lust muß weichen.

5.

So pflag mein Jesus sein Gebeht
 Mit grossem Eifer auszuschütten/
So gahr für die/ welch Ihn geschmäht
 Pflag Er in Noth und Tod zu bitten/
Nicht minder hat er sich erfreut
 Im Geist/ wen Er pflag vorzubringen
Sein Seuftzen oft zur bösen Zeit/
 Daß durch die Wolken muste dringen.

6.

Er sprach und spricht uns oftmahls zu:
 Ihr meine liben Jünger wachet/
Ja behtet/ daß der Seelen Ruh'
 Und wundersüß' Erquikkung machet.
Da lehrt Er uns/ daß Fleisch und Bluht
 Durch Müh' und Klugheit nicht erlangen
Das allerhöchste Seelen Guht/
 Womit die wahren Behter prangen.

7. Ach

7.

Ach solt' Ich/HErr/nicht Tag und Nacht
　Zum Behten einsig mich bereiten/
Da Du gebehtet hast mit Macht
　Wie Du so heftig mustest streiten?
Dein theures Blut brach auf wie Schweiß/
　Da mit dem Tode Du gerungen/
Biß das zuletst des Behtens Fleiß
　Die Feinde Siegreich hat bezwungen.

8.

Dein Behten sol mein Spiegel sein/
　Diß Behten sol mich feurig machen/
Zu schauen/HErr/auf Dich allein/
　Der Du mich auß des Todes Rachen
Befreiet hast/als Du für mich
　Zu deinem Vatter hast geschrien/
Nun Tod/was acht' ich deine Stich'/
　Ich weiß/du must für mir noch fliehen.

9.

Mein Heiland war ein Menschenkind/
　Wiewol des Höchsten Sohn daneben/
Sein Vatter hat ihm doch geschwind'/
　Auch das/was Er begehrt/gegeben;
Sein Leben war nur ein Gebeht/
　Und zwahr/daß Er des Vatters Willen/
Der seinen Willen nie verschmäht/
　Von gantzer Seelen möcht' erfüllen.

R v　　　　10. Wen

10.

Wen Christus nun so manges mahl
   Von Seinem Vatter ist erhöret/
So bleib' auch ich in dehrer Zahl/
   Zu welchen Gott Sein Antlitz kehret/
Demnach auch mein Erlöser bald
   Was Er begehrte kont' erlangen/
So werd' auch ich noch durch Gewalt
   Des Behtens/was ich wünsch' empfangen.

11.

Im Fall' ich aber ja nicht kan/
   Gantz kräftig mein Gebeht ausschütten/
So wil ich eifrigst schauen an/
   Wie mein HErr Jesus in der Mitten
Der Schächer hängt/ was gilts ob nicht
   Sein guhter Geist alsden mich stärket/
Auch so/ daß man des Glaubenslicht
   Und dessen Frücht' aufs klährste merket.

12.

Ach Gott/ Du wollest gnädiglich
   In mir die Demuht doch bewahren
Biß an mein End'/ auch selber Dich
   Durch das Gebeht mir offenbahren/
Ja meiner Seelen deine Gnad'
   Als ein recht himlisch Oehl ingiessen/
So wandl' ich fest auf deinem Pfad'
   Und kan mein Leben freudig schliessen.

XLIV.

266 44. Muf. HertzensAndacht aus Pf. 85

Der barmhertzige Gott red(et)

Du darffst Dich nicht entsetzen
Komm' an/ Ich wil ergetzen

lichen/ für Mir/ ⎫
brum nach Begier ⎭ Komm' an mit schne(llen)

Wirst du mich kindlich bitten Wend' ich m(ich)

Die Vier und Vierzigste Musikalische
Hertzens-Andacht

oder das herliche Gespräch der hochbekümmerten Seelen/mit Ihrem allerliebreichstem GOtt und Vatter / welches uns beschreibet der König und Prophet David/ in Seinem 85. Psalm/also lautend:

Wilt Du den ewiglich über uns zürnen/ und Deinen Zorn gehen lassen für und für? Wilt Du uns nicht wieder erquikken/daß sich Dein Volk über Dir freuen möge? HERR/ erzeige uns Deine Gnade/und hilf uns.

Dieses kan auch gesungen werden nach der Melodie unseres schönen wolbekanten Kirchen-
liedes:
HErr Christ der Einig Gottes Sohn/u.s.w.

1.
Die Gläubige Seele redet:

Wolan nun wil ichs wagen
 Und pochen kühnlich an/
Ich wil mein Elend klagen
 Dem/der mir helffen kan/
Zu Gott wil ich mich kehren/
Ich weiß/Er wird mich hören/
 Der Held/ der Wundermann.

2.
Der Barmhertzige Gott:

Du darffst dich nicht entsetzen
 Mein Seelichen/für Mir/
komm'an/ ich wil ergetzen
 Dich widrum nach Begier/

Komm

Komm' an mit schnellen Schritten/
Wirst du mich kindlich bitten/
  Wend' Ich mich bald zu Dir.

3.
Die gläubige Seele:
Darf ich mich wol erkühnen
  O HErr der Herligkeit/
Dem auch die Trohnen dienen/
  Daß ich zu diser Zeit
Dich such' in meinen Nöhten/
Da mich der Feind zu tödten
  Steht färtig und bereit.

4.
Darf ich michs unterwinden
  Dich/ HErr/ zu reden an/
Was ist an mir zu finden
  Das Dich vergnügen kan?
Ich bin ja nur von Erden/
Und muß zur Erden werden
  Wie sonst auch jederman?

5.
Was ist der Mensch zu schätzen
  Das Du/ HErr/ sein gedenkst/
Was kan er Dich ergetzen/
  Das Du dein Hertz noch lenkst
Ihm Hülffe zu bezeigen/
Mein Gott/ was kan Dich neigen/
  Das Du mit Lib' Ihn tränkst?

6. Der

6.
Der barmhertzige Gott:
Laß allen Zweifel fahren
 Mein Hertzgelibtes Kind/
Ich wil dir offenbahren/
 Wie gern Ich die geschwind
Auß Nöhten mag befreien/
Welch' auß der Tiefe schreien
 Und Mir ergeben sind.

7.
Die gläubige Seele:
HErr/ der Du deinen Leuten
 So gnädig bist geweſt/
Und ihnen haſt bei zeiten
 Vergeben auf das beſt'
Ihr ſündlichs Tuhn und Weſen;
Ach/ laß auch mich geneſen/
 An Dir kleb' ich ja feſt.

8.
HErr/ der Du aufgehaben
 Haſt Deines Eifers Gluht/
Ach komm'/ auch mich zu laben/
 Zu ſtärken mir den Muht/
Ach/ daß ich ſolt' anhören
Dein' auserleſne Lehren/
 Mein allerhöchſtes Guht!

9.
Der barmhertzige Gott:

Laß

Laß ab/mein Kind/zu schreien/
Ich höre dich gahr gern/
Auch mein' Ich dich mit Treuen/
Mein Hülff' ist gahr nicht fern;
Ja nach den finstren Plagen/
So du hast müssen tragen/
Bin Ich dein Morgenstern.

10.
Die gläubige Seele:
Wo sol ich/HErr/hinfliehen
Für deinem Angesicht?
Wohin sol ich mich ziehen/
Für Dir/Du klahres Licht?
Den/wo ich mich hinwende/
Da find ich Dich behende/
HErr zürn'/HErr straff itzt nicht.

11.
Der Barmhertzige Gott:
Komt alle komt mit Hauffen/
Welch' ihr beladen seid/
Komt ohne Geld zu kauffen
Was euch aus Noht befreit;
Komt her zu mir im Glauben/
Kein Feind sol euch abrauben
Die höchste Seligkeit.

12.
Die gläubige Seele:
Was mag ich doch viel flehen
Zu Dir HErr/Tag und Nacht?

s kan gahr nicht bestehen
Mein Tuhn in meiner Macht;
ch weiß nicht so zu handeln/
och dergestalt zu wandeln/
Daß ich Dich recht betracht.

13.

Der Barmhertzige Gott:
ch wil den Weg dir zeigen
Den du solt wandeln schlecht/
dir wil ich Mich neigen
Und lehren dich/ was recht/
ch wil auf allen Seiten
it meinen Augen leiten
Dich stets als meinen Knecht.

XLV.

Verzeih' es mir auf Gnaden / Herz
Mit Sünden schwehr beladen Dich

Die Fünf und Vierzigste Musikalische
Hertzens-Andacht

Uber eben dasselbe libreiche Gespräch der Seelen mit Gott/ beschrieben von dem Könige und Propheten David/ in Seinem 85. Psalm/ also lautend:

Wilt Du den ewiglich über uns zürnen/ und Deinen Zorn gehen lassen immer für und für? Wilt Du uns den nicht wieder erquikken/ daß Sich Dein Volck über Dir freuen möge? HERR/ erzeige uns Deine Gnade/ und hilf uns.

Kan ebenmässig gesungen werden nach der vorigen Melodie des Kirchenliedes:

HErr Christ der Einig Gottes Sohn/ u. s. w.

1.
Die gläubige Seele:

Erzeih' es mir auß Gnaden
  HErr Gott/ daß ich aufs neu
Mit Sünden schwehr beladen
  Dich frag' itz ohne Scheu;
Bin ich zwahr von der Erden
Muß widrum Erd' auch werden/
  Doch/ du bist groß von Treu.

2.

Du wollest mir HErr weisen
  In disem Trähnentahl
Den Weg/ den ich sol reisen
  Zu deinem Freudensahl/

Auf

Auf daß dahin zu ziehen
Ich siegreich mug' entfliehen
　　Der Höllen Pein und Quahl.

3.
Der Barmhertzige Gott:
Ich bin der Weg zum Leben
　　Wilt du nicht irre gehn/
So must du hertzlich kleben
　　An Mir/ und treulich sehn
Auf Mich/ Ich bin genennet
Die Wahrheit/ der Mich kennet/
　　Der sol und wird bestehn.

4.
Die gläubige Seele:
Es ist an meinem Leibe
　　Doch nichts gesundes mehr/
Mein Klagen/ das ich treibe/
　　Das schwächt mich gahr zu sehr/
HErr/ meine Wunden stinken/
Ich muß zu Grunde sinken/
　　Ach/ ist den kein Gehör!

5.
Der Barmhertzige Gott:
Hab' Ich nicht hart geschlagen
　　Mein Eingebohrnes Kind/
So daß es muste tragen
　　Die Straffen samt der Sünd?

Hat

Hat das nicht deine Wunden
Geheilet und verbunden
 Sehr freundlich und gelind.

6.
Die gläubige Seele:
HErr hilf/ HErr sei mir gnädig/
 Mein Unrecht ist sehr groß/
Ach/ wer' ich einmahl ledig
 Von Sünden/ daß ich bloß
Noch hier auf diser Erden
Möcht' aufgenommen werden
 In deinen Gnadenschoß!

7.
Der Barmhertzige Gott:
Itzt tilg' Ich deine Sünde
 Gleich einer Wolken schier/
Demnach Ich klahr befinde
 Wie du dich sehnst nach Mir/
Ich wil nicht mehr gedenken
Der Sünden/ die dich kränken/
 Dich lib' Ich für und für.

8.
Die gläubige Seele:
Bei mir ist keine Tugend/
 O du gerechter Gott/
Die Sünden meiner Jugend/
 HErr setzen mich zu Spott/

Ach/hilf aus bloſſer Liebe/
Daſ ich mich kindlich übe/
 Zu halten dein Gebott.

9.
Der Barmhertzige Gott:
Wen ein Gottloſer höret
 Mein Dreuen früh' und ſpaht/
Und ſich als den bekehret
 Von ſeiner Miſſetaht/
So ſol vergeſſen werden
Der Böſheit/welch' auf Erden
 Er längſt verübet hat.

10.
Die gläubige Seele:
Ach HErr/ Du wolleſt ſchaffen
 Ein reines Hertz in mir/
Daß durch des Glaubens Waffen
 Ich ſiege für und für/
Ach HErr/ Du wolſt mir geben
Den neuen Geiſt/ zu leben
 Gerecht und from in Dir!

11.
Der Barmhertzige Gott:
Ich wil an dich gedenken/
 Und auſ Barmhertzigkeit
Ein neues Hertz dir ſchenken/
 Daſ du zur jeden Zeit

Au

Auf meinen Wegen wandlen/
Und klüglich mögest handlen/
Weil dir die Sünd ist leid.

12.
Die gläubige Seele:
Ach HErr/Ach HErr/wie lange
  Verbirgst Du dein Gesicht?
Ach/mir ist hertzlich bange/
  Wo bleibst Du doch mein Licht?
Wie lange sol ich sorgen
Vom Abend biß zum Morgen/
  Ach Helffer/hörst Du nicht?

13.
Der Barmhertzige Gott:
Ich habe dich verlassen
  Ein Augenblik allein/
Doch kan Ich dich nicht hassen/
  Du bist und bleibst die Mein'/
Ich wil von allem Bösen
Gantz herlich dich erlösen/
  Und du wirst dankbahr sein.

Dich Nur einmahl widrum finden!

Die Sechs und Vierzigste Musikalische
Hertzens-Andacht

Uber den schönen Weg den ein Christ wandeln sol / wie uns derselbe ist beschrieben von dem Könige und Propheten David in Semem 86. Psalm v. 11. / und in unsrer Teutschen Sprache also lautet:

Weise mir HERR deinen Weg / daß Ich wandele in Deiner Wahrheit / erhalte Mein Hertz bei dem Einigen / daß Ich Deinen Namen fürchte.

Dises kan auch gesungen werden nach der Melodie unsers bekanten Kirchenliedes:
Ach Gott vom Himmel sih darein / u. s. w.

I.

JCh wandl' O grosser Gott / im Tahl' /
  Im tunklen Tahl der Sünden /
Kein Mensch kan meiner Fehler Zahl
  Noch ihre Gröss' ausgründen /
Drum bitt' ich HErr demühtiglich /
Laß mich den rechten Weg durch Dich
Nur einmahl widrum finden!

S b   2. Du

2.

Du bist der Weg/ HErr Jesu Christ;
  Wie sol ich aber kommen
Zu Dir/ daß ich in schneller Frist/
  Werd' auf und angenommen?
Ich weiß es/ HErr/ der Glaub' allein/
Läst treflich starck vereinigt sein
  Mit Dir alhie die Fromknen.

3.

Der Glaub' ergreift dich gantz und gahr/
  Dem must du dich ergeben/
Die Libe folgt ihm offenbahr
  In unserm Tuhn und Leben/
Die Hofnung aber in der Zeit
Erwartet nur der Herligkeit/
  Wornach wir eifrigst streben.

4.

Wo Glaube/ Lib'/ und Hofnung sich
  Gantz klährlich lassen schauen/
Da kan ein Mensch auch fest auf Dich
  Und deine Güthe bauen/
Dis ist der Weg/ HErr Jesu Christ/
Auf welchem weder Trug noch List;
  Wer wolt' Ihm den nicht trauen?

5.

Ein Hertz/ das Glauben in sich hat/
  Kan nimmermehr stoltzieren/

Es übt die Demuht früh und spaht/
  Läst seinen Nechsten spühren/
Das es den Hoffahrts Wurm erschlägt/
Und sich in Christi Demuht legt/
  Die herlich uns kan zieren.

6.

O Jesu/wen man recht bedenkt
  Dein' Armuht hier auf Erden/
Wie man mit Trübsahl Dich getränkt/
  Wie mangerlei Beschwerden
Man ohne Schuld Dir aufgelegt/
So wird Leib/Seel'/ und Geist erregt/
  Der Wollust feind zu werden.

7.

In meinem Hertzen wil ich gern
  Die bittre Rachgier tödten/
Den Deine Sanftmuht/die nicht fern/
  Macht billig mich erröhten/
Du hast gebehtet offenbahr
Für deiner ärgsten Feinde Schaar/
  Auch noch in Todes Nöhten.

8.

Wie solt' ich meines Nechsten Zorn
  Nicht mit Gedult ertragen?
Hat man doch Dich gekröhnt mit Dorn/
  Auch jämmerlich zerschlagen;
Du hast/ O libster HErr/ üm mich
Beweint/ solt' ich nicht bitterlich
  Mein sündlichs Thun beklagen?

9. Mein

9.

Mein Seelichen/diſ iſt der Weg/
  Worauf wir ſollen gehen/
Diſ iſt der edlen Wahrheit Steg/
  Wornach wir müſſen ſehen/
Wen aber/ Du HErr/ unſ verſchweigſt
Denſelben/ und die Bahn nicht zeigſt/
  So bleibts üm unſ geſchehen.

10.

Drüm laſ in deiner Wahrheit mich
  Diſ Trähnentahl durchreiſen/
Doch daſ Du mir erſt ſäuberlich
  Die Wege wolleſt weiſen;
Drauf gib ein Hertz/ daſ ſtets Dich ehr'
Und kindlich folge deiner Lehr'/
  Alſden wil ich Dich preiſen.

11.

Entzünd' in mir deſ Glaubens Kraft/
  Welch' hertzlich Dich ümfange;
Eſ mehre ſich der Libe Saft/
  Daß mich nach Dir verlange;
Gib Hofnung/ daſ nach diſer Zeit
Mit groſſer Ehr' und Herligkeit
  Ich dort in Zion prange!

12.

HErr Jeſu/ gib mir ein Gemüht'
  Und Hertz/ daſ Dich mag liben
Von gantzer Seelen und Geblüht'/
  Auch nimmer ſich betrüben/

Wen gleich Spott/ Krankheit/ Armut/ Noht/
Verfolgung/ ja der bittre Tod
　Biß in mein Grab mich üben.

13.

HErr Jesu gib mir einen Sinn/
　Der Dich allein erkenne;
Gib einen Mund/ der Dich forthinn
　Bloß seinen Lehrer nenne;
Gib Ohren/ die Dich hören stets/
Und daß durch Würkung des Gebehts
　Gahr nichts von Dir mich trenne.

XLVII.

Herr Jesu Christ/ Du wahres Liecht Das
schleunig durch das tunkle bricht/ laß mich nicht ir-

re ge-

286 47. Muf. Hertzens Andacht aus Pf. 86. v. 11.

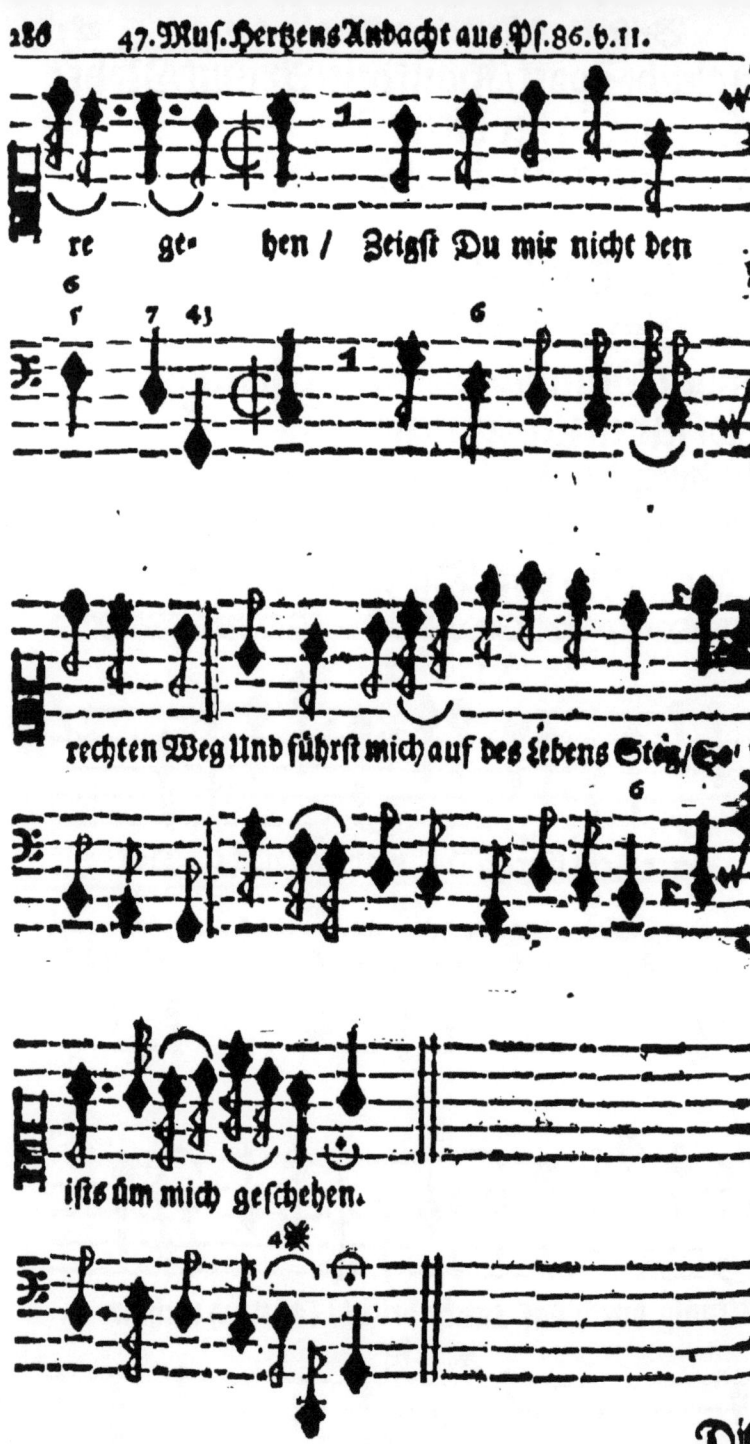

re-ge-hen / Zeigst Du mir nicht den

rechten Weg Und führst mich auf des Lebens Steig/ So

ists üm mich geschehen.

Die

Die Sieben und Vierzigste Musikalische Hertzens-Andacht

Ḱr eben disen schönen Gang eines gläubigen Christen/ beschrieben von dem Könige und Propheten David in Seinem 86. Psalm v. 11./ sonderlich aber/ über die letzte Wohrte desselben/ welche also lauten:

Erhalte mein Hertz bei dem Einigen/ daß Ich Deinen Namen fürchte.

Dises kan auch gesungen werden nach der Melodie unseres wolbekanten Kirchenliedes:
Komt her zu Mir/ spricht Gottes Sohn/ u.s.w.

1.

HErr Jesu Christ/ Du wahres Licht/
Das schleunig durch das tunkle bricht/
Laß mich nicht irre gehen/
Zeigst Du mir nicht den rechten Weg/
Und führst mich auf des Lebens Steg/
So ists um mich geschehen.

2.

Du bist das Licht/ das Isak hat
Erleuchtet/ das dem Jacob Raht
Zur selben Zeit gegeben/
Als er gesegnet seine Söhn'/
Und sie gelehret wunderschön/
In deiner Furcht hie leben.

3.

Du bist das Licht/ das Simeon
Erleuchtet/ wie die Gnaden Sonn'
In dem er Dich erblikket/

Ja

Ja frölig auf sein' Arme nahm/
Nachdem er in den Tempel kahm/
　　Da ward sein Geist erquikket.

4.

Erleucht' auch mich/ gib Gnad' und Kraft/
Daß ich der schnöden Welt entraft/
　　Dir müg' allein vertrauen/
Ich stekk' im tieffen Sündenschlamm/
Ach/ daß ich meinen Bräutigam
　　Möcht einmahl gläubig schauen!

5.

Ach möcht' ich seine Tugend sehn/
Die glänzend wie die Sterne stehn/
　　Bestrahlen Luft und Erden!
So weis ich daß mein traurigs Hertz/
Das itzo quählt der Sünden Schmertz/
　　Bald würd' erleuchtet werden.

6.

Sehr finster war es auf der Tieff/
Als Gott die Welt schuff/ biß Er rief:
　　Es werde Licht: Ich merke
In mir auch grosse Finsterniß/
Ach daß dein Geist doch gahr gewiß/
　　HErr Gott/ mich lehr' und stärke!

7.

Das Wohrt/ dadurch geschieden ist
Die Finsterniß' in kurtzer Frist
　　Vom Licht/ das woll' auch scheiden

Du

Die Tunkelheit von meiner Sehl'/
Auch so daß sie die Sündenhöhl'
  Hier eifrigst müge meiden.

8.

HErr Jesu Christ/ Du bist das Licht/
Wer Dich ergreift der fehlet nicht/
  Du bist das wahre Leben/
Du bist der Weg/ Du bist der Pfad/
Wer solchen recht gefunden hat/
  Der darf sein Hertz erheben.

9.

Diß ist des HErren Furcht allein/
Dem höchsten Gott ergeben sein/
  Ihn stets im Hertzen haben;
Diß suchte David Tag und Nacht/
Wozu der Glaub' ihn hat gebracht/
  Der Seel' und Geist kan laben.

10.

Durch dise Furcht wird man gelehrt/
Wie man den HErren Jesum ehrt/
  Ihm folgt im Tuhn und Lassen/
Wie man in Demuht wandlen sol/
Auch aller Lieb' und Sanftmuht vol
  Zank/ Neid/ und Rachgier hassen.

11.

Diß ist die Furcht/ welch' alzeit wehrt
Der Sünde/ die das Hertz beschwehrt/
  Die Furcht/ welch' uns behühtet/

Daß wir erheben nicht den Muht/
Ja daß auch unſer Fleiſch und Bluht
　Nicht ſtets in Schanden wühtet.

12.

Die Furcht des HErren iſt vielmehr
Als aller Reichthum/Weißheit/Ehr'/
　Als Schönheit/Kunſt und Stärke/
Wer diſe Furcht mit Luſt nicht hegt/
Noch ſtets in ſeinem Hertzen trägt/
　Den helffen keine Werke.

13.

Die Furcht des HErren läſt allein
Unſ Gottes Freund' und Kinder ſein/
　Den Gott hat nicht gefallen
An Witz/Pracht/und Beredſahmkeit/
Nur Seine Furcht macht weit und breit
　Auch ſeinen Preiß erſchallen.

14.

Waß iſt doch Reichthum/wo nicht bald
Sich Lib' erweiſet der geſtalt/
　Daß alles davon ſaget;
Was hilft doch Kunſt/wo Gnade feſ lt?
Was Schönheit/wo man nicht erwehlt
　Die Furcht/ſo Gott behaget?

15.

Sie heiſt allein der Reichen Krohn/
Der Weiſen Raht/der Armen Lohn/
　Der Redlichen Vertrauen/

Der

Der Fürsten Sieg und Herligkeit/
Durch Sie werd' ich nach diser Zeit
O grosser Gott/Dich schauen.

XLVIII.

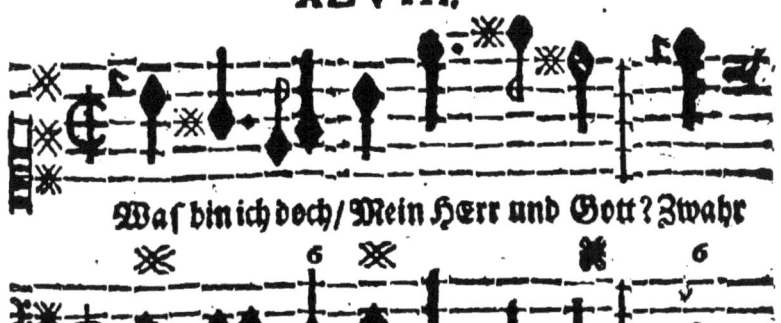

Was bin ich doch/ Mein Herr und Gott? Zwahr nichts/ Jedoch der Welt ein Spott/ Auch stets be-

trübt

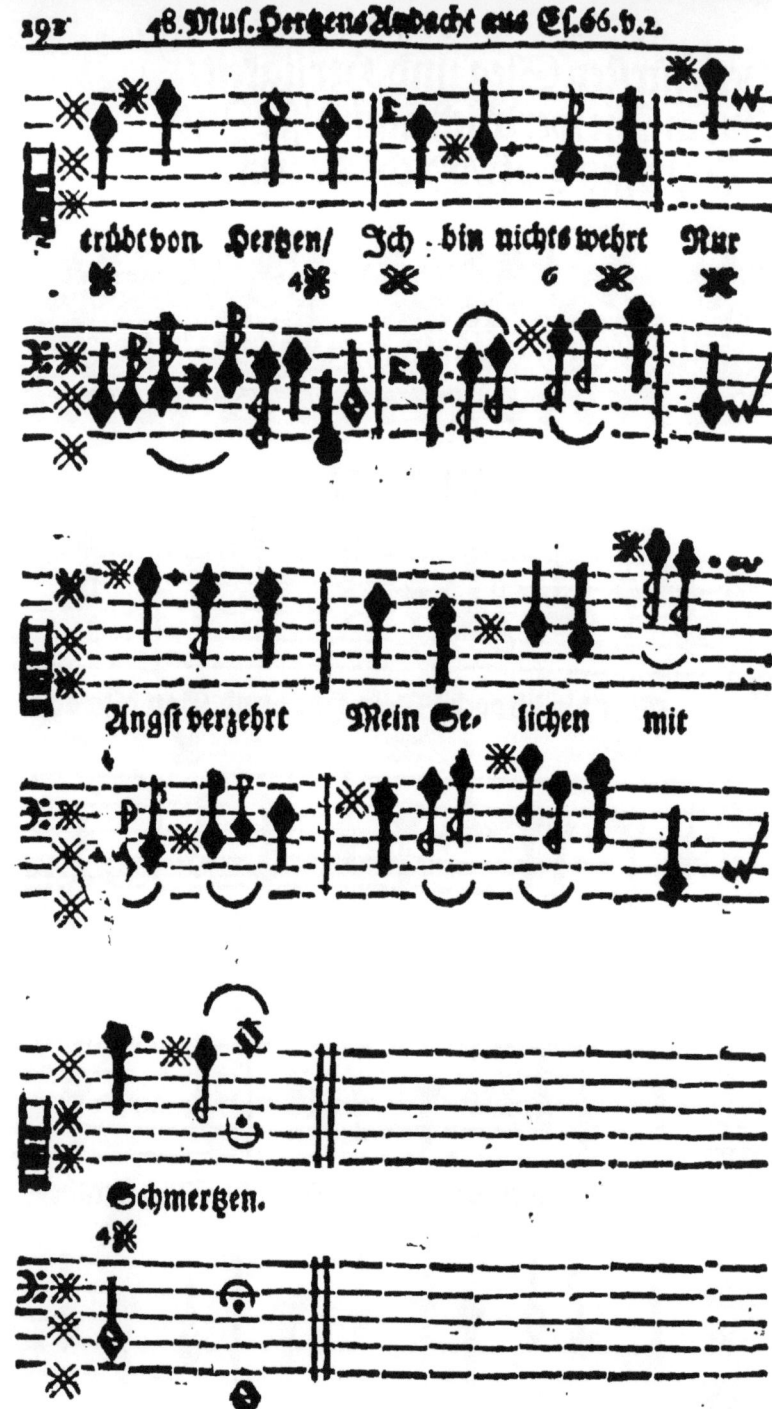

Die Acht und Vierzigste Musikalische
Hertzens-Andacht

Uber den herlichen Trostspruch GOttes / den Er geredet hat durch den Mund des Propheten Esaias / von welchem Er auch beschrieben ist in Seiner Weissagung am 66. Kapittel v. 2. / in unserer Teutschen Sprache also lautend:

Ich sehe an den Elenden / der zubrochnes Hertzens ist / und der Sich fürchtet für meinem Wohrt.

Dises kan auch gesungen werden nach der Melodie unseres wolbekanten Kirchenliedes:

In Dich hab Ich gehoffet HErr / u. s. w.

1.

WAs bin ich doch / mein HErr und Gott?
Zwahr nichts / jedoch der Welt ein Spott /
Auch stets betrübt von Hertzen /
Ich bin nichts wehrt /
Nur Angst verzehrt
Mein Seelichen mit Schmertzen?

2.

Du bist es Alles gahr allein
Mein Gott / drum mus ich nichts ja sein /
Für nichts wil ich mich schätzen /
Den wirst Du bald
Mein Auffenthalt
Mich Armen höher setzen.

3.

Was niedrig ist / erhebest Du /
Was Elend heist / bringst Du zur Ruh /

Aus nichts hast Du geschaffen
　Die grosse Welt;
　Was Dir gefält/
Sol nicht nach Hoheit gaffen.

4.

Ich wil mit David sein so schlecht/
Ja schlechter als ein Schlav' und Knecht/
Ich wil mit Jakob sagen:
　Ich bin zu klein
　Den Gnadenschein
Von Dir/O HErr zu tragen.

5.

Dich meinen Jesum seh' ich an/
Dem niemand sich vergleichen kan/
　In Niedrigkeit und Leiden/
　O grosser Gott/
　Fluch/Hohn und Spott
Die musten Dich bekleiden!

6.

Seht aber/wie nach kurtzer Zeit
Die Schmach in Ehr' und Herligkeit
　Sich gäntzlich hat verkehret/
　Wer niedrig ist
　Wie Jesus Christ/
Wird letzlich hoch geehret.

7.

O grosser Gott/ich bin nicht wehrt
Des Guhten/so du mir beschehrt/

Ich bin nicht wehrt zu leben/
　Du haſt mir doch
　Auſ Gnaden noch
So mangerlei gegeben.

8.

Es kan ja nichts mein Eigen ſein
Als die verfluchte Sünd allein/
　Und was von ihr entſpringet/
　Angſt/ Trübſahl/ Noht/
　Zuletſt der Tod/
Der alles Fleiſch bezwinget.

9.

Und ob ich ſchon was guhtes thu/
So find' ich gleichwol nirgends Ruh'/
　Als nur in deiner Gühte/
　Ich leb' in Dir
　Drauf wächſt an mir
Die wahre Tugendblühte.

10.

Die Früchte kommen bloſ von Dir/
Du zündeſt an die Kraft in mir
　Du ſchafft das Vollenbringen/
　Was rühmlich iſt
　HErꝛ Jeſu Chriſt/
Das muſ durch Dich gelingen.

11.

Ich leugn' es nicht/ O treuer Hohrt/
Das ich für deiner Gnadenpfohrt

Unwürdig bin zu stehen/
Doch glaub ich fest
Du wirst aufs best'
In Trübsahl mich ansehen.

12.

Inmittelst bin ich viel zu schlecht
Daß du HErr soltest deinen Knecht
Ein gnädigs Antlitz zeigen/
Nur gönn' es mir/
Daß ich für Dir
Mich müg' in Demuht neigen.

13.

Ich bin verdamt/erbarm Dich mein/
Mein Elend kan nicht grösser sein/
Ach sih' auf meine Schmertzen/
Du bist der Mann/
Der heilen kan
gantz zerbrochne Hertzen.

14.

Klopf' an/ Ich öfne bald die Tühr
Und geh' als eine Braut herfür/
Du wirst zu mir ja kommen/
Wer Reu und Leid
Bringt in der Zeit/
Wird gnädigst angenommen.

15.

Drauf wil ich in der Sünder Zahl
HErr Jesu Christ/das Abendmahl

Mit

49. Muf. Hertzens Andacht aus Jer. 31.

Mit Dir itzt gläubig halten/
So kan und mag
Durch keine Plag
In mir die Lieb' erkalten.

XLIX.

Wem sol ich dich vergleichen O Gott Du
Der du dich läst erweichen Bald durch des

treuer Hohrt } Der sich zu Dir bekehret   Und
Sünders Wohrt

Ist nicht Ephraim mein theurer Sohn/ ... det habe/ darum bricht mir mein ... gegen Ihm/ das Ich Mi... ... barmen mus/ spricht ... der HERR.

Dieses kan man auch singen nach der Melodie/ ... unter den himlischen Liedern wolbekan- ten Gesanges:
Wie magst Du Dich so kränken/ u.s.w.

1.

WEm sol ich Dich vergleichen
 O Gott/ du treuer Hohrt/
Der Du dich läst erweichen
 Bald durch des Sünders Wohrt
Der sich zu Dir bekehret
 Und leugnet nicht die Schuld?
Ich weis er wird erhöret/
 Du trägst mit ihm Gedult.

2.

Du läst Dich gnädig finden
 Dem/ der ein Büsser ist/
Sein Unrecht mus verschwinden
 Und zwahr in schneller Frist/
Dich reut ja bald der Straffe
 Drum suchst Du vätterlich
Auch die verlohrne Schaffe/
 Daß sie bekehren sich.

3.

Du trägst ja nicht Gefallen
 An eines Sünders Tod/

Du

...er für allen
...er höchsten Noht/
... vom bösen Wesen
...o/ ja müge schnel
...s und Seel genesen/
... sein Dein Mitgesell.

4.
...y sagst Du nicht: die Sünder
Die sind als Ephraim
Mein allerlibste Kinder/
Welch' ihres Vatters Stimm'
In wahrer Demuht hören/
Und thun was Er befihlt?
Diß/ mein' ich/ sol uns lehren/
Wohin dein Liben zihlt!

5.
Wie klingt es doch so schöne/
Wen unser Vatter spricht:
Ihr seid Mir theure Söhne/
Welch' Ich kan hassen nicht/
Es lautet auch nicht minder
Gahr liblich/ wen Er sagt:
Ihr seid die trauten Kinder/
Ein Volk/ das mir behagt.

6.
Kan eine Mutter liben
Die Kindlein/ die sie schwehr
Erzeugt hat/ und getrieben
Hernach bald hin bald her?

Wie

Wie solt' uns Gott nicht nennen
   Auch Seine Kindelein/
Die wir nichts anders können
   Als Ihm sehr kostbahr sein?

7.

Gahr theur sind wir erkaufet
   Durch Christus Tod und Bluht/
Wir sind auf Ihn getaufet/
   Uns hat kein zeitlichs Guht
Die Seligkeit erworben/
   Es half kein Gold noch Geld/
Gott selber ist gestorben/
   So lieb hatt er die Welt!

8.

Wir waren gantz verlohren/
   Als Kinder/ welche bloß
Empfangen und gebohren
   In Sünden/ O wie groß
War dazumahl die Güthe
   Des Vatters/ der so klahr
ließ spühren Sein Gemühte/
   Daß nichts den Libe war!

9.

Er hat dahin gegeben
   Den Sohn/ damit der Knecht
Mücht' ewig mit Ihm leben/
   Ja haben Kindes-Recht/
O freundlicher/ O süsser/
   O Vatter/ muß dein Sohn

aſrer Sünden Bühſſer?
verdienter Lohn!

10.

 allen Nöhten
in höchſter Troſt diſ ſein/
einer gleich mich tödten/
So ſpricht mein Vatter: Nein/
Diſ iſt mein Kind/ mein Trauter/
Diſ iſt mein theures Pfand/
Daſ lib' und ſchätz Ich lauter/
Kraft meiner rechten Hand.

11.

O Wohrt von Gott geſprochen/
O Wohrt uns offenbahrt!
Laſ Sünd' und Teufel pochen/
Ich bin ſchon wol bewahrt/
Waſ Gott mir zugeſaget/
Daſ muſ fürwahr geſchehn/
Ob ſchon daſ Kreutz mich plaget
Werd' ich doch Hülffe ſehn.

12.

Wen mich zu zeiten kränket
Ein unerhörter Schmertz/
So weiſ ich/ daſ ſich lenket
Zu mir des Vatters Hertz/
Den kan mich nichts mehr ſchwächen/
Ich weiſ/ Sein Hertz daſ wil
Für Libe ſchier zerbrechen/
Mein Seelichen ſei ſtill.

Die Funfzigste Musikalische
Hertzens-Andacht

Uber den theuren Endschwuhr Gottes/ Kraft welches Er alle arme und hochbetrübte Sünder Seiner unaussprächlichen Barmhertzigkeit versichert/ wie derselbe verzeichnet zu finden/ bei dem Geistreichen Propheten Ezechiel/ in Seiner Weissagung am 33. Kapittel v. 11. / in unserer Teutschen Sprache also lautend:

So wahr Ich lebe/ spricht der HErr/ HErr/ Ich habe keinen Gefallen am Tode des Gottlosen: Sondern/ daß Sich der Gottlose bekehre von Seinem Wesen und lebe. So bekehret Euch nun von Eurem bösen Wesen/ warum wolt Ihr sterben/ Ihr vom Hause Israel?

Dises kan auch gesungen werden nach der Melodie unsres wolbekanten Passionliedes:

Hilf GOtt/ daß Mir gelinge/ u. s. w.

1.

WAs sind die Menschenkinder
   In diser Eitelkeit?
Nichts/ als verdamte Sünder/
   Die sich zur jeden Zeit
Beschwehren mit der Missetaht/
   Die Gott in Seinem Wohrte
So hart verbohten hat.

2.

Ach Gott/ wer kan selbst merken
   Wie manches mahl er fehlt/

Es wird von seinen Werken
  Die Helfte nicht gezehlt;
Das Fleisch bringt unsre Seel' in Quahl/
  Es fehlt auch der Gerechte
Des Tags wol Sieben mahl.

3.

Was ist ein Mensch auf Erden
  Solt' er wol lauter sein?
Ach/ die gebohren werden/
  Sind alzumahl nicht rein/
Drüm heist auch die Gerechtigkeit
  Der armen Menschenkinder
Nur ein beflektes Kleid.

4.

Wer darf den kühnlich sagen/
  Er sei kein Sündenkind/
Mus nicht ein jeder klagen
  Das er sei Geistlich blind?
Drüm/wer sein Unrecht nicht erkennt/
  Mus solch' ein Lügner heissen/
Der gahr von Gott sich trennt.

5.

Was hat den wol verdienet
  Ein Mensch der freventlich
Zu fehlen sich erkühnet/
  Der oft versündigt sich?
Gott hat das Urtheil selbst gefellt/
  Durch Sünd' ist ja gekommen
Der Tod erst in die Welt.

B   6. Es

6.

Es wird der Tod genennet
 Der Sünden Sold allein/
Wer dises nicht erkennet/
 Mus gahr ein Heuchler sein/
Doch ist der Tod nicht einer Ahrt/
 Er wird in Angst und Nöhten
Uns vielfach offenbahrt.

7.

Es ist ein Tod der Seelen/
 Es ist ein Leibestod/
Der viel aus diser Höhlen
 Bringt gahr zur Höllennoht/
Doch alles ist der Sündenschuld
 Die schaft/das wir verliehren
Des Höchsten Gnad' und Huld.

8.

Ist den kein Trost zu finden
 In diser schwehren Pein?
Mus aller Raht verschwinden/
 Wird gahr kein' Hülffe sein?
Ach ja/ da steht des Höchsten Eyd/
 Es ist Ihm das Verderben
Des Sünders hertzlich leid.

9.

Gott spricht: was wilt du sterben
 Du sündlichs Israel?

Ich hindre dein Verderben/
   Drum kehre dich nur schnell
Zu mir und laß von Sünden ab/
   Ergreiff' hie bald das Leben/
Das Ich dir liebreich gab.

10.

O Gott/ Du bist ja gnädig/
   Du bist von grosser Treu/
Du machst von Sünden ledig
   Und uns von Straffen frei/
Du hälst den Zorn nicht für und für/
   Es steht doch stündlich offen
Bei Dir die Gnadenthür.

11.

Wo ist doch wol zu finden
   Ein solcher Gott wie Du/
Der gäntzlich läst verschwinden
   Die Sünd'/ und dekt das zu/
Was wir gehandelt wider Dich?
   Dis alles bleibt versenket
Im Meer auch ewiglich.

12.

Hast Du nun kein Belieben
   O HErr/ daß uns der Tod
Sol jämmerlich betrüben;
   So fürcht' ich keine Noht/
Und solte gleich des Würgers Pfeil
   Mein schwaches Hertz durchdringen/
So bleibst Du doch mein Theil.

13. Drauf

13.

Drauf wil ich mich bekehren
 Von meiner Missetaht/
Und deinen Trost recht hören/
 Der mich erquikket hat/
Jetzt bin Ich/ Jesu/ höchstes Guht/
 Von Sünden gantz gewaschen
Durch dein vergoßnes Bluht.

14.

Verleihe mir die Gnade/
 Daß ich nicht gröſſre Schuld
Der Sünden auf mich lade/
 HErr trage doch Gedult
Mit mir/ der ich dein Kind ja bin/
 Drauf nim ein Hertz vol Trähnen
Voll Reu' und Leid itzt hin.

LI.

Ich weiß/ HErr Gott wie schwach ich bin

hats gemacht/ Daß niemand mir kan helffen.

Die Ein und Funfzigste Musikalische Hertzens-Andacht

Uber das schöne/ und Christliche Bekäntnisse des gedültigen Kreutzträgers Hiob/welches Er getahn/von der künfftigen Auferstehung des Fleisches / wie den solches beschrieben wird gefunden/ in Seinem Buche am 19. Kapittel v.25/ 26/27./also lautend:

Ich weiß/ daß mein Erlöser lebt/und Er wird mich hernach auf der Erden aufer= wekken/ und werde darnach mit dieser meiner Haut umgeben werden/und wer= de in meinem Fleisch GOtt sehen/ Den= selben werde Ich mir sehen/ und meine Augen werden Ihn schauen/und kein Fremder.

Dises kan auch gesungen werden nach der Melodie unsers wolbekanten Liedes:
Du Friedenfürst/HErr Jesu Christ/u.s.w.

I.

Ich weiß/HErr Gott/wie schwach ich bin/
Ich lig in grosser Noht/

Den

Den meine Kräfte sind dahin/
 Es nahet sich der Tod/
Ich ruhe weder Tag noch Nacht/
Mein Ubertreten hats gemacht/
 Daß niemand mir kan helffen.

2.

Jedoch so krank/ so siech/ so schwach
 Ich itzt befinde mich/
So tröstet mich doch eine Sach/
 Als welche kräftiglich
Bezeugt/ daß mein Erlöser lebt/
Der allem Unfall widerstrebt/
 Und lindert meine Schmertzen.

3.

Es ist kein Freund/ der bei mir steht/
 Und kein Verwanter bleibt/
Ich seh' auch/ daß mein Weib hingeht
 Und ihren Spott nur treibt/
Doch mein Erlöser lebet noch/
Der wird mich von dem Unglüks Joch
 Auch gahr vom Tod erretten.

4.

Und ob ich gleichwol sterben muß/
 Ja werden Staub und Koht/
So hält dennoch mein Bluhtsfreund Fuß/
 Als der mich aus dem Tod

W iiij

Und

Und auß des schwartzen Grabes Tühr
Auß herligst bringen wird herfür/
    Damit ich Ewig lebe.

5.

Der Bluhtsfreund heisset Jesus Christ/
    Ein wahrer Mensch und Gott/
Der Fleisch von meinem Fleisch auch ist/
    Der von des Satans Spott/
Und übergrossen Tirannei
Durch Seinen Tod uns machet frei/
    Ja läst uns rühmlich siegen.

6.

Er ist gezeugt in Ewigkeit
    Vom Vatter/ und hernach
Ein Mensch gebohren in der Zeit/
    O wundergrosse Sach'!
Er heist ja recht Krafft/ Held/ und Raht/
Der uns so theur erkauffet hat
    Mit Seinem Blut und Sterben.

7.

Ich weiß zwahr/ daß ich sterblich bin/
    Mein Leib der fault mir schon/
Drum muß ich fahren bald dahin/
    Zu nehmen an den Lohn/
Der Sünden/ gleichwol gläub' ich: daß
In meinem Grab' ohn unterlaß
    Ich gahr nicht werde bleiben.

8. Mein'

8.
Mein' Haut die von den Würmen itz
  So grausahm wird verzehrt/
Die von Geschwühren/ Brand/ und Hitz/
  Wird jämmerlich beschwehrt/
Welch' auch der Tod muß ziehen ab/
Wird mir/ wen ich das tunkle Grab
  Verlaß/ auffs neu gegeben.

9.
Mein Fleisch/ das in der finstren Gruft
  Verwesen muß so gahr/
Sol widrum kommen an die Luft/
  Der HErr wird offenbahr
Diß Fleisch/ das ich am Halß' itz trag'/
Und das mir schaft so mange Plag'/
  In Klahrheit/ widrum geben.

10.
Mein' Augen/ die des Tods Macht
  Sehr grausahmlich zerbricht/
Das ihnen wird der Tag zur Nacht/
  Und sie fohrt sehen nicht/
Die wird mein Heiland/ der so treu/
Mir widrum schenken auf das neu/
  Daß sie wie Sonnen glänzen.

11.
Alsden werd' ich im Fleisch auch sehn
  Den Heiland aller Welt/
Und unerschrokken für Ihm stehn/
  Als Der so redlich hält/

Was Er verspricht in diser Zeit/
Da werd' ich in der Ewigkeit
　　Mit höchster Wonn' Ihm danken.

12.
Muß ich gleich zahlen meine Pflicht/
　　So weiß ich doch fürwahr/
Daß mein Erlöser stirbet nicht/
　　Den der wird offenbahr
Mir ruffen auß dem Grab herauß/
Und führen mich ins Vatters Hauß/
　　Wo Wonn' und liblichs Wesen.

13.
Bin ich gleich hier ein kläglichs Bild/
　　Das endlich gahr wird Koht/
Das bei den Menschen nichts mehr gilt/
　　So sol mich doch der Tod
Nicht fressen/ den der libe Tag
Komt bald/ daran ich sagen mag:
　　Sein Stachel ist zerbrochen.

14.
Drauf geb' ich freudig guhte Nacht
　　Der Welt samt ihrer Lust/
Mein Gott/ der disen Leib gemacht/
　　Dis Haupt/ und dise Brust/
Dis Fleisch/ Haut/ Adern/ und Gebein/
Der wird im Grab auch bei mir sein
　　Und disen Leib erneuren.

)(O)(

LII.

Als erst die Welt erschaffen war, Da machte Gott ein schönes Paar, Das ewig solte leben, Es war der Mensch zur selben Zeit

Die Zwei und Funfzigste Musikalische Hertzens-Andacht

Uber die herliche/ und überauß Trostreiche Verheissung/ welche der getreuer Gott und Vatter vom Himmel/ allen denjenigen thut / welche in äussersten Nöhten und Gefahr schweben/ wie unß diselbe wird beschrieben/von dem Könige und Propheten David / in Seinem 91. Psalm v.14/15/16./ in Teutscher Sprache also lautend:

Er begehret Mein/ so wil Ich Ihm außhelffen/ Er kennet meinen Namen/drum wil Ich Ihn schützen / Er ruffet Mich an/ so wil Ich Ihn erhören: Ich bin bei Ihm in der Noth/ Ich wil Ihn herauß reissen und zu Ehren machen / Ich wil Ihn sättigen mit langem Leben/ und wil Ihm zeigen Mein Heil.

Dises kan auch gesungen werden nach der Melodie Meines/ in den Himlischen Liedern wolbekanten Lob- und Dankliedes:
Auf meine Seel' und lobe Gott/u.s.w.

1.

Als erst die Welt geschaffen war
Da machte Gott ein schönes Paar/
Daß ewig solte leben/
Es war der Mensch zur selben Zeit
Mit Unschuld und Gerechtigkeit
An Leib' und Seel' umgeben;
Ach aber/ durch des Satans List
Verkehrte sichs in kurtzer Frist/
Bald ist der Mensch gefallen/

Wo-

Er begehret Mein/ so wil Ich ihm außhelffen/ u. f. w. 319

Wodurch er kahm in grosse Noht/
Sein Lohn das war der bittre Tod/
　Den theilt' Er mit uns allen.

2.

Des Höchsten Grim war übergroß/
Es muste sich der Mensch ja bloß
　Für Angst und Furcht verstekken;
Diß Elend ist auf uns geerbt/
An Leib' und Seel sind wir verderbt/
　Wer solte nicht erschrekken?
Und ob wir zwahr durch Christus Bluht
Erlöset sind/ so bleibt die Ruht'
　Und Straffe doch der Sünden/
Es komt so mange Noht und Pein/
Der stets man muß gewärtig sein/
　Daß es nicht außzugründen.

3.

Wer aber läst uns Beistand sehn/
Wen wir in höchsten Nöhten stehn/
　Wer wil uns Hülff' erzeigen?
Kein Mensch/ kein Tihr/ kein Guht/ noch Geld/
Gott ist allein der Wunderheld/
　Der kan und wil nicht schweigen/
Der spricht: Wen alle Welt dich läst/
Den komm' Ich erst/ den steh' Ich fest/
　Den wil Ich dich erhalten/
Ja stärken/ trösten/ in der Noht/
Auch kräftig reissen aus dem Tod'/
　O Mensch/ laß Mich nur walten.

4.

Gott ſpricht: Ich bin dein Hohrt allein/
Drum laß doch nur das fürchten ſein/
  Ich wil dich wol behühten/
Laß Sünde/ Teufel/ Höll/ und Welt/
Samt allem was ſich grauſahm ſtellt
  Zu plagen dich/ nur wühten;
Ich bin dein Gott/ Ich ſtärke dich/
Ich helffe dir ja ritterlich
  Die Trübſahl überwinden/
Kein Unglük ſol dir widerſtehn/
Du wirſt gahr bald mit Freuden ſehn/
  Das/ was dich plagt/ verſchwindet.

5.

Leb' ohne Furcht/ Ich bin mit dir/
Ich ſchütze dich ja für und für/
  Von mir ſolſt du nicht weichen/
Laß Noht und Elend gehn daher/
Es wird/ kehm' es auch noch ſo ſchwehr/
  Sein Ziel doch nicht erreichen;
Jedoch gedenk an deine Pflicht/
Die heiſt: Laß deine Zuverſicht
  In Trübſahl ja nicht wanken/
Ey zage nicht/ nur traue Mir/
Der Ich viel Guhts wil zeigen dir/
  Fürwahr du wirſt mir danken.

6.

Bisweilen treib Ich zwahr mein Spiel

Das

Daſ ſich ein Chriſt muſ oft und viel
  Mit ſolcher Bürde tragen/
Daſ/wenſ den koint ſo mancherlei/
Er ruft/daſ er verlaſſen ſei/
  Drum müſ' er gahr verzagen/
Ach nein! Ich weiſ die rechte Stund'/
In der Ich mache doch geſund/
  Waſ groſſe Pein erlitten/
Ja/waſ ſehr hart zerſchlagen iſt/
Daſ heil' Ich oft in ſchneller Friſt/
  Diſ ſind mein alte Sitten.

7.

Du biſt mein Schäflein/drum vernim/
Wen du wirſt hören meine Stimm'/
  Und folgen Mir gahr eben/
So kenn' Ich dich/ja geb auch dir'
Die beſte Weiden für und für/
  Und dort ein ewigs Leben:
Dir ſetz' Ich meine Treu zu Pfand'/
Es ſol dich nichts auſ meiner Hand
  Hinreiſſen oder nehmen/
Laſ tauſend Feinde für dir ſtehn/
Ihr Anſchlag wird zurükke gehn/
  Daſ ſich ihr Hertz muſ ſchämen.

8.

Muſt du mit Joſeph manchen Tag
Im Kerker dulden ſchwehre Plag'
  Und dich mit Trähnen ſpeiſen?

X   Muſt

Auſ deiner Trübſahl mannigfalt
   Erretten/ den die Frommen
Die Mir vertrauen in der Noht/
Wen ſie gleich ligen gahr im Koht/
   Laſ Ich zu Ehren kommen.

9.

Jedoch nicht ſtets in diſer Zeit/
Ich pfleg' auch in der Ewigkeit
   Auſ Gnaden oft zu lohnen.
Wer hie verfolgt/ verhöhnt/ geplagt/
Der ſol dort ſtehen unverzagt
   Geſchmükt mit güldnen Krohnen;
Auch hoch erfreut/ ohn End' und Ziel
Mir danken auf dem Saitenſpiel/
   Und klopfen in die Hände;
Ach/ mein HErr Jeſu/ kom nur bald
Laſ dort/ wo ſtets dein Lob erſchallt
   Mich preiſen Dich ohn' Ende.

Die Drei und Funfzigste Musikalische
Hertzens-Andacht

Uber das herliche Buhs Gebeht des Geistreichen Propheten Daniels/ welches verzeichnet wird gefunden/ in Seiner Weissagung am 9. Kapittel v. 17/18/19./ und in Teutscher Sprache also lautet:

Und nun unser GOtt/ höre das Gebeht deines Knechtes und Sein Flehen/ und siehe gnädiglich an Dein Heiligthum/ das verstöret ist/ üm des HErren willen. Neige Deine Ohren/ Mein Gott/ und höhre. Tuhe Deine Augen auf und siehe/ wie wir verstöret sind/ und die Statt/ die nach Deinem Namen genennet ist. Den wir ligen für Dir mit unserm Gebeht/ nicht auf unsere Gerechtigkeit/ sondern auf Deine grosse Barmhertzigkeit: Ach HErr/ höhre; Ach HErr/ sei gnädig: Ach HERR/ merk auf und tuhe es/ und verzeuch nicht üm Dein Selbst willen/ Mein GOtt: Den Deine Statt/ und Dein Volck/ ist nach Deinem Namen genennet.

Dises kan auch gesungen werden nach der Melodie unsers wolbekanten Passionliedes:

Da Jesus an dem Kreutze stund/ u. s. w.

1. Zu

1.

Zu Dir sol unser Hertz und Mund
O grosser Gott/ in diser Stund
   Als auß der Tieffe schreien/
Ach trit heran/
Du bist der Mann/
   Der uns kan schnel befreien.

2.

Du nahest Dich ja treflich gern
Zu denen/ welcher Hertz nicht fern
   Von Dir/ nur Dich begehren/
Du wirst fürwahr
Auch in Gefahr
   Der Bitte sie gewehren.

3.

Wir wissen/ was Dein Almacht kan/
Drům halten wir mit Behten an/
   HErr hör'/ Ach HErr/ sei gnädig/
Wir bitten Dich
Demühtiglich
   Mach' uns von Sünden ledig:

4.

Wir seuftzen itz von Trähnen naß/
Und bitten Dich ohn unterlaß/
   Daß Du dein Ohren neigen
Und in der Noht
Ja schier im Tod'
   Auch wollest Gnad' erzeigen.

5.
Im Geist und Wahrheit ruffen wir
O Gott/ zur Zeit der Noht zu Dir/
   Hör' unser eifrigs Behten/
Du kanst allein
In Angst und Pein
   Dein armes Volk vertreten.

6.
Wir trotzen nicht/ wir ligen nur
Als die geringste Kreatur
   Für Dir mit unserm Flehen/
Und seufzen noch:
Ach/ höre doch/
   Laß unsern Wunsch geschehen!

7.
Ja Vatter/ wir stoltziren nicht/
Wir beugen unser Angesicht
   In Demuht nur zur Erden/
Und bitten fohrt/
Laß unser Wohrt
   Doch bald erhöhret werden!

8.
Wir wissen ja/ was Judith sagt/
Daß Dir ein solch Gebeht behagt/
   Das aus der Demuht fliesset/
Da sanfter Muht
Zuletst das Guht
   Und was er wil/ geniesset.

9.

Wir seuftzen kurtz/ und wissen wol/
Daß endlich unser Bitten sol
  Nur in der Kraft bestehen/
Drum wirst Du nicht/
Wie Christus spricht:
  Auf gahr viel Plaudrens sehen.

10.

Wir glauben/ daß in aller Welt
O Gott/ Dir kein Gebeht gefällt
  Als welches ist gegründet
Zur jeden Frist
Auf Jesum Christ/
  Der uns das Hertz entzündet.

11.

Ja Christus Selbst hat uns gelehrt/
Daß/ wo der Mensch wil sein erhört/
  Er beht' in Jesus Namen/
Wo das erschalt/
Da wird es bald
  Auch heissen Ja und Amen.

12.

Nur Jesus ists/ der uns befreit
Auf hertzlicher Barmhertzigkeit/
  Drum muß man mit den Werken
Gantz schweigen still/
Der Höchste wil
  Gahr nichts auf Werke merken.

13.

Ach Gott/wir sind ja nimmer rein/
Wie könten wir den heilig seyn
 Und dem allein gefallen/
Der auch ein Wohrt/
Das schier durchbohrt
 Die Seele läst erschallen?

14.

Drüm HErr/merk auf und tuh'es doch/
Erhör'uns/weil wir bitten noch
 Um deines Namens willen/
Ach HErr erhalt'/
Und hilf uns bald
 Die Noht und Trübsahl stillen!

15.

Schütz'uns in diser argen Zeit/
Das wir/nach allem Wunsch befreit/
 Dir Ehr' und Dank erweisen/
Ja das wir Dich
Auch Ewiglich
 Für solche Wolthat preisen.

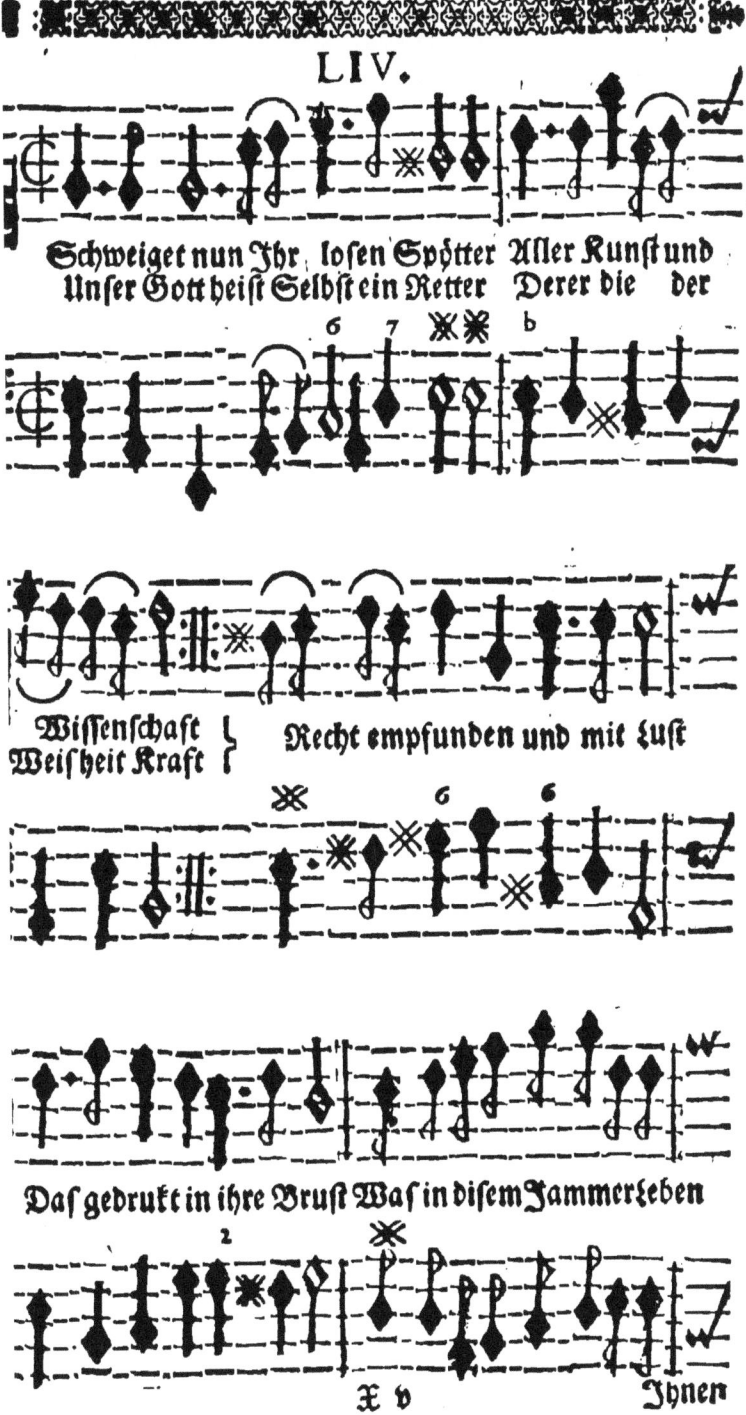

Ihnen Geist und Witz kan geben.

Die Vier und Funfzigste Musikalische Hertzens-Andacht

Uber das herliche Lob der Schullen und der Gelehrten/ dasselbe beschrieben wird von dem weisen Hauslehrer Sirach in seinem Buche am 39. Kapittel v. 1-6./ also lautet

Wer Sich aber drauf geben sol/ daß er das Gesetz des Höchsten lerne/ der muß die Weisheit aller Alten erforschen/ und in den Geschichten studiren. Er muß die Geschichte der berühmten Leute merken/ und denselben nachdenken/ was Sie bedeuten und lehren. Er muß die geistlichen Sprüche lernen/ und in den tieffen Reden Sich üben. Der kan den Fürsten dienen/ und bei den HErren sein. Er kan Sich schikken lassen in fremde Lande/

/ den Er hat verſucht / was bei den
uten taugt; und denket / wie Er frü=
auſſtehe / den HErren zu ſuchen / der
Ihn geſchaffen hat/ und behtet für
dem Höchſten.

Diſes kan auch geſungen werden nach der Melodie
Meines wolbekanten Abend=
liedes:
Werde munter mein Gemühte/u.ſ.w.

1.

SChweiget nun/ihr loſe Spötter
 Aller Kunſt und Wiſſenſchaft/
nſer Gott heiſt Selbſt ein Retter
 Derer/die der Weisheit Kraft
 Recht empfunden/ und mit Luſt
 Daſ gedrukt in ihre Bruſt/
 Jaſ in diſem Jammerleben
 hnen Geiſt und Witz kan geben.

2.

chuhlen ſind von Gott beſtellet/
 Wie die Welt gegründet war/
Belches aus der Schrift erhellet/
 Hiob zeugt es hell und klahr/
 Daſ der Engel Kantorei
 Damahls ſchon geweſen ſei/
 Bie der Schöpfer erſt lies werden/
 immel/Waſſer/Feur und Erden.

3. Welch

3.

Welch' ein Jauchtzen ist gewesen
  Sonder Zweifel dazumahl/
Wie die Trohnen auserlesen
  Lobten Gott ohn' End und Zahl;
Ach/wen komt die libe Zeit/
  Daſ/von aller Noht befreit/
Wir mit wundersüſſen Weisen
Auch also den Schöpfer preisen?

4.

Adam/unser Vatter/hielte
  Selber Schuhl'/und Noah/der
Freundlich mit den Tiehren spielte
  Ward ein theurer Prediger/
Seine Schuhl' hat er bestelt
  In dem Kasten/wie die Welt
Jämmerlich muſt untergehen/
Noah Schuhl' allein blieb stehen.

5.

Moses hatte wol studieret
  Joseph war mit Kunst und Lehr'
Auſ der maſſen schön gezieret;
  Dadurch ward begabt mit Ehr'
Eliseuſ/Daniel/
  Der drei Männer Mittgesell/
Und viel' andre von den Alten
Haben herlich Schuhl gehalten.

6. A

6.

Auf den Schuhlen kommen Lehrer/
  Welche man mit Wahrheit kan
Nennen Gottes Reichs vermehrer/
  Den sie führen Himmel an
Jung' und Alte/ Groß' und Klein/
Daß sie sich von Sünden rein
Gott zu dienen gantz ergeben/
Und als rechte Christen leben.

7.

Auf den Schuhlen wird genommen
  Manger hochbegabter Sinn/
Der dem Vatterlande Frommen
  Ja verschaffen kan forthin/
Daß es fein im Lande steh'
Und es allen wol ergeh/
Welch' Ihr' Arbeit fleissig treiben
Auch der Herschaft treu verbleiben.

8.

Höchlich wird es ja gepriesen/
  Wen ein grosser Potentat
In der Schuhlen sich für diesen
  Selber wol geübet hat;
Lehre/ Kunst/ und Wissenschaft/
Haben oftmahls bessre Kraft
Land und Leute gros zu machen/
Als die stärkste Krieges-Sachen.

9. Nie=

9.

Niemand wird sein Hauß regiren
　Besser/ als ein solcher Mann/
Der durch emsiges Studieren
　Fein vernünftig rahten kan;
　Wer in Künsten ist gelehrt/
　Ja sein Wissen stets noch mehrt/
Wird gahr höflich sich erzeigen/
Und viel' Hertzen zu sich neigen.

10.

Eltern sollen sich bemühen
　Daß sie ja die Kinderlein
In der Gottesfurcht erziehen
　Und sie Schüler lassen sein/
　Daß sie Freud' an ihnen sehn;
　Kraft der Lehre kans geschehn/
Daß sie Gott und Menschen dienen/
Ja wie Zedern prächtig grühnen.

11.

Ach/ es sind sehr grosse Gaben/
　Wen ein Mann/ der wol studiert
Dises sondre Lob mag haben/
　Daß fein Christlich er regiert/
　Solch ein Raht ist wehrt fürwahr/
　Daß der Untertahnen Schaar
Seinen Ruhm sehr weit auß breite/
Und ein Dankmahl ihm bereite.

12. P

12.

reiset Gott/ihr liben Kinder/
Der euch Gnad' erwiesen hat/
Danft den Eltern auch nicht minder/
Welche ja mit Raht und Taht
Euch geholffen/daß ihr nun
Andern können Guhtes thun/
Und euch schikken so daneben/
Daß ihr ewig möget leben.

LV.

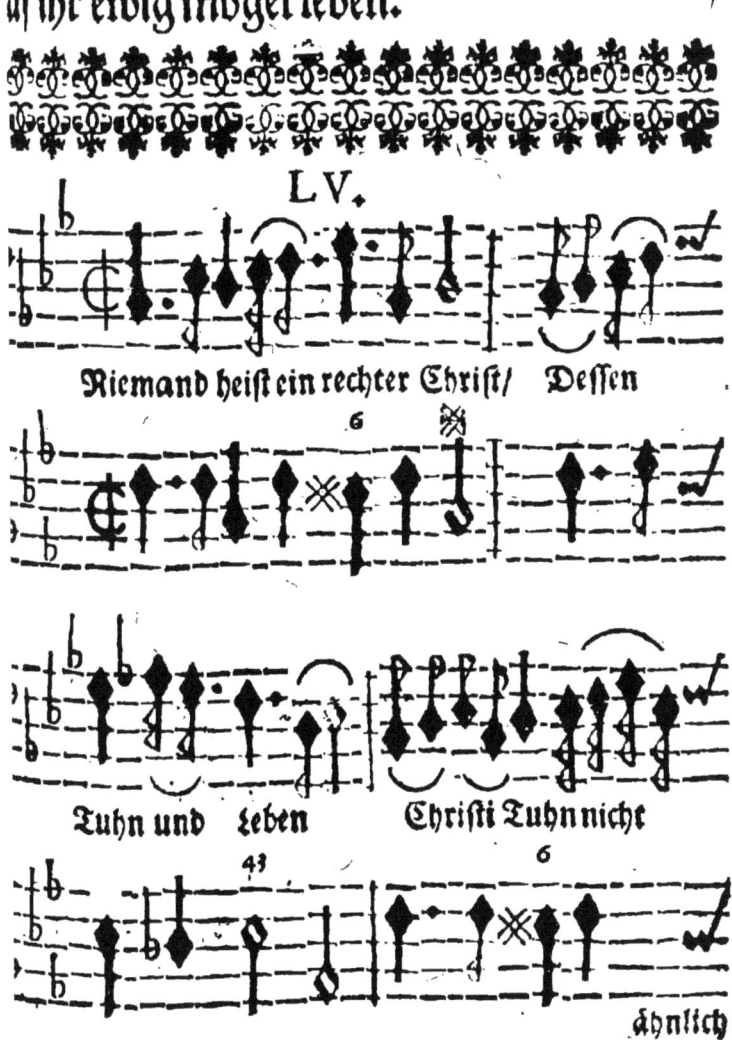

Niemand heist ein rechter Christ/ Dessen

Tuhn und Leben Christi Tuhn nicht

ähnlich

Der Gerechte wird grünen wie ein Palmbaum/u.s.w. 337

Geist geschehen.

Die Fünf und Funfzigste Musikalische
Hertzens-Andacht

über den grühnen Palmbaum des Königs und Propheten Davids / gepflantzet in Seinem 92. Psalm v. 13-16./ und in unserer Teutschen Sprache also beschrieben:

Der Gerechte wird grühnen wie ein Palmbaum / Er wird wachsen wie ein Zeder auf dem Libano / die gepflantzet sind im Hause des HErren / werden in den Vorhöfen unsers Gottes grühnen/ und wen Sie gleich alt werden/ werden Sie dennoch blühen / fruchtbar und frisch sein / daß Sie verkündigen/ daß der HErr so from ist/ mein Hohrt/ und ist kein Unrecht an Ihm.

Dises kan auch gesungen werden nach der Melodie unsers Passionliedes:
Christus der uns selig macht/u.s.w.

I.

Wemand heist ein rechter Christ/
Dessen Tuhn und Leben

Y　　　　　　　　　　　　Christi

Christi Tuhn nicht ähnlich ist/
  Wie die Frucht der Reben;
Solch ein Leben muß allein
  Auf dem Hertzen gehen/
Daß wir können fruchtbahr sein
  Läst der Geist geschehen.

2.

Welche der Geist Gottes treibt/
  Die sind Gottes Kinder/
Welchen diser Geist nicht bleibt/
  Heissen solche Sünder
Die nicht nach der Zedern Ahrt
  Auf den Bergen grühnen/
Noch durch Demuht wol bewahrt
  Ihrem Schöpfer dienen.

3.

Drüm/ wer Christlich leben wil/
  Mag wol fleissig behten/
Daß der Geist ihm sanft und still
  Müg'ins Hertze treten/
Und ihn folgends würdiglich
  Auf das neu gebehren/
Daß er durch den Wandel sich
  Himlisch könn' erklähren.

4.

Gottes Geist/ der immer steht
  In der schönsten Blühte/
Und alß eine Ros' aufgeht/
  Lenkt uns das Gemühte/

Daß es solche Früchte trägt/
  Die man preist für allen/
Ja nur solche Tugend hegt/
  Welche Gott gefallen.

5.

Den so heist es recht und wol/
  Daß noch hier im Leben
Der Gerechte grühnen sol/
  Und sein Hertz erheben
Wie die Palmen an der Au/
  Wie die Zedern prangen/
Welche voll von süssem Tau
  Schier zum Himmel langen.

6.

Wen der Mensch nun innerlich
  Wird im Geist erneuet
Und allein in Jesu sich
  Als ein Christ erfreuet/
Den so läst er seine Werk
  Eusserlich auch blikken/
Daß man seinen Glauben merk
  An den Libes-stükken.

7.

Drům ist unser Heiligkeit
  Christus Selbst aus Gnaden/
Der da reinigt in der Zeit
  Unsrer Seelen Schaden/
Bald so wird Leib/Seel' und Geist
  Neu/ja wirkt ein Leben/

Daß

Das in Lib' und Leid uns heist
 Fest an Jesu kleben.

8.

Wie die junge Palmen sich
 An dem Bach' ausbreiten/
Sehn und wachsen prächtiglich
 Schier auf allen Seiten;
So mus auch ein frommer Christ
 Stets in Christo grühnen/
Das alsden zu merken ist/
 Wen wir Gott recht dienen.

9.

Christus dienen heist allein/
 (Wie die Schrift bezeuget)
Glauben und vol Tugend sein;
 Wer sein Hertz nun neiget
Zu der Lib' und nimt sein zu
 Stets in guhten Werken/
Ach/ den wil der Geist durch Ruh'
 Auch in Trübsahl stärken!

10.

Schauet doch die Bäum' allein
 Wie sie stehn und wahrten
Auf den liben Sonnenschein/
 Der sie wol läst ahrten;
So scheint uns das Gnadenlicht/
 Trag' O Mensch Verlangen/
Das du voller Zuversicht
 Solches mügst empfangen.

11.

Ach bedenk es doch/ wie bald
  Tag und Zeit verfliessen/
Eh wirs glauben/ sind wir alt/
  Wollen doch erst bühssen;
Da man nun der schnöden Welt
  Guhte Nacht mus geben/
Da der Würger schon uns fällt/
  Wil man Gott erst leben.

12.

Wilt du sterben als ein Christ/
  Ei so must du schaffen
Auch was recht und Christlich ist/
  Niemand kan entschlaffen
In dem HErren/ wen er nicht
  Seinen Wandel treibet
Nach Erheischung seiner Pflicht/
  Und Gott treu verbleibet.

13.

Selig ist derselbe Knecht/
  Den sein HErr wird finden/
Das er wachet und tuht recht/
  Der kan überwinden
Sich/ die Welt/ ja selbst den Tod/
  Ach! Ein seligs Scheiden
Führt ihn schnell aus aller Noht
  In das Reich der Freuden.

342   56. Muf. HertzensAndacht aus Hof. 11. v. 8/9.

LVI.

Tritt itz herzu du schnöde Welt   Und laß dich
Wie hefftig unserm Gott mißfällt   Dein sündlichs

un ter richten   Er will In Seinem Grimm dich
Tuhn und Tichten

plagen   Mit Hunger/ Krieg und Pest dich schlagen/

Ja laſſen dich verwüſtet ſtehn Wie dort Zeboim

iſt geſchehn.

Die Sechs und Funfzigſte Muſikaliſche
Hertzens-Andacht

ber den gahr tröſtlichen Raht Gottes / in welchem Er beſchloſſen / daß Er Sein ſündlichs Volk nicht nach Verdienſte ſtrafen / ſondern deſſen in Gnaden wolle ſchonen / wie den ſolcher Göttlicher Rahtſchluß aufgezeichnet zu finden bei dem Propheten Hoſea im 11. Kapittel v. 8/9. / in Teutſcher Sprache alſo lautend:

Was ſol Ich auß Dir machen / Ephraim? Sol Ich dich ſchützen / Iſrael? Sol Ich nicht billig Ein Adama auß Dir machen? und Dich wie Zeboim zurichten?

Aber /

**Aber / mein Hertz ist anderes Sinnes /
meine Barmhertzigkeit ist zu brünstig;
Daß Ich nicht tuhn wil nach meinem
grimmigen Zorn / noch mich kehren E-
phrahim gahr zu verderben / den Ich
bin GOtt / und nicht ein
Mensch.**

Difes kan auch gesungen werden nach der Melodie Mei-
nes / aus den Himlischen Liedern wolbekan-
ten Gesanges:
O Gottes Statt / O Himlisch Licht / u. s. w.

1.

TRitt itz herzu du schnöde Welt
    Und laß dich unterrichten /
Wie heftig unsrem Gott missfält
    Dein sündlichs Tuhn und Tichten /
Er wil in Seinem Grim dich plagen /
Mit Hunger / Krieg und Pest dich schlagen /
   Ja lassen dich verwüstet stehn /
   Wie dort Zeboim ist geschehn.

2.

Gott fragt ja Selbst; was sol Ich doch
    O Teutschland / aus dir machen /
Sol nicht ein grössers Unglük noch
    Verwirren deine Sachen?
We kan Ich dich doch länger schützen?
Es muß vielmehr Mein Eyfer blitzen /
   Und dir benehmen alle Ruh /
   Ja richten dich wie Sodom zu.

3.

O grimmige Gewissens-Pein/
 Du marterst Hertz und Nieren/
Wer kan für dir gesichert sein/
 Wen wir das Rachschwehrt spühren?
Da schliessen wir: Ist diß geschehen
Den Menschen dort/ wie wirds ergehen
 Uns Armen die wir unbedacht
 Der Sünden mehr/ als sie gemacht!

4.

Doch ist in diser Gnadenzeit
 Noch Raht und Trost zu finden/
Die Göttliche Barmhertzigkeit
 Ist schwehrlich auszugründen/
Sie fragt noch erstlich/ ob den Schwachen
Im Zorn der Gahraus sei zu machen/
 Ob etwan nicht die Straff' auf Treu'
 Und sondrer Gunst zu lindren sei?

5.

Drauf wird nun Gottes Hertz und Muht
 Sehr schön uns abgemahlet/
Der nicht/ wie manger Wütrich tuht
 Das Unrecht scharf bezahlet/
Er muß doch stets an uns gedenken/
Ja Sein gahr libreichs Hertz zulenken/
 Sein Sinn ist nicht ein Menschen Sinn/
 Der nur die Rach hält für Gewinn.

6. Sein

6.

Sein Hertz/ das unsre Missetaht
 Oft hat zum Zorn bewogen/
Ist nicht das Hertz/ das früh' und spaht
 Aus Güht' an Sich gezogen
Die Menschenkinder/ welch' Er libet/
Jedoch zu zeiten auch betrübet/
 Läst aber nicht die Straff' ergehn
 Wie billig solt' an uns geschehn.

7.

Zwahr Gottes Zorn brennt als ein Feur
 Für dem die Felsen springen/
Er sticht und schlägt wol ungeheur/
 Doch läst Er Sich bezwingen
Nur durch den Reichthum Seiner Gühte/
O süsses/ freundliches Gemühte
 Des Schöpfers/ das zur jeden Frist
 So Libreich und Barmhertzig ist!

8.

Hat gleich die Sünd' hie grosse Macht/
 Sie wird doch überladen
Von dessen Hertz/ der uns gebracht
 Die Fülle Seiner Gnaden/
Die Sünd' ist endlich noch zu messen/
Nicht Gottes Gnad'/ es wird vergessen
 Die Gröss' und Zahl der Missethat/
 Die Seine Treu vertilget hat.

9. Doch

9.

Doch laßt uns ja nicht sicher sein/
 Und etwan diß gedenken;
Es werd' hinfohrt noch Angst noch Pein
 In diser Welt uns kränken/
Ach nein! Der HErr wird oft uns schlagen/
Doch so/daß wir es können tragen/
 Den Er ist Gott/dem in der Welt
 Ein sündlichs Wesen nicht gefält.

10.

HErr/schlag' in deinem Zorn nur nicht/
 Laß mich nicht inne werden
Wie schreklich sei Dein Straffgericht
 Den Sündern hier auf Erden/
Leg' ab das Schwehrt/das heftig schneidet
Nim an die Ruht'/als die nicht scheidet
 Uns gantz von deiner Lib' und Treu/
 Welch' alle Tag' an uns wird neu.

11.

Immittelst straff' uns in der Zeit
 Auß väterlichem Hertzen/
Damit wir in der Ewigkeit
 Nicht fühlen solche Schmertzen/
Die Seel' und Leib erschreklich brennen/
Ja gahr von deiner Gnad' uns trennen/
 Erhalt' uns HErr dein freundlichs Wohrt/
 Daß wir dich preisen hier und dort.

LVII.

Die Sieben und Funfzigste Musikalische Hertzens-Andacht

Uber die gahr ernste Ermahnung Gottes / Kraft welcher Er uns zu wahrer Buhsse und Bekehrung leitet / wie diselbe beschrieben steht beim Propheten Joel am 2. Kapittel v. 12/13./ und in unserer Teutschen Sprache also lautet:

So spricht der HErr: Bekehret Euch zu Mir von gantzem Hertzen / mit Fasten / mit Weinen / mit Klagen / zerreisset Eure Hertzen und nicht Eure Kleider / und bekehret Euch zum HErren Euren Gott. Den Er ist gnädig / barmhertzig / gedültig / von grosser Güthe / und reuet Ihn bald der Straffe.

Dises kan man auch singen nach der Melodie unsres wolbekanten Weihenachtliedes:

Der Tag der ist so freudenreich / u. s. w.

1.

O Rechtein vätterlichs Gemüht /
   O Trost der armen Sünder!
Wie treflich groß ist Deine Güht /
   HErr Gott / die Deine Kinder
Empfinden mehr als tausendmahl /
Du lokkest uns ohn End' und Zahl
   Zur Buhss' in disem Leben /
Du dreuest uns zu straffen sehr
Wen wir Dir wollen kein Gehör
   In wahrer Demuht geben.

2. Du

2.

Du sprichst: Ich wil mit Spott' und Hohn
Diß Volk in Unglük bringen/
Den/das ist ihr verdienter Lohn/
Diweil sie nicht kan zwingen
Mein Wohrt und wolgemeinter Raht/
Der ihnen längst gesaget hat:
Laßt ab/laßt ab vom Bösen/
Ihr schnöden Kinder höret Mich
So nicht/so straff' Ich grausamlich/
Kein Mensch sol euch erlösen.

3.

Ach/wir erfahrens gahr zu wol/
Was dises Dreuen schaffet/
Wie Gott/des starken Eifers vol
Die Menschenkinder straffet/
Denweil die Buhsse bleibt zurükk'/
Ach Gott/so komt ein böses Glükk/
Als Hunger/Theurung/Sterben/
Als Krieg/Verfolgung/Wasser/Pest/
Und was uns mehr noch häuffig läst
Biß auf den Grund verderben.

4.

Doch dreuet Gott nicht fohrt und fohrt/
Die böse Welt zu plagen/
Er gibt auch oft ein freundlichs Wohrt/
Oft höret man Ihn sagen:

Kehr'

Kehr' Israel/ dich bald zu Mir/
Alsden so wil ich gegen dir
   Mein Antlitz nicht verstellen.
Dein böses Tuhn erkenn' allein/
So wil Ich widrum gnädig sein/
   Mein Grim sol dich nicht fällen.

5.

So spricht der HErr: Bekehret euch
   Zu Mir von gantzem Hertzen/
Komt/ fastet/ weinet/ klagt zugleich
   Zerreisset auch mit Schmertzen
Nicht eure Kleider/ sondern bloß
Das Hertz/ den meine Güht' ist groß/
   Ich wil Erbarmung schaffen/
Und nicht/ weil Michs gereuet hat/
Euch böse Kinder in der Taht
   An Leib' und Seele straffen.

6.

Diweil Du nun so treflich glind'
   O HErr/ uns arme richtest/
Und nach Verdienst' uns nicht geschwind'
   In Deinem Grim vernichtest/
So tret' ich itz/ O Gott/ herfür
Und klage daß Ich mich von Dir/
   Dem höchsten Guht gewendet/
Drum bleibt verflucht mein falscher Ruhm/
Verflucht mein falsches Christenthum/
   Daß ich so sehr geschändet.

7.

O grosser Gott/ Ich leugn' es nicht/
   Die Höll' hab ich verdienet/
Dazu Dein zeitlichs Strafgericht/
   Wie werd' ich doch versühnet?
Ach HErr/ es ist mir hertzlich leid/
Daß ich in meiner Lebenszeit
   So schändlich mich vergangen/
Zufoderst/ daß ich Dich allein
Beleidigt/ der Du soltest sein
   Mein Schatz/ Freud' und Verlangen.

8.

Doch weiß und glaub ich festiglich/
   Du wirst/ wie Du verheissen/
In deinem Grim nicht straffen mich/
   Noch Dich von mir abreissen/
Du wirst vielmehr/ weil Jesus Christ
Für mich dahin gegeben ist/
   Die Sünde mir verzeihen/
Auch daß hinfohrt Ich Tag für Tag
Nach deinem Willen leben mag/
   Mir Gnad' und Kraft verleihen.

9.

Hier wil ich mich erforschen recht/
   Und mir nicht selber schmeichlen/
Hie wil ich mich verdammen schlecht/
   Und meinem Fleisch nicht heuchlen/

Ich wil die Greuel greiffen an
Welch' ich gahr nicht verleugnen kan/
   Ich wil zu Gott mich kehren
Mit Fasten/Weinen/Tag und Nacht/
Ja flehen Ihm auß gantzer Macht/
   Was gilts Er wird mich hören?

10.

Du rufst mir HErr an manchem Ohrt/
   Ich sol itz schleunig kommen/
Mit Freuden wird diß süsse Wohrt
   Von mir auch angenommen/
Ich bin verlohren/suche mich/
Du schreist mir nach/ Ich höre dich/
   Du kanst dein Schäflein finden/
Du bist mein Gott/ Du bist mein Theil/
Ich kan durch Dich/ mein Hohrt und Heil/
   Mich selber überwinden.

11.

Hinweg ihr Laster/packet euch/
   Mein Hertz sol sein genennet
Ein Gotteshauß/von Tugend reich/
   Daß keine Bosheit kennet/
Hinweg du Rachgier/Heuchelei/
Ihr Lügen/Falschheit/Triegerei/
   Und schändliche Geberden/
Mein Hertz/das gantz zerschlagen ist/
Sol alle Tag' in Jesu Christ
   Auß neu gebohren werden.

LVIII.

18. Muſ. HertzensAndacht aus Joel 2.v.13.

LVIII.

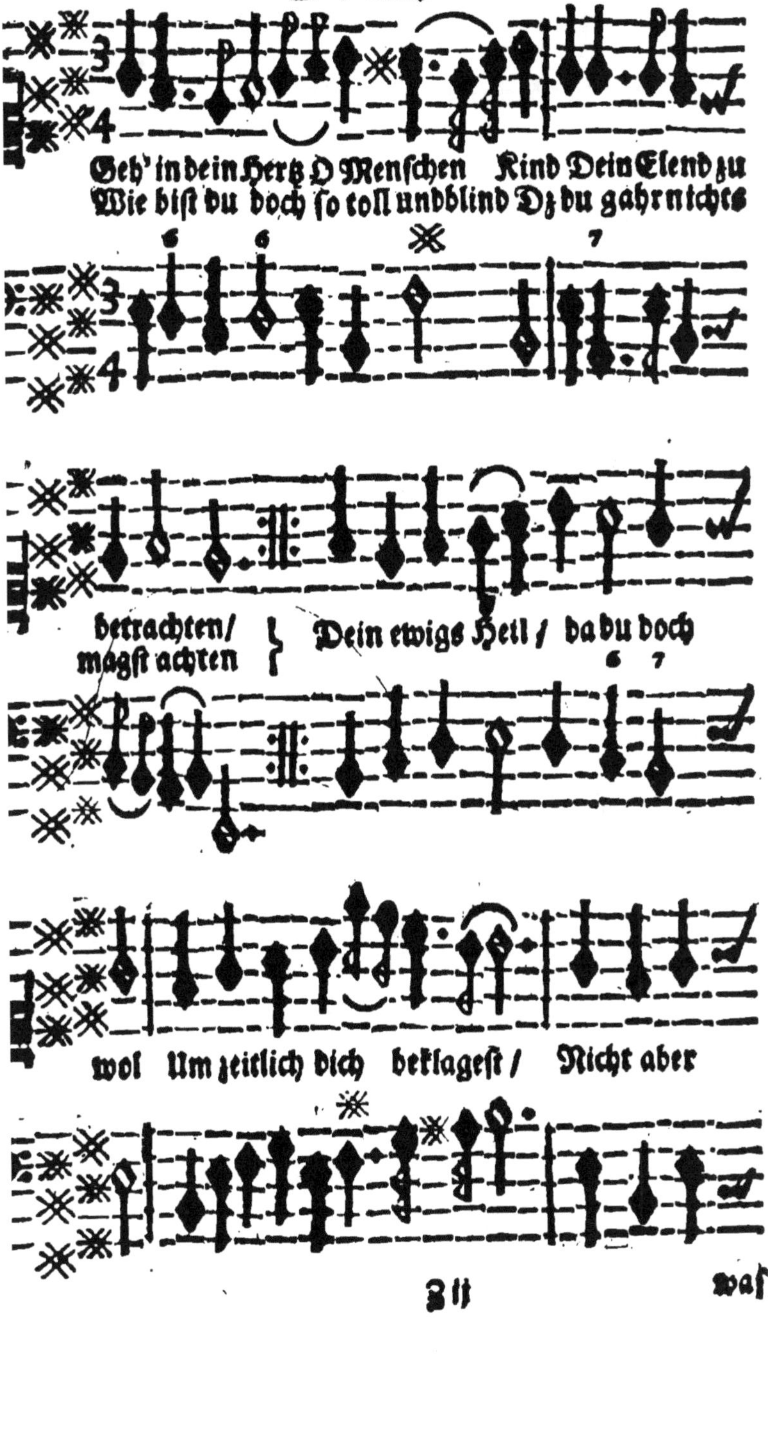

Geh' in dein Hertz O Menschen Kind Dein Elend zu betrachten/
Wie bist du doch so toll und blind Dz du gahr nichtes magst achten

Dein ewigs Heil/ da du doch wol Um zeitlich dich beklagest/ Nicht aber

was

was die Seele sol Erhalten äfrigst fragest/ Noch ob du Gott behagest.

Die Acht und Funfzigste Musikalische Hertzens-Andacht

Uber eben diselbe ernste Vermahnung Gottes zur Busse/ beschrieben durch den Propheten Joel/ in Seiner Weissagung am 2 Kapittel v. 13./ sonderlich über die Wohrte/ welche uns lehren/ wie den die Busse und Bekehrung ein armen Sünders zu Gott/ eigentlich müsse beschaffen seyn/ welche Wohrte also lauten:

Bekehret Euch zu Mir von gantzem Hertzen/mit Weinen/mit Klagen; Zerreisset Eure Hertzen und nicht eure Kleider/

...er / und bekehret Euch zu dem HErren
Eurem Gott.

...ises kan auch gesungen werden nach der Melodie unseres
wolbekanten schönen Taufliedes:
Christ unser Herr zum Jordan kahm/ u. s. w.

1.

Seh' in dein Hertz/ O Menschenkind/
　Dein Elend zu betrachten/
Bie bist du doch so toll und blind/
　Daß du gahr nichts machst achten
Dein ewigs Heil/ da du doch wol
　Um zeitlichs dich beklagest/
Nicht aber/ was die Seele sol
　Erhalten/ eifrig fragest/
Noch ob du Gott behagest?

2.

Dein Büssen das muß hertzlich sein
　Mit Weinen und mit Fasten/
Gott schaut dir recht ins Hertz hinein/
　Wo selbst Er solte rasten/
Dein Leib und Seele müssen sich
　Der Nüchterkeit befleissen/
Damit du könnest inniglich/
　Das heist/ ohn alles Gleissen
Dein traurigs Hertz zerreissen.

3.

Ein solches Fasten/ Reu und Leid/
　Ein solcher Glaub' und Behten/

Z iij　　　　　　　Die

Die können ja zur bösen Zeit
    Viel Elend untertreten/
Wen Gottes Zorn die Länder plagt
    Mit Theurung/ Krieg und Sterben/
So wird Sein Grim hiedurch verjagt/
    Daß wir nicht gantz verderben/
    Besondern Gnad' erwerben.

4.

Wen mange Trübsahl komt heran
    Und wir kein Hülffe wissen/
Welch' uns davon befreien kan/
    So sol man sein beflissen
Durch ernste Buhsse/ Tag und Nacht
    Des höchsten Grim zu brechen/
Den wahre Buhss' hat grosse Macht
    So stark ihm zuzusprächen
    Daß Er Sich nicht mag rächen.

5.

Wen Gott die böse Länder plagt/
    Pflegt Er darnach zu sehen/
Ob niemand kommet der sich wagt
    Und für den Riß wil stehen/
Er forschet ob nicht einer sei
    Der sich zur Mauren mache/
Der durch sein Klag- und Buhsgeschrei
    Bei diser bösen Sache
    Mit behten treuligst wache?

6.

Solch' eine Maur war Daniel
  Der grosse Mann zu nennen/
Als er begunte klahr und hell
  Die Sünden zu bekennen/
Womit sein Volk schon lange Zeit
  Gahr schändlich sich beschmitzet/
Wodurch den die Gerechtigkeit
  Des Höchsten war erhitzet/
  Welch' Ihre Pfeil gespitzet.

7.

O Land/ stell' eine Fasten an/
  Ruff' alles Volk zusammen/
Laß schauen ob man leschen kan
  Des Eyfers heisse Flammen?
Der Bräutigam muß itz nur bald
  Aus seiner Kammer lauffen/
Die Priester kommen jung und alt/
  Die Kinder auch mit Hauffen/
  Ob Gnad' hiedurch zu kauffen?

8.

Doch/ was sol ein zerrißnes Kleid
  Für Gnad' und Huld erwerben?
Den angemahßte Klag und Leid
  Erlösen nicht vom Sterben/
Nur Gott der wil von jederman
  Die Sünd' erkennet haben/

Z iiij   Damit

Damit Er desto besser kan
    Diselb' ins Meer begraben/
Und die Zerschlagne laben.

9.

Recht fasten/ heisset Sünd' und Schand
    Aus allen Kräften hassen/
Und thun den Lüsten Widerstand/
    Sich Gott allein gelassen/
Sich üben in Barmhertzigkeit/
    Gedültig sein in Schmertzen/
Erweisen Treu zur jeden Zeit/
    Und zwahr von gantzem Hertzen/
Recht bühssen ist kein Schertzen.

10.

Gleich wie dem Hertzen weh' es tuht
    Wen es fühlt tieffe Wunden/
Recht so sol uns auch sein zu Muht'/
    Im Fall' uns hält gebunden/
Die Sünd' und Bösheit manger Ahrt/
    Da mus nun sein zerschlagen
Das Hertz/ und wer' es noch so zahrt/
    So mus es sonder Klagen
Die Straff' auch willig tragen.

11.

Ein solches Hertz/ mit Reu geschmükt/
    Kan Gott allein gefallen/
Es wird in Seiner Lib' entzükt/
    Und siehet dis für allen/

Daß

Den der HErr ist gnädig/barmhertzig/u.s.w.

Daß nur sein sündlichs Fleisch und Bluht
   Mag wol gekreutzigt werden/
Alsden ist Gott sein höchstes Guht
   Im Himmel und auf Erden/
   Kein Feind kan ihn gefehrden.

LIX.

Brich itz herfür mit Freud und Wonn'/ O du so theure

Gnaden Sonn'/ O lieblichs Vatter Hertz! Wie plötzlich

Die Neun und Funfzigste Musikalische Hertzens-Andacht

Uber eben diselbe hochnöhtige Ermahnung Gottes zur Buhsse/ verzeichnet durch den Propheten Joel in Seiner Wahrsagung am zweiten Kapittel b. 13. / sonderlich über die letsten Wohrte desselben Spruchs/ welche uns lehren/ warum wir uns zur wahren Buhsse sollen wenden/ darin nemlich / dieweil Seine unermäsliche Güthe uns darzu locke und reitze/ wie denn selbige Wohrte hievon also lauten

Den der HErr ist gnädig/ barmhertzig gedültig/ von grosser Güthe/und gereuet Ihn bald der Straffe.

Dises kan auch gesungen werden nach der Melodie des gahr wolbekanten Liedes :

Warum betrübst du dich mein Hertz/ u. s. w.

1.

BRich itz herfür mit Freud' und Wonn'
Du so theure Gnaden Sonn'/
O liblichs Vatterhertz!
Wie plötzlich geht dein Zorn vorbei
Und ich werd' aller Plagen frei!

2. Solt

2.
Solt' ich mich kehren nicht zu Dir/
Der Du mir doch die Gnadenthür'
   Eröfnet so gahr gern?
Du lässest Dich erbitten bald
Dein Eiszersgluht wird plötzlich kalt.

3.
Du handelst/HErr/in diser Zeit
Mit mir nicht nach Gerechtigkeit/
   Du wahrtest gern auf mich/
Ja höhrst mich auch zur jeden Frist
Demnach Du so sanftmühtig bist.

4.
Solt' ich nicht willig meine Schuld
Bekennen/der Du ja Gedult
   Mit meiner Schwachheit trägst?
HErr/Guhtes und Barmhertzigkeit
Die folgen mir zur jeden Zeit.

5.
Solt' ich nicht wirken was ich muss
Und vollenbringen wahre Buhs/
   Da doch die Straff' und Pein/
So mir zu leiden stets gebührt
Dein vätterliches Hertz ja rührt?

6.
Gleich wie der Kinder Angst und Schmertz
Den Eltern bricht ihr treues Hertz/
   Daß sie ja solten gern

Auch

Auch für der schwachen Kinder Rüh'
Ihr Leib und Leben setzen zu:

7.
So libt uns Gott/ das höchste Guht/
Den Jesus hat sein theures Bluht
    Vergossen mildiglich/
Und ist gestorben/ nur das wir
Ihm leben möchten für und für.

8.
Ein Mutterhertz kan endlich doch
Vergessen ihres Kindleins noch/
    Gott aber nimmermehr/
Er hat uns gleich zum theuren Pfand
Gezeichnet in Sein' eigne Hand.

9.
Ein Gott der so barmhertzig ist/
Der seiner Kinder nie vergist/
    Wird auch nicht geben zu/
Daß ein zerschlagnes Hertz verderb'/
Und kläglich ohn Erquikkung sterb'.

10.
Ist Gott doch Selbst die Lib' und Treu/
So für und für an uns wird neu/
    Gott trägt mit uns Gedult/
Er wil nicht/ daß noch gros/ noch klein/
In Sünden sol verlohren sein.

11.
O libreichs freundliches Gemüht!

O daß

lerhöchsten Gühť/
r Buhsse führt!
e Vatter gibt uns Zeit/
z der Barmhertzigkeit!

12.
o manches tausendmahl
aß der Sünden Zahl
sch aussprächen kan/
läst Er gern die Schuld/
anstmüht/O Gedult!

13.
ünde gros und schwehr/
ls das weite Meer;
iel grösser noch
n Gühť und Freundligkeit/
on aller Schuld befreit.

14.
Guht ist Gott allein
Er nichts als gühtig sein/
: Seine Lust/
hält' in sichrer Ruh'.
tunden Guhtes tuh'.

15.
Sonn am Himmel steht/
Himmel selber geht/
reicht Seine Gnad'.
eu/O Gühť/O Lust/
: Schatz ist mir bewust!

366   60. Muf. Hertzens Andacht aus Pf. 102. v. 10. 13.

16.
Ach solt' ich mich nicht bessern gern?
Ist Gottes Straffe doch sehr fern/
  Im fall' es mich gereut/
Und straft Er gleich/ so thut Ers bloß/
Damit Er mich nicht gahr verstoß.

17.
Ey/ Gott verstöst nicht ewiglich/
Drum/ ob Er wol betrübet mich/
  So weis ich doch gewiß/
Daß Er mich nicht von Hertzen plagt/
Ich bin Sein Kind/ das Ihm behagt.

18.
Drauf schliss' ich: wen ich beichte frei/
Ja hertzlich meine Schuld bereu/
  Alsden gereut Dich auch
Der Straff'/ O Gott/ drum preis ich Dich
Hier in der Zeit/ dort ewiglich.

LX.

Sehr sch,wehr ist meiner Sünden Last Die

Bo- dem Sie hat mich dergestalt erschrekt Daß

mir noch Trank noch Speise schmekt Daß mir ge-

steht

568 60. Muf. Herzens Andacht aus Pf. 102. v. 10-13.

steht der Odem   Hinfohrt ist mir gahr keine

Lust   Für solcher Höllen Angst bewust.

Die Sechszigste Musikalische
Hertzens-Andacht

Uber die schöne Bekehrungswohrte des Königs und Propheten Davids/ in welchen Er handelt von den Eigenschafften wahrer Christlicher Buhsse/ wie diselbe beschrieben steht in Seinem 102. Psalm v. 10-13./ und also lauten:

Ich esse Asche wie Brod/ und mische meinen Trank mit Weinen für Deinen Dräuen und Zorn / das Du mich aufgehaben und zu Bodem gestossen hast
Mein

3.

Ja HErr/ Ich bins fürwahr nicht wehrt/
Daß Du mir hast so viel beschert/
    Ich muß mich schlechter schätzen
Als alles/ was auf Erden lebt/
Was in der Luft und Wassern schwebt/
    Mich sol kein Ding ergetzen/
Ein armes Würmlein bin ich nur/
Ja die verschmähste Kreatur.

4.

Ich hass' in diser schnöden Welt
Was manger für sein Höchstes hält/
    Kein Ehrgeitz sol mich treiben/
Die Wollust weiche schnel von mir/
Geitz/ Lügen/ Zorn/ und Lustbegier/
    Die müssen ferne bleiben/
Samt allem was durch Satans List
Dem Fleisch zwahr süß/ doch schädlich ist.

5.

Mein Kreutz das nehm' ich gern auf mich/
O HErr/ und trag' es williglich
    Dir nach/ den solches Leiden
Hab' ich verdient wol tausendmahl/
Drüm wär' auch noch so groß die Quahl/
    Wil ich sie doch nicht meiden/
Fluch/ Armuht/ Krankheit/ Spott uñ Hoh
Ist noch ein schlechter Sünden Lohn!

6. J

6.
Ich weiſ es ſchon von langer Zeit/
Daß ich mein Heil und Seligkeit
　　Gantz liederlich verſchertzet/
Doch/daſ ich meines Schöpfers Ehr/
Hiedurch beleidigt gahr zu ſehr/
　　Daſ iſts/daſ mich ſo ſchmertzet/
Nur diſe Böſheit hat geſchwind'
Auſ mir gemacht ein Höllenkind.

7.
Nun bin ich der verlohrne Sohn/
Der billig mag mit Spott und Hohn
　　Nur faule Treber eſſen;
Dein Kind zu ſein bin ich nicht wehrt
Mein Hertz/O Gott/iſt hoch beſchwehrt/
　　Diweil ich Dein vergeſſen;
Ach wer' ich nur Dein ärmſter Knecht!
Ich ſuche Gnad' und gahr kein Recht.

8.
Ich bin ein Hündlein/laſ doch nur
O Gott/Dein arme Kreatur
　　Der Brohſamlein genieſſen/
Die deine Kinder achten nicht/
Wie dort daſ Weib von Kana ſpricht/
　　HErr laſ Dichs nicht verdrieſſen
Zu gehen bald hinauſ von mir/
Ich ſchäme mich zu ſehr für Dir.

　　　　　　Aa ij　　　　9. Ich

9.

Ich bin ein Mensch vol Sünd' und Schand'
Ich bins nicht wehrt/ daß Du dein' Hand
   Voll Gnade mir erzeigest/
Noch daß Du mir zur Seiten stehst/
Ja gahr zu meiner Tühr' ingehst/
   Daß Du zu mir Dich neigest/
Und schaffest daß ich meine Zeit
Verschließ in Fried' und Fröligkeit.

10.

Für deinem Zorn/ HErr/ beb' ich sehr/
Für deinem Dräuen noch vielmehr/
   Du stössest mich zu Bodem/
Es tuht mir doch kein Ding so weh'/
Als/ daß ich Dich beleidigt seh'/
   Ach/ mir vergeht der Odem!
Reich bist Du von Gerechtigkeit/
Auch reich von Gnad' in Lib' und Leid.

11.

Du bist die Wahrheit ewiglich/
Noch hab' ich HErr verletzet Dich
   Mit unverschämten Lügen/
Du hast uns deinen Sohn geschenkt/
Den alle Welt so hart gekränkt/
   Die Straffe zu vergnügen/
Noch hab' ich ein verstoktes Hertz/
Daß endlich zwingt der Höllenschmertz.

374 61. Muſ. HertzensAndacht aus Eſ. 102. v. 12/13.

Die Ein und Sechszigſte Muſikaliſche
Hertzens-Andacht

Uber eben diſelbe Buhsrede des Königs und Propheten Dvids/ in Seinem 102. Pſalm v. 12/13./ beſchrieben/ ſonderlich über die letzte Wohrte deſſelben/ welche alſo lauten:

Meine Tage ſind dahin wie ein Schatten/ und Ich verdorre wie Graß; Du aber HErr/ bleibeſt ewiglich/ und Deine Gedächtniſſe für und für.

Diſa

Dises kan auch gesungen werden nach der Melodie/unseres aus den Himlischen Liedern wolbekanten
Behtgesanges:
Ist das nicht ein Werk der Gnaden/u.s.w.

1.

Nun/ich wil mich selbst erkennen
    Und in diser Eitelkeit
Nur ein schlechtes Gräslein nennen
    Das verdorret mit der Zeit/
Ach/Ich arme Kreatur/
Bin ein todter Schatte nur/
    Meine Tage sind mit Hauffen
    Wie die schnelle Fluht verlauffen!

2.

Meine Jahre sind vergangen/
    Gantz verdorret ist mein Safft/
Todes Furcht hat mich ümfangen/
    Und der Leib ist ohne Krafft/
Wie die dürren Kräuter stehn/
Welch' im Augenblik vergehn/
    So verzehret sich mein Leben/
    Das ich mus dem Tod' hingeben.

3.

Wie der Schatten sich nicht reget/
    Sintemahl ein todtes Ding
Von sich selbst sich nicht beweget/
    Sondern eilt dahin gering
Wen die Sonne läuft davon;
So/wen auch die Lebens Sonn'

Unser

Unser Gott wil von uns gehen/
Ists üm unser Heil geschehen.

4.

Wen die Sonn' auf grühnen Matten
   Immer näher komt heran/
So wird treflich klein der Schatten/
   Daſ man kaum Jhn spühren kan;
So/je näher Gott uns trit/
Bringt auch Seine Gaben mit/
   Wird der Mensch üm so viel kleiner/
   Und das Hertz üm so viel reiner.

5.

Wen das Licht der Sonnen fliehet/
   Wird der Schatte treflich groſ;
Wen sich Gott von uns entziehet/
   Läst die Seel' allein und bloſ/
Den so wird durch Stoltz und Pracht
Unser Hertz sehr groſ gemacht/
   Bleibet aber weit hienieden
   Von dem Schöpfer abgeschieden.

6.

Wen der Abend sich läst finden/
   Und die Sonn' hinunter geht/
Muſ der Schatten schnel verschwinden/
   Ob er noch so breit da steht;
So/wen auch die Lebens Sonn'
Uns verläst/und geht davon/
   Müssen wir den Platz quitiren/
   Ob wir noch so hoch stoltzieren.

7.

Wie der Schatten sich nicht reget
  Biß der Wind den grühnen Baum
Nur durch seinen Trieb beweget;
  So vergleich' ich einen Traum
Unser Leben/ das nur Spott
Ist und bleibet sonder Gott/
  Wie wir das nach weinig Jahren
  Eigentlich im Tod' erfahren.

8.

HErr/ wie sol ich Dich gnug loben/
  Daß ich nicht in meinem Sinn/
Habe mich durch Stoltz erhoben/
  Und von Dir getrennet bin?
Ach/ ich bin dem Schatten gleich/
Billig drum von Demuht reich/
  Nur das ich hie geistlich sterbe/
  Und nicht ewig dort verderbe.

9.

Aber Du wirst immer bleiben/
  Ob gleich ich muß die Gebühr
Zahlen/ Ey man wird doch schreiben
  Dein Gedächtniß für und für/
Da mich nun die Missetaht
HErr von Dir geschieden hat/
  Hoff' ich doch noch erst auf Erden
  Gantz mit Dir versöhnt zu werden.

Aa v   10. HErr/

10.

HErr/ich wil zu Dir mich kehren/
 Mich verschrend/ daß Du frei
Meine Seel' hie so wirst lehren/
 Daß sie Dir vereinigt sei/
Daß sie Dir hinführo leb'/
Auch so treulich an dir kleb'
 In Verfolgung/ Kreutz und Leiden/
 Daß sie nichts von Dir kan scheiden.

11.

Fliehe Welt/ mit deinen Schätzen/
 Kompt nur an Kreutz/ Trübsahl/ Noht/
Macht euch auf/ mir zuzusetzen/
 Teufel/ Hölle/ Sünd' und Tod/
Mein Erlöser Jesus Christ/
Bleibt doch ewig der Er ist/
 Sol ich leben/ sol ich sterben/
 Jesus läst mich nicht verderben.

LXII.

Der Tag des Todes ist besser den der Tag der Gebuhrt. 379

lebens / gebens } Was in der Welt Uns nachgestelt Was grausam uns geplaget Das wird gahr bald Nur durch Ge- walt Des Todes wegge- jaget.

Die

Die Zwei und Sechszigste Musikalische Hertzens-Andacht

Uber die nachdenkliche Wohrte des allerweisesten Königes Salomon / welche beschrieben stehen in Seinem Prediger am Siebenden Kapittel v.1. / und also lauten:

Der Tag des Todes ist besser den der Tag der Gebuhrt.

Dises kan man auch singen nach der Melodie unsers schönen Kirchenliedes:

Durch Adams Fall ist gantz verderbt / u. s. w.

1.

Der Tag des Todes ist fürwahr
   Viel besser als des Lebens /
Da man erwahrtet mit Gefahr
   Der Beßrung / doch vergebens;
     Was in der Welt
     Uns nachgestelt /
Was grausahm uns geplaget /
     Das wird gahr bald
     Nur durch Gewalt
Des Todes weg gejaget.

2.

In dem man in diß Jammertahl
   Und Elend wird gebohren /
So haben Trübsahl / Angst und Quahl
   Sich gegen uns verschwohren /
     Das macht die Sünd'
     O Menschenkind /

Die du pflegst mit zu bringen/
    Mit welcher du
    Must ohne Ruh'
Als ein Verstossner ringen.

3.
Ob wir nun gleich durch Christus Bluht
    Gereinigt sind von Sünden/
So kan die Lust doch Seel' und Muht
    Gahr leichtlich überwinden/
        Es regt sich doch
        Der Sünden Joch
Von Adam angenommen/
        Durch welches Gift
        Die Straff' uns trift/
Die Gott auf uns läst kommen.

4.
Es ist ein elend/kläglichs Ding
    Um aller Menschen Leben/
So bald der Mensch die Luft empfieng/
    Ward plötzlich er umgeben
        Mit Sorg' und Noht/
        Mit Furcht und Tod/
So wol/ der reich bekleidet
        Im Königs Trohn/
        Mit Pracht und Krohn'/
Als der/ so Mangel leidet.

5.
Wen einer meint/ daß er getahn
    Sein Bestes nun auff Erden/

So

So fehlts doch weit/ deß Lebens Bahn
   Muß ihm zum Fallplatz werden/
     Ein Augenblik
     Nimt das zurükk
   Auf welches wir beflissen
     Uns manges Jahr/
     Die Todenbahr
Hat eiligst diß zerrissen.

6.

Wen aber kompt die libe Zeit
   Daß wir im Fried' entschlaffen/
So hört auf alle Bitterkeit/
   Es enden sich die Straffen/
     Den Christus Tod
     Hat alle Noht
   Der Sünden weg genommen/
     Es kan kein Schmertz
     In unser Hertz
Bei solcher Ruhe kommen.

7.

Gleich wie wir nun der Sünden ab
   In Fried' und Freude sterben;
So gehen auch mit uns ins Grab
   Das Unglükk' und Verderben/
     Der Trähnen Naß/
     Der Neider Haß/
   Der Krankheit Hitz' und Flammen/

Der

Der Armuht Pfeil/
Des Traurens Seil/
Verschwinden alzusammen.

8.

O Tod wie handelst du so wol
Bei hochbetrübten Leuten/
Bei Menschen die der Schwehrmuht vol
Stets mit sich selber streiten!
Du bist der Mann/
Der helffen kan
Aus tausend Plag= und Nöhten/
Wer solte sich
Den williglich
Von dir nicht lassen tödten?

9.

Wir gaffen stündlich schier darnach/
Ob nicht auf diser Erden
Der Menschen gahr zu böse Sach'
Einst wolle besser werden?
Ach nein/ Ach nein/
Noht/ Angst und Pein
Die werden stets sich mehren
Den Glükk und Ruh
Wil immerzu
Den Rükken uns zukehren.

10.

Wollan/ es mus gestorben sein
In Jesu Christi Namen/

Drauf

Drauf geh'ich in sein Reich hinein/
Wohin die Märtrer kahmen/
Des Sterbens Tag
Kan alle Plag'
Und Trübsahl von uns scheiden/
O süsser Tod/
Aus aller Noht
Eil' ich durch dich mit Freuden!

LXIII.

O was für grosse Seligkeit Ist uns doch wie-
Daß Gott in diser Gnadenzeit Uns lässet of-

Die Drei und Sechszigste Musikalische Hertzens-Andacht

über den unschätzbahren/ sehr heilsamen Raht/ welchen d' grundgühtiger GOtt allen Menschen gibt/ und Sie be mittelst dessen treulich unterrichtet/ wie Sie Ihn/ wen zum hefftigsten über Sie erzürnet ist/ vollenkömlich wider können versöhnen/ wie denn Selbiger wird beschrieben bo dem Geistreichen Propheten Micha/ in Seiner Weiß gung am 6. Capitel v. 8. u. 1. in unserer Teutschen Sp also lautend:

Es ist Dir gesagt Mensch/ was guht ist und was der HErr von Dir sodert/ nemlich/ GOttes Wort halten/ und Libe üben/ und bemühtig sein für Deinem Gott.

Dises kan auch gesungen werden nach der Melodie des wolbekanten Weihenachtliedes:

Der Tag der ist so Freudenreich/ u. s. w.

1.
Was für grosse Seligkeit
   Ist uns doch wiederfahren/
Daß Gott in diser Gnadenzeit
   Uns lässet offenbahren
Was jederman zu thun gebührt/
Das bloß aus Seinem Wohrt herrührt/
   Wol dem der sich bemühet/
Daß bald zu leisten in der Taht/
Was Gott zu thun befohlen hat/
   Und nicht davon verziehet.

2. O Mensch

2.
Mensch/ es ist dir schon gesagt/
  Was Gott von dir begehret/
Du weist es wol was ihm behagt/
  Wie sich Sein Mund erklähret/
Erfodert/ daß du fohrt und fohrt
Als ein getaufter Christ Sein Wohrt
  Solst gläubig vollenbringen/
Drüm must du hören nicht allein/
Ich nein! Es muß gehalten sein/
  Wil man zum Himmel dringen.

3.
Ein Knecht/ der Gottes Willen weiß/
  Den uns die Schrift läst wissen/
Und tuht denselben nicht mit Fleiß/
  Der wird es zahlen müssen/
Die harten Schläge werden sich
O Mensch verdopplen grausamlich/
  Drüm nim es wol zu Hertzen/
Und lebe nach deß Höchsten Wohrt/
Daß Du nicht kommest an den Ohrt
  Der bittern Quahl und Schmertzen.

4.
Nicht alle welch' in diser Zeit
  HErr/ HErr/ zu sagen pflegen/
Sind Erben in der Ewigkeit
  Des Himmels Freud' und Segen;

Besondern die gehohrsam sind/
Und als ein wolerzognes Kind
   Stets tuhn des Vatters Willen/
Hie schikke sich ein jeder nach/
Damit er all sein Tuhn und Sach'
   Im Glauben müg' erfüllen.

5.

Wer Gottes Wohrt recht halten wil
   Und Sein Geboht wol fassen/
Der muß im Kreutz auch sanfft und still
   Sich allzeit finden lassen/
Der heist wol ein bewehrter Christ/
Der in der Noht gedültig ist/
   Der alles sein kan leiden/
Den wird noch Feind/ noch Freund/
Noch Krieg/noch Pest/noch Feur/noch Tod
   Von Jesu Libe scheiden.

6.

Nun lernet ferner was doch guht
   Für unserm Gott muß heissen?
Das nemlich/wen man Guhtes tuht/
   Und zwahr ohn' einigs gleissen/
Wen man den Negsten libt als sich/
Und schenkt den Armen mildiglich/
   Gibt Kleider den Verjagten/
Führt die/so sonst vertrieben sind
Zur Wohnung mit sich hin geschwind/
   Erbarmt sich der Geplagten.

7. Ach

7.

Ach hört / was Christus Selber spricht:
  Komt ihr Gebenedeiten /
Ihr habt gedacht an eure Pflicht /
  Steht mir zur rechten Seiten /
Ererbt das Reich / das euch beschehrt /
Ihr seid mir hertzlich lib und wehrt /
  Ihr habt Mich aufgenommen /
Ihr seids / die Mich gespeist / getränkt /
Mit Geld' und Kleidern Mich beschenkt /
  In Schwachheit zu Mir kommen.

8.

Bedenkt / was Jesus uns befihlt:
  Ihr meine Jünger übet
Barmhertzigkeit / die täglich zielt
  Nur auf den Negsten / Liebet /
Den dis Geboht geb' Ich aufs neu /
Das ihr mit wahrer Lib' und Treu'
  Einander stets umfanget /
Die Lib' ist ein sehr theurer Schatz /
Der überall behält den Platz /
  Der auch im Himmel pranget.

9.

Inmittelst sol kein Menschenkind
  Auf Werke sich verlassen /
Den die sind ohne Glauben Sünd'
Und würdig drum zu hassen /

Bb iij   Es

Es trotz' in diser kurtzen Zeit
Kein Mensch auf eigen' Heiligkeit/
  Noch heuchlische Gebehrden/
Was hier im Schos der Kirchen ist/
Das mus allein durch Jesum Christ
  Gerecht und seelig werden.

10.

Die Demuht sei der edle Stein
  Zuletst im Glaubensringe/
Ein Gotteskind mus niedrig sein/
  Das es die Welt bezwinge/
Drum sprich: HErr Gott/ ich armer Knec
Bin zu gering' und viel zu schlecht
  Der Treu/ so mir erwiesen
Dir geb' ich gantz für eigen mich
Du solst von mir auch Ewiglich
  In Sion sein gepriesen.

LXIV.

Seiner Weisheit hell' und klahr Sind auch sehr ernstlich zu betrachten Doch mus man auf was höhers achten.

Die Vier und Sechszigste Musikalische Hertzens-Andacht

Uber den sehr herlichen und kräftigen Trostspruch des Geistreichen Propheten Micha/ in welchem er die unaussprechliche Barmhertzigkeit unsers Gottes/ über alle maßen rühmet/ wie denn derselbe beschrieben zu finden/ in seiner Weissagung am 7. Kapittel v. 18/19. ¶ und in unserer Teutschen Sprache also lautet:

Wo ist solch ein Gott/ wie du bist? Der die Sünde vergibt/ und erlässet die Missethat den übrigen Seines Erbtheils

Der seinen Zorn nicht ewiglich behält/
den Er ist barmhertzig. Er wird Sich
unser wieder erbarmen / unsere Misse-
that dämpfen/ und alle unsre Sünde
in die Tieffe des Meers werffen.

Dises kan auch gesungen werden nach der Melodie unsres
schönen Pfingstliedes:
Komm' heiliger Geist/ Herre Gott/u.s.w.

1.

Erwundre dich mit Dankbarkeit
Mein Seelichen/ zur jeden Zeit/
Das Gott die Himmel/ Meer und Erden/
Durchs Wohrt allein hat lassen werden/
Den dise Werke zeugen zwahr
Von Seiner Weisheit hell' und klahr/
Sind auch sehr ernstlich zu betrachten/
Doch mus man auf was höhers achten.

2.

Zwahr/ Gottes Macht ist treflich gros/
Viel grösser aber/ das Er blos
Die Menschenkinder hat geliebet/
Die gleichwol Ihn so hart betrübet/
Wer ist so from zur jeden Frist/
Wie Du getreuer Vatter bist?
Du läst Dich allen gnädig finden/
Die sich mit Lib' an Dich verbinden.

3.

Du bist ein Gott der früh' und spaht
Vergibt die Sünd' und Missetaht/

Wir waren Dir ja hoch verpflichtet/
Doch solche Pflicht ist längst vernichtet/
Da spührt man wie du trägst Gedult
Mit uns/ dazu die grosse Schuld
Womit wir Dir verhaftet waren/
Aus lauter Gühte lässest fahren.

4.

Wir sind ja leider! faule Knecht'/
Und werden doch für Dir gerecht/
Nicht durch die Werk als die nichts nützen
Noch für der Höll' uns können schützen
Du bist nun in der Gnadenzeit
O Jesu/ die Gerechtigkeit/
Kraft welcher wir für Gott bestehen/
Und dort Sein Antlitz sollen sehen.

5.

Die Sünd' ist solch' ein schwehre Last/
Welch' uns zur Höllen drüket fast/
Die vielmahls Leib und Seele kränket/
Ja gäntzlich in den Abgrund senket;
Ach aber/ deine sondre Güht'
O HErr/ und vätterlichs Gemüht/
Das übersleust von lauter Gnaden/
Kan uns der schwehren Last entladen.

6.

Wem' aber wird die Missethat
Erlassen? Dem/ der Antheil hat
Am Erbe/ das der HErr erwehlet
Und Seinem Reich' hat zugezehlet/

Diſ heiſt auch David die Gemein'
In welcher Chriſten müſſen ſein/
　Welch' er von Alters hat erworben/
　Den Chriſtus iſt für ſie geſtorben.

7.
Was iſts den/ das den Höchſten treibt/
Das Er uns ſo gewogen bleibt?
　Barmhertzigkeit die bringts zu wegen/
　Daß ſich Sein harter Zorn muſ legen/
Durch Jeſum Chriſtum iſts geſchehn/
Das wir in Gnaden widrum ſtehn/
　Und nun auſ der Verdamten Orden
　Sind Gottes libſte Kinder worden.

8.
Zwahr eifrig iſt der ſtarke Gott/
Der mit den Sündern keinen Spott
　Nach Ahrt der Menſchen pflegt zu treiben/
　Doch wil Er ſtets nicht eifrig bleiben/
Er nimt die Straffe bald zurük
Es währt Sein Zorn ein Augenblik/
　Den Seine Gnad' hat Luſt zum Leben/
　So gern mag Er die Schuld vergeben.

9.
Gott zürnet zwahr/ doch nicht ſo hart/
Das Er Sein' arme Wiederpart
　Solt' endlich gantz und gahr verderben/
　Er wil nicht/ das der Sünder ſterben/
Beſonder n ſich bekehren ſol/
Sein Hertz iſt treuer Libe vol/

Er zürnt/ und hat doch unterdessen
Das Gnädig sein noch nie vergessen.

10.

Wie nun der HErr den Zorn ablegt
Und Gnade zu beweisen pflegt;
 So merkt Er auch auf unser Bethen/
 Kraft welches Er wil untertreten
Die schwehre Sünd' und Missetaht
Welch' Ihn so hart beleidigt hat;
 Ey last uns den im Glauben kämpfen/
 So wird Er unsre Sünd' auch dämpfen.

11.

Das Unrecht/ das wir Ihm gethan/
Wil Er nicht bringen auf die Bahn/
 Er wil vielmehr zusammen binden
 Und lassen es im Meer verschwinden/
Am Ufer sol es bleiben nicht/
Noch kommen widrum fürs Gesicht/
 Er wil es in den Abgrund senken/
 Und dessen nimmermehr gedenken.

12.

O grosser Gott/ wer ist Dir gleich/
Wer ist wie Du von Güthe reich?
 Wer wird wie Du sich doch der Armen
 In ihrer höchsten Noht erbarmen?
Wer ist wie Du der Sünder Heil?
Ach bleib' auch ewiglich mein Theil/
 Ich wil mein gantzes Hertz Dir bringen/
 Und unaufhörlich Dir lobsingen.

Hertzens Andacht aus Ps. 104. b. 1/2.   397

LXV.

u bist das höchste Guth   Das unser-

tz und Muht   Wie schön bist du ge-

Wen ich in diser Leidens Zeit Be-

trachten

HErr mein Gott/ du bist herrlich und schön u.s.w. 399

Die Fünf und Sechszigste Musikalische
Hertzens-Andacht

Über die herliche Wohrte des Königes und Propheten Davids / in welchen Er handelt von der unaussprächlichen Schönheit Gottes/ wie diselbe beschrieben stehn im 104. Psalm v.1/2./ also lautend:

HErr Mein Gott/ Du bist herlich und schön geschmükket/ Licht ist dein Kleid/ so Du an hast.

Es kan auch gesungen werden nach der Melodie meines wolbekanten Morgenliedes:
Gott/ der Du Selber bist das Licht/ u.s.w.

1.

Gott/ der Du bist das höchste Guht/
Das uns erqüikket Herz und Muht/
Wie schön bist Du geschmükket!
Wenn ich in diser Leidenszeit
Betrachten mag dein Herligkeit
So werd' ich gantz entzükket/
Und wird die höchste Pracht der Welt
Klein durch Dich/ HErr/ fürgestelt.

2.

In Himmel ist doch nichts so gros/
Nichts gibt uns auch der Erdenkloos/
Das Dir HErr/ zu vergleichen/
Die Engel welche für Dir stehn/
Und prächtig zwahr sind anzusehn/
Die müssen plötzlich weichen
O Schöpfer/ deiner Majestät/
Die Tausend Sonnen Klahrheit hat.

3. Der

3.

Der Engel Licht entspringt ja gantz
Auß Deinem theurem Himmelsglantz/
   O Gott/wer kan gnug loben
Dein' unaussprächlich' Herligkeit/
Welch' alles Wechsels gantz befreit
   Bleibt ewiglich erhoben?
Wer Deine Zierd' im Geist bedenkt/
Wird schnel in HimmelsLust versenkt.

4.

O schönster Gott/ O theurster Schatz/
Daß noch die Sünd' in mir auch Platz
   Durch Satans List kan haben/
HErr/ das betrübt mich dergestalt/
Daß ich schier wolte mit Gewalt
   Mein eignes Hertz durchgraben/
Sol Deiner Schönheit güldner Schein
Durch solchen Koht beschmitzet sein?

5.

Jedoch/ weil Jesus/ Gottes Sohn/
Der Menschen Heil und Gnadenthron/
   Selbst ist ein Mensch geworden;
So hat Er uns auch schön gemacht/
Ja durch Sein' Angst und Kreutz gebracht
   In der gezierten Orden/
Itzt dekt Er unsre Mängel gantz
Durch Seinen Schmuk und Himmelsglantz.

6. Du

6.
Des Himmels Schönheit merk ich an/
Welch' ich nicht gnug betrachten kan/
  Wie glänzen doch die Sterne!
Wie nimt der Mond doch ab und zu/
Wie läuft die Sonn' ohn' End' und Ruh/
  Wie glinzert sie von ferne!
Hat solchen Schmuk die Sonn' allein/
Wie schön muß wol ihr Schöpfer sein?

7.
Der Kräuter/Bäum'/und Bluhmen Pracht
Nehm' ich auch billig itz in acht/
  Wem sol er nicht behagen?
Die Rosen/Lilien/Tulipan/
Bezieren so den Gartenplaan/
  Daß es nicht auszusagen/
Hat solchen Schmuk die Bluhm' allein/
Wie schön muß wol ihr Schöpfer sein?

8.
Wer kan sich doch verwundren gnug
Der Vögel Schnelheit/welcher Flug
  Oft streitet mit den Winden?
Wer kan recht setzen zu Papir
Den Unterscheid so vieler Tihr
  Auf Bergen und in Gründen?
Hat solchen Schmuk ein Tihr allein/
Wie schön muß wol sein Schöpfer sein?

9. Bald

9.

Bald ſuch' ich in der Erden Schooſ
Gold/edle Stein/ und Silberklooſſ/
　　Auch tauſend andre Schätze/
Hirinn betracht ich Gottes Güht'/
Auf daſ dadurch ſich mein Gemüht'
　　Abſonderlich ergetze/
Hat ſolchen Schmuk daſ Ertz allein/
Wie ſchön muſ wol ſein Schöpfer ſein?

10.

Ach Gott/ wie werden wir ſo ſchön
In jennem Leben für Ihm ſtehn/
　　Wen nunmehr iſt erſchienen/
Daſ wir den Schöpfer ähnlich ſind/
Schön/ mächtig/ heilig/ ſtark/ geſchwind'/
　　Und gleich den Cherubinen!
Ihn werden wir zur ſelben Friſt
Recht klährlich ſchauen/ als Er iſt.

11.

Doch alle Schön- und Herligkeit/
Welch' unſ in jenner Freudenzeit
　　Sol zugetheilet werden/
Die komt/ O Jeſu/ blooſ von Dir/
Drüm wünſch' und ſeuftz' Ich für und für/
　　Daſ bald ich von der Erden
Gen Himmel müge ſchwingen mich/
Dir Lobzuſingen ewiglich.

12. Da

12.

Da sol mein Leib/der hie nichts wehrt/
Und dort so herlich wird verklährt/
  Gleich wie die Sonne prangen/
Den weil/O Gott/Dein Kleid ist licht/
Kan mirs an Klahrheit mangeln nicht/
  Drům ruff' ich mit Verlangen:
Mein Heiland laß doch bald mich gehn
Dein höchste Schönheit anzusehn!

LXVI.

Packet euch ihr Widersacher — Packet euch mit Hohn und Spott/ Fraget nicht: was kanst du schwacher?

Der HErr ist gütig/u.s.w.

Die Sechs und Sechszigste Musikalische
Hertzens-Andacht

Uber die sehr tröstliche Verheissung / allen Kindern GOttes getahn / welche Ihrem Schöpfer hertzlich vertrauen / daß nemlich GOtt Ihre Burg und Festung seyn wolle / mahssen solches beschrieben ist / von dem Geistreichen Propheten Nahum in Seiner Weissagung am 1. Kapittel v. 7/8./ und in unserer Teutschen Sprache also lautet:

Der HErr ist gütig und eine Feste zur Zeit der Noht/und kennet die/so auf Ihn trauen. Wen die Fluht über her lauft/so ma-

66. Muſ. Hertzens Andacht aus Nah. 1.b. 7/8.

machet er es mit derſelben ein Ende/ aber
Seine Feinde verfolget er mit
Finſterniſſ.

Diſes kan auch geſungen werden nach der Melodie/ Meines/ aus den erſten Himliſchen Liedern wolbekanten Geſanges:
Jeſu/ Du mein libſtes Leben/ u.ſ.w.

1.

Pakket euch/ ihr Widerſacher
  Pakket euch mit Hohn und Spott/
Fraget nicht: was kanſt Du ſchwacher?
  Ich bin ſchwach/ doch ſtark iſt Gott/
Sonderlich in groſſen Nöhten/
Wen die Feind' uns wollen tödten/
  Wen die Fluht läuft überher/
Den ſo macht ers bald ein Ende/
O wie mächtig ſind Sein' Hände/
  Ihnen fält doch nichts zu ſchwehr!

2.

Billig werden Ihm gegeben
  Solche Namen/ die vol Kraft/
Welch' uns ſchützen Leib und Leben
  Durch Ihr' herlich' Eigenſchaft/
Er der Held/ der allerbeſte/
Unſre Zuflucht/ unſre Feſte/
  Unſer Schloſ und ſtarke Tühr'/
Unſer Heiland und Erretter/
Unſer Schutz in groſſem Wetter
  Hilft den Seinen für und für.

3. Eine

3.
Eine Statt/die fest und prachtig/
    Wird der Höchste recht genant/
Sintemahl er ist so mächtig/
    Daß Er keinen Wiederstand
Fürchten darf/es ist gegründet
Dise Statt/welch' überwindet
    Alle Welt/auf einen Stein/
Keine Macht kan Sie bezwingen/
Müh' und Fleiß wird nicht gelingen/
    Ewig muß sie siegreich sein.

4.
Laßt die Feinde listig lauren/
    Laßt sie gehn noch so geschwind/
Gott ist uns an statt der Mauren/
    Die dazu noch feurig sind/
Gott der stärket ihre Riegel/
Gründet ihren Berg und Hügel/
    Führt der tapfern Wächter Schaar/
Die den Feinden wiederstehen/
Daß sie schnel zu Grunde gehen/
    Ja verderben gantz und gahr.

5.
Aber/was das allerbeste/
    Guhte Waffen sind auch hier/
Jesus bleibt in diser Feste
    Unser Feldherr für und für/

Diser

Diser Held regirt nun drinnen/
Seine Thaten und Beginnen
  Zeigen an/wie stark Er sei/
Alle Heiden müssen zagen
Wen Er eifrig sie zu plagen/
  Rükt in Seinem Grim herbei.

6.

Spötter/welche Gott nicht kennen/
  Mügen nunmehr furchtsahm sein/
Aber wir/demnach wir nennen
  Jesum unsre Burg allein/
Dörfen uns nicht lassen grauen/
Wen wir schon die Feinde schauen/
  Drum komm' an du mächtigs Heer/
Gott ist unsre Stärk in Nöhten/
Der wird deine Krieger tödten/
  Seiner Hand ist nichts zu schwehr.

7.

Last die Berg' ins Meer versinken/
  Last die Welt gahr untergehn/
Last uns Spieß und Schwehrter winken/
  Last die Sonn' im Wasser stehn/
Last die Wellen grausahm wühten;
Gott der wil dennoch behühten
  Seine Statt/die lustig bleibt/
Den Er Selber wohnet drinnen/
Drum Er auch von ihren Zinnen
  Alle Macht und List vertreibt.

8. Kom-

8.

Kommet nur/ihr Feinde kommet/
　Schaffet/was euch tuhnlich ist/
Wisset aber/daß euch frommet
　Weder Macht/noch Raht/noch List/
Gottes Zorn und das Gewissen/
Satan der auf einen Bissen
　Zu verschlukken uns vermeint/
Trübsahl/Angst und tausend Plagen/
Ja zuletst des Todes Zagen
　Thun mir nichts/wie schwehr es scheint.

9.

"Were gleich mein hartes Leiden
"　Schwerer/als der Sand am Meer/
"Sol michs doch von Gott nicht scheiden/
"　Ach/es komt nicht ohngefehr!
"Alles geht nach seinem Willen/
"Drum wil ich auch kindlich stillen
"　Meiner Seelen Angst und Pein/
"HErr/ich weich' in keinen Nöhten/
"Würdest Du mich gahr auch tödten/
"　Wil ich doch der Deine sein.

10.

Meinen Feinden ist gesetzet
　Grosser Gott/von Dir ein Ziel/
Wen nun jemand mich verletzet/
　Halt ichs nur für Kinderspiel/

　　　　Ec v　　　　　　　Laß

Laß die Fluhten sich erheben/
Laß die stärkste Pocher streben/
Endlich komt die Zeit herbei/
Daß ihr Wühten muß verschwinden/
Unser Gott weiß Raht zu finden/
Ihm sei Lob/ den ich bin frei.

LXVII.

Verfluchte Sünd hinweg mit dir   Du solt nicht
Die Seelen/ welche gänzlich schier   Im Reich des

mehr beschmitzen   Bedenkt es nur/ daß Gott treibt
Satans sitzen

wahrlich keinen Spott Mit dem was Er befiehlt Drum

wer mit Sünde spielt/ Den wird das Rachschwehrt treffe.

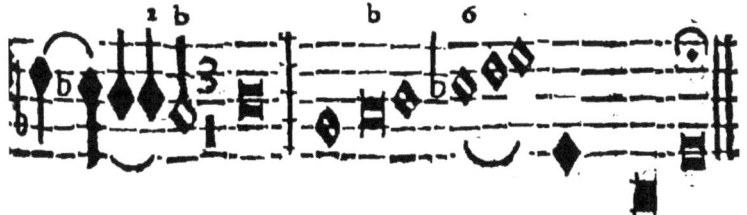

Die Sieben und Sechszigste Musikalische
Hertzens-Andacht

über die/ beides ernstliche Dräuung/ und zugleich freundliche Trostrede unseres GOttes / an alle guhte und böse Menschen/ welche uns beschreibet der Prophet Nahum in Seiner Weissagung am 1. Kapittel v. 2./3./ in unsrer Teutschen Sprache also lautend:

Der HErr ist ein eifriger Gott/ und ein Rächer/ ja ein Rächer ist der HErr/ und zornig: Der HErr ist ein Rächer wider seine

seine Widersacher / und der es seinen
Feinden nicht vergessen wird. Der HErr
ist gedültig/ und von grosser Kraft/ für
welchem niemand unschul-
dig ist.

Dises kan auch gesungen werden nach der Melodie und
wolbekanten Trost- und Kirchenliedes:
Ein feste Burg ist unser GOTT / u.s.w.

1.

VErfluchte Sünd'/ hinweg mit dir/
  Du solst nicht mehr beschmitzen
Die Seelen/ welche gäntzlich schier
  Im Reich des Satans sitzen/
Bedenkt es nur/ daß Gott
Treibt warlich keinen Spott
Mit dem/ was Er befiehlt/
Drum wer mit Sünden spielt
  Den wird das Rachschwehrt treffen.

2.

Gott ist ein starker Eiferer/
  Der Sünd' und Schand' heimsuchet/
Auch an den Kindern/ daß sie schwehr
  Oft werden drob verfluchet/
Drum schikket euch mit Fleiß/
Daß ihr auf Sein Geheiß
Den Lastern saget ab/
Damit Sein Eiferstab
  Euch nicht zur Höllen schmeisse.

3.

Bedenkt diß/ihr Verfolger/doch/
　Wen ihr so dürstig leget
Den Frommen auf ein schwehres Joch/
　Und mangen Sturm erreget/
Wie bald Sein Eifer kan
Auch schreklich greiffen an/
Sein Zorn ist als ein Schwehrt/
Das Rach' und Bluht begehrt/
　Das nie der Feinde schonet.

4.

Doch/daß Gott Selbst Sich eifrig nennt/
　Ist liblich für die Frommen/
Als welch' Er schon zum besten kennt/
　Ja gäntzlich hat genommen
In Seine Lib' und Gunst/
Den/wahrer Libe Brunst
Duldet nimmermehr/
Daß des Gelibten Ehr'
　Und Guht beleidigt werden.

5.

Merkt aber wol/ihr losen Leut'/
　Es ist der HErr ein Rächer/
Der euch/im fall' ihr sündigt heut/
　Schenkt morgen einen Becher
Erfüllt mit Grimm' und Rach/
Drauf folget Weh' und Ach/

Biß

Biß Sein erzürnter Muht
Gantz trunken wird von Bluht/
Alsden seid ihr bezahlet.

6.

Ihr aber/welch'ihr unsern Gott
   Von gantzer Seele libet/
Geduldet euch/wen Hohn und Spott
   Der Frevler euch betrübet/
Wollan/die Rach'ist Sein/
Er wird mit Angst und Pein
Bedekken gantz und gahr
Der losen Spötter Schaar/
   Ja sie zur Höllen stossen.

7.

Gott ist ein kluger Scheidesmann/
   Ein Rächer der den Schaden
Uns zugefügt/bezahlen kan
   Und schenken daß aus Gnaden/
Was uns der Feind geraubt/
Wol dem/der diß nur glaubt/
Daß Er die Frechen schilt/
Ja jedem so vergilt
   Als er es hat verdienet.

8.

Drum/must du leiden in der Welt/
   So glaub'es unterdessen/
Daß Gott/der Rach= und Eiferheld/
   Wird nimmermehr vergessen

…aſ Leid/ ſo dir geſchehn;
…ein' Augen werden ſehn/
…ie heftig noch die Raach
…ird denen folgen nach/
  Die Dich ſo hart betrübet.

9.

…leich aber/ wie Gott eifrig iſt/
  …So wil Er unſ auch zeigen/
…aſ Er Sein Hertz in ſchneller Friſt
  Gedültig könne neigen/
…rum führt Er ſtets unſ nicht
…zürnt in Sein Gericht;
…Er/ unſre Miſſethat
…ie ſie verdienet hat/
  Wird nicht im Grim vergolten!

10.

…weil Gott aber Seine Güht'
…Unſ läſt ſo reichlich ſpühren/
…o laſ ja keiner ſein Gemüht'
  In Sicherheit verführen/
…prich nicht/ O Menſchenkind:
…ein Gott iſt ſehr gelind;
…ch nein/ Er ſtraft auch hart
…ie ſtoltze Widerpart/
  Die ſeiner Gunſt miſbrauchet.

11.

…aſt unſ bereuen unſre Schuld/
  Und Gottes Gnad' erbitten/

Sprich

68. Muſ. Hertzens Andacht aus Pſ. 116. v. 7/8/9.

Sprich nicht: Groſ iſt Er von Gedult/
   Man kan die Leicht verſchütten;
Doch Gottes Lib' iſt groß/
Drum kleb' ich/ HErr/ auch bloß
An ihr/ und bitt' itz ſehr/
Du wolleſt nimmermehr
   Mir Deine Gnad' entziehen.

LXVIII.

Wie / daß Du dich itz kränkeſt Mein
Seelichen ſo hart Und gahr zu viel ge-
den

68. Muf. Hertzens Andacht aus Pf. 116. v. 5/8/9.

ein- mahl still.

Die Acht und Sechszigste Musikalische Hertzens-Andacht

Uber den schönen Trost- und Kern Spruch des Königes u. Propheten Davids/ beschriben in seinem 116. Psalm v. 9./ mit folgenden Wohrten:

Sei nun wieder zu frieden/ meine Seele/ den der HErr thut dir guhts. Du hast meine Seele/ auß dem Tod gerissen/ meine Augen von den Träh meinen Fuß vom Gleiten. Ich wil wallen für dem HErren im Lande der Lebendigen.

Kan auch gesungen werden nach der Melodie unsers b kanten Kirchenliedes:

Wacht auf Ihr Christen alle/ u.s.w.

I.

WJe/ daß du dich itz kränkest
Mein Seelichen so hart/
Und gahr zu viel gedenkest
An deine Wiederpart/

D

Sei nun wieder zu frieden/ meine Seele/ u. s. w.

[ ]ie bald dich itz verjagen
  Auß deinem Hause wil?
[H]ör' auf hievon zu klagen
  Und sei doch einmahl still.

2.

[D]u bist in mir gewesen
  Vol Unruh/ Angst und Pein/
[G]en wilt du doch genesen
  Und widrum friedlich sein?
[D]u fürchtest/ daß dich treibe
  Der Tod mit gantzer Macht
[B]ald' auß disem Leibe/
  Der schon von Schwachheit kracht.

3.

[E]s brachte dir groß Leiden/
  Daß du mit schwehrer Noht
[V]on hinnen soltest scheiden
  Getrieben durch den Tod/
[D]u kontest dich ergeben
  Nicht leicht dem harten Schluß/
[D]ein Wunsch war: länger leben/
  Und sterben/ dein Verdruß.

4.

[N]un aber kehre wieder
  Mein Seelichen zur Ruh'/
[E]rmuntre meine Glieder/
  Schließ' alle Sorgen zu/
[U]nd must du gleich verlassen
  Dein' Herberg in der Zeit/

Wird dich doch widrum fassen
 Das Haus der Ewigkeit.

5.

Die Seelen der Gerechten
 Sind in des Höchsten Hand/
Und disen Gottesknechten
 Wird solch' ein schönes Land
Von Jesu selbst geschenket/
 Das/ wen man recht daran
Im Leiden auch gedenket/
 Man frölig jauchzen kan.

6.

Was magst du dich betrüben
 Mein Seelichen in mir?
Merk' auf das edle Liben/
 Wodurch dich für und für
Dein Heiland Selbst erquikket/
 Ja so viel Guhts dir thut/
Das gleichsahm wird entzükket
 Dein halberstorbner Muht.

7.

Hier kanst du Ruhe finden/
 Und weil dich Jesus liebt/
Das alles überwinden/
 Was dich bisher betrübt/
Er ist üm deinent willen
 Vom Himmel kommen her/
Des Höchsten Grim zu stillen/
 Der uns war viel zu schwehr.

8. Er

8.

Er ruft: Wir sollen kommen/
Die wir beladen sind/
So wird man aufgenommen
Mein Seelichen geschwind/
Es wird in weinig Stunden
Tod/Teufel/Höll' und Welt
Gantz Siegreich überwunden/
Und in den Staub gestelt.

9.

Es muß ein jeder wissen/
Wie GOtt so wunderlich
Dem Tode mich entrissen/
Weil Jesus Selber Sich
Im Kreutz hat lassen tödten/
Daß Er mich matt und bleich
Führt' auf den Todesnöhten
Zu Sich ins Himmelreich.

10.

Die muß man stetig weinen/
Das Kreutz ist uns bestelt/
Kan kans ja nicht verneinen/
Wir kommen auf die Welt
Mit heulen/seuftzen/klagen/
Wir bringen ohne Ruh'
Anmehr den tausend Plagen
Diß eitle Leben zu.

Dd iij 11. Nur

II.

Nur durch ein seligs Scheiden
  Vergehen gahr geschwind
Die Trähnen und das Leiden/
  Welch' unsre Speisen sind/
Nur Jesus wird abwischen
  Der Trähnen Bitterkeit/
Wen dort mit Ihm wir tischen
  Aus aller Noht befreit.

12.

Dein Fus wird nicht mehr gleiten
  Mein Seelichen/du solt
Auf ebnem Pfade schreiten/
  Den/Jesus ist dir hold;
Drum sei doch nun zufrieden/
  Du wirst (Kraft Seiner Treu)
Von Jesu nicht geschieden/
  Dein Kreutz ist schon fürbei.

LXIX.

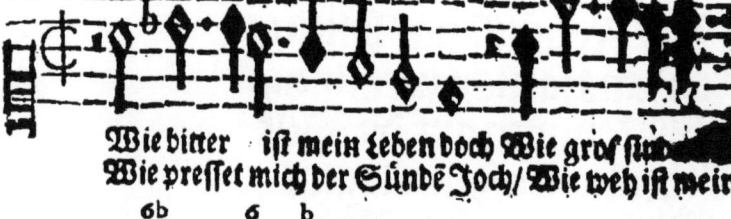

Wie bitter ist mein Leben doch Wie gros sind
Wie presset mich der Sünde Joch/ Wie weh ist mein

Die Neun und Sechszigste Musikalische
Hertzens-Andacht

Uber eben denselben vorhergesetzten schönen Kernspruch/ des
Königs und Propheten Davids beschrieben in Seinem
116. Psalm v. 7.

Sei nun wieder zu frieden/ meine See-
le/ u. s. w.

Dises kan auch gesungen werden nach der Melodie Meines nuhnmehr wolbekanten Weihenacht-
liedes:
Ermuntre dich/ mein schwacher Geist/u.s.w.

1.

WJe bitter ist mein Leben doch/
 Wie gros sind meine Schmertzen/
Wie presset mich der Sünden Joch/
 Wie weh' ist meinem Hertzen!
Für Unruh mus ich heulen sehr/
Mein Jammer häuft sich mehr und mehr:
 Kein Mensch kan solche Plagen
 Noch SeelenAngst aussagen.

2.

Es quählet sich mein Muht und Sinn/
 Daß leider! Ich in Sünden
Empfangen und gebohren bin/
 Es kans kein Mensch ergründen/
Wie dises Gift/ so lang man lebt/
Gahr fest an unserm Fleische klebt/
 So/ daß an allen Seiten
 Uns Armen bleibt zustreiten!

3. All

3.

All' Augenblikk' erzitt'r' ich schier/
　Weil gleiten/ strauchlen/ fallen/
Mir noch so lang' hält für der Tühr'/
　Als wir im Fleische wallen/
Der Teufel läuft rund üm uns her/
Daſ From sein fält uns viel zu schwehr/
　Es ist sehr leicht versehen
　Daſ wir den Irrweg gehen.

4.

Mein Seelichen was klagst du viel/
　Wie magst du dich so kränken?
Ein Sünder sein hat auch sein Ziel/
　Du must nur diſ bedenken/
Daſ dich von solcher Eitelkeit
Gahr bald ein sanfter Tod befreit/
　Wer selig abgeschieden
　Der lebt erst recht im Frieden.

5.

Wen du der Welt hast guhte Nacht
　In deinem Gott gegeben/
So kan noch Fleisch noch Bluhtes Macht
　Dir fohrt mehr wiederstreben/
Sie kan dich ferner reitzen nicht
Zur Sünde/ welch' uns tödlich sticht/
　Diſ Gift/ in unſ gebohren/
　Hat dort die Kraft verlohren.

Dd v　　　6. Mein

6.

Mein Seelichen/da wirst du stehn
  Gleich als ein Uberwinder
Kein Teufel sol dich dort ansehn/
  Noch auch des Teufels Kinder/
Mit Freuden hast du obgesiegt
Der Welt/die dich so hart bekriegt/
  Ein End' hat alles Streiten/
  Kein Fus wird da mehr gleiten.

7.

Da sol es heissen: seht doch nur
  Wie treflich unsre Füsse
Betretten Sions güldne Spuhr/
  Welch' ich mit Jauchtzen grüsse/
Ey seht/wie Jesus mit der Taht
Vom Gleiten uns errettet hat/
  Itz stehn wir bei den Helden/
  Die Gottes Lob vermelden.

8.

Zwahr/libste Seele/solten wir
  In disem Leben wandlen
Nach Gottes Willen für und für/
  Und recht wie Christen handlen;
Ach aber/das so manges mahl
Wir irren/ja fast ohne Zahl
  Mit dem verdamten Hauffen
  Den krummen Irrweg lauffen!

9. Woll-

9.

Wolan/ es wird bald besser sein/
   Wir sollen Jesum sehen
In Seinem Pracht und Freudenschein/
   Auch selbst verkläret stehen;
O theurer Wechsel/ auf der Welt
Zu wandlen in des Himmels Zelt/
   Diß Eitle zu verlassen/
   Das Ewig' anzufassen!

10.

Ich kan und wil/ HErr Jesu Christ/
   Den Tod hinfohrt nicht scheuen/
Vielmehr werd' ich zur jeden Frist
   In Dir mich hertzlich freuen/
Du hast vom Tod' errettet mich/
Du hast mein' Augen kräftiglich
   Gestärket/ das die Zähren
   Nicht ferner sie beschwehren.

11.

Sei doch zu frieden/ libste Seel'/
   Dein Jesus wil dich speisen
Mit Freudenwein und Gnadenöhl'/
   Er wil dir guhts erweisen/
Es sol hinfohrt dein Wandel sein
Für Ihm/ da wirst du schön und rein
   Geschmükt mit Himmelskrohnen
   In Ehr' und Wonne wohnen.

Tod Gott zu Dienste gahr nicht meiden Dulden muß ein

frommer Christ Biß der Zorn fürüber ist.

Die Siebenzigste Musikalische
Hertzens-Andacht

Uber die sehr Trostreiche Wohrte / der frommen und gottseligen Sara / der Tochter Raguels / welche sie in der allergrössesten Traurigkeit ihres Hertzens/ in einem rechtgläubigem Gebehte für GOtt hat ausgeschüttet / wie diselbe beschrieben stehen / im Büchlein Tobias am 3. Kapittel v. 22/ 23./ also lautend:

Das weiß Ich fürwahr / wer GOtt dienet / der wird nach der Anfechtung getröstet/

tröstet/ und aus der Trübsahl erlöset/ und nach der Züchtigung findet Er Gnade. Den/ du hast nicht Lust an unserm Verderben; den nach dem Ungewitter lässet Du die Sonne wieder scheinen/ und nach dem Heulen und Weinen überschüttest Du uns mit Freuden/ deinem Namen sei Ehre und Lob/ Du Gott Israel.

Dises kan man auch singen nach der Melodie Meines wolbekanten Osterliedes:
Lasset uns den HErren preisen/ u. s. w.

1.

Lasset uns dem HErren dienen/
 Ungeachtet der Gefahr
Und der Trübsahl/ welch' erschienen
 Oft der allerfromsten Schaar/
Die Gerechte müssen leiden
 Trübsahl/ Elend/ Angst und Noht/
Ja sie müssen auch den Tod
Gott zu Dienste gahr nicht meiden/
 Dulden mus ein frommer Christ
 Bis der Zorn fürüber ist.

2.

Lasset uns gedültig tragen
 Unsers schwehren Creutzes Joch/
Glaubet mir das alle Plagen
 Endlich Gott wird lindern noch/

Lasset uns zum HErren schreien/
 Daß Er uns die grosse Schuld
Woll' erlassen/ und Gedult
 In der höchsten Noht verleihen/
Wer nun leidet als ein Christ/
 Spührt ja Hülff' in kurtzer Frist.

3.

Christus Jesus ward gezwungen/
 Daß Er Selbst des Kreutzes Last
Muste tragen/ ja gedrungen
 Von den Häschern/ daß Er fast
Unter solchem Joch' erliegen
 Und das Erdreich küssen must'/
Endlich sahe man mit Lust
 Ihn mit Freuden widrum siegen:
Leide nur mein frommer Christ/
 Gott der hilft in kurtzer Frist.

4.

Zwahr/ es müssen alle leiden/
 Welche Gott ergeben sind/
Gleichwol muß man unterscheiden
 Die/ so hart und die gelind'
In der Kreutzschuhl' oft sich üben;
 Hiobs Kreutz und Sara Pein
Müsten unterschiedlich sein/
 Es ist mangerlei Betrüben/
Leide du nur als ein Christ/
 Gott der hilft in kurtzer Frist.

5. Man

5.

Manger zwahr wird angefochten
　　Durch des Satans Grimm und Neid/
Andre/ wie die Feinde pochten
　　Musten ihre Bitterkeit
Und Verfolgung redlich schmekken/
　　Andre züchtigt Gottes Hand/
　　Dises ist ein Libespfand/
Daß uns nimmer läst erschrekken/
　　Leide drum nur als ein Christ/
　　Gott der hilft in kurtzer Frist.

6.

Dise Welt ist recht zu nennen
　　Unser Klag' und Marterhauß/
Da wir gleich im Leiden brennen/
　　Biß das Jammerspiel ist auß;
Ach! Es währt oft gahr zu lange/
　　Bald vermehrt sich die Gefahr/
　　Quåhlt uns auch viel Tag' und Jahr/
Ach! das macht dem Menschen bange!
　　Doch/ wer leidet als ein Christ/
　　Spührt auch Hülf in kurtzer Frist.

7.

Bessers ist doch nichts im Leiden
　　Als im Glauben tapfer stehn/
Auf des Höchsten Wohrt mit Freuden
　　Und auf Gottes Almacht sehn/

Durch

Durch den Glauben kan man siegen/
    Wen man schreiet Tag und Nacht:
Ach/ des Behtens grosse Macht
Läst uns nimmermehr erliegen/
    Drum/ wer glaubet als ein Christ/
    Spührt auch Hülff in kurzer Frist.

8.

Ob wir noch so kläglich weinen/
    Ob wir seufzen noch so viel/
Gott der kans nicht übel meinen/
    Gott der treibt mit uns Sein Spiel/
Wie die Eltern mit den Kindern
    Hatten offtmahls ihren Scherz;
Ach! das treue Vatterhertz
List die Libe nicht vermindern/
    Drum/ wer leidet als ein Christ/
    Spührt auch Hülff in kurzer Frist.

9.

Gott der läst uns nicht verderben/
    Seine Lib' ist viel zu groß/
Endlich kan ein Christ erwerben/
    Daß er wird des Kreutzes loß/
Nach dem Regen scheint die Sonne/
Auff den Sturm folgt stille Zeit/
Auff die Schmertzen Libligkeit/
Nach dem Trauren Freud' und Wonne/
    Leide dich den als ein Christ/
    Gott der hilfft in kurtzer Frist.

Ee   10. Groſ-

71. Muf. Herzens Andacht aus Psal. 119.

10.

Grosser Gott/ laß mich erfahren
  Deine Güth' und Angst in Noht/
Deinen Ruhm wil ich nicht spahren/
  Hilff im Leben/ hilff im Tod/
Hilff/ wenn ich von hinnen scheiden
  Und verlassen muß die Welt/
HErr/ Ich wil im Himmels Zelt
  Preisen dich/ mit Lust und Freuden/
Laß mich nur in schneller Frist
Schauen dich HErr Jesu Christ.

LXXI.

Heiß ich den nicht ein sündlichs Kind
Und thät ich gleich das sel be gern/ so
von Natur und geistlich blind zum guhten gahr er-
weicht es doch von mir zu fern/ so gahr bin ich ver-
storben?

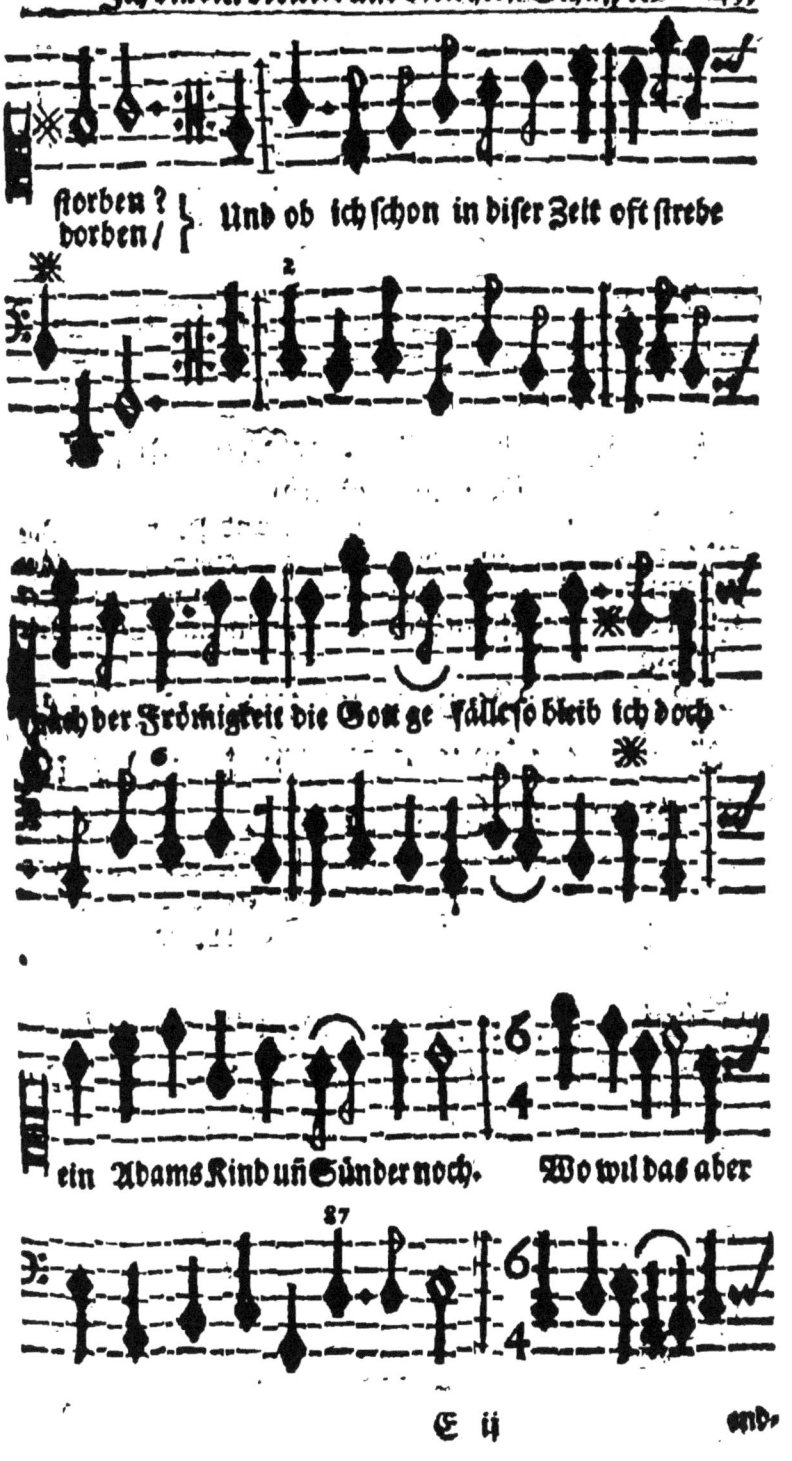

endlich hin/ daß ich so gahr verirret bin?

Die ein und Siebenzigste Musikalische Hertzens-Andacht/

Uber etliche schöne Wohrte des Königes und Propheten Davids/ in welchen er uns lehret/ wie wir Gott dem Herren täglich unsere Sünde sollen beichten und bekennen/ und werden dieselben beschrieben im 119. Psalm/ am letzten Verß/ also lautend:

Ich bin wie ein verirret und verlohren Schaf/ suche deinen Knecht: Den ich vergesse deiner Gebot nicht.

Kan auch gesungen werden nach der Melodie unsres sonst wolbekanten Kirchenliedes:
Hertzlich lib hab ich dich/ O Herr/ ꝛc.

I.

HEiß' ich den nicht ein sündlichs Kind/
Schwach von Natur/ ufftgeistlich blind/
Zum Guhten gahr erstorben/
Und thät' ich gleich dasselbe gern/
So weicht es doch von mir zu fern/
So gahr bin ich verdorben/
Und ob ich schon in diser Zeit
Offt strebe nach der Frömmigkeit/

Die

Die Gott gefällt/ so bleib ich doch
Ein Adams Kind und Sünder noch/
Wo wil das aber endlich hin/
Daß ich so gahr verirret bin?

2.

Ach Gott/ Ich bin ein Satans Knecht/
Wer macht mich Armen denn gerecht?
    Ich bin ein Knecht der Sünden;
Doch ich ergreiff hie Jesum Christ/
Der selbst ein Knecht geworden ist/
    Daß Er mich müg' entbinden
Vons Teufels List und Sklaverei/
Alsden so werd ich from und frei/
Ach! billig dien' ich Tag und Nacht
Nur meinem Gott aus aller Macht/
Der helff auch/ daß ich meiner Pflicht
Im dienen ja vergesse nicht.

3.

Ich weiß HErr/ daß dein lieber Sohn/
Dein' Herligkeit und Gnadenthron/
    Drum ist ein Knecht geworden/
Auff daß er mich/ der ich so gahr
Von Frömmigkeit entblösset war/
    Brächt in den schönen Orden/
Der dich erkennt/ dich libt/ dich ehrt/
Da solt ich billig dich so wehrt/
Ja wehrter halten als das Gold/
Und preisen dich/ daß du so hold/

So mild' und sanfft zur jeden Frist
Auch wol den gröbsten Sündern bist.

4.

Diß zwahr bekenn' ich/ solt' ich thun/
Merk' aber/ wie mich Armen nur
  Hat die Natur verführet/
Ich bin ein schwaches Menschenkind/
Drum irr' und strauchl ich offt geschwind/
  Thu nicht was mir gebühret/
Ich heiss' und bin ja Gottes Knecht/
Doch mach' ich es gar selten recht/
Ich bin ein Schäflein krank und schwach/
Dem offt der Höllenwolff schleicht nach/
So daß ich kaum entrinnen kan/
Ach Gott/ schau meinen Jammer an!

5.

HErr/ meine Seele liegt im Staub'/
Ach/ merk es doch/ ich muß zum Raub'/
  Itz meinen Feinden werden/
Ich gräme mich/ daß mir das Hertz
Verschmachten wil/ O Noht/ O Schmertz/
  Welch ich erduld' auff Erden!
Dir klag' ichs/ O getreuer Gott/
Die Stoltzen haben ihren Spott
In diesem Jammer für und für
Mit ihrer sondren Lust an mir/
Die böse Schaar macht mir zu bang'/
Ach HErr/ ich schrei': HErr/ wie so lang'!

       6. Ich

6.

Ich bin ein Schäflein / sag' ich noch /
Das durch das schwehre Sünden Joch
    Zu Bodem ist gedrükket /
O du verfluchte Missethat /
Die mich so hart verwundet hat /
    Wie geh ich itz gebükket!
In Trähnen schwimt mein Angesicht /
Mein Mund der schreit / HErr rechn' es nicht /
Ach hadre nicht mit deinem Knecht /
Ich bin verdamt / Du bist gerecht /
Kein Sünder kan für dir bestehn /
Er muß zu Grund' und Bodem gehn.

7.

Doch HErr / weil ich dein Schäflein bin /
Wirst du mich nimmer stossen hinn /
    Du wirst an mir erweisen
Recht als ein Hirt' in diser Zeit
Dein' hohe Lib' und Freundligkeit /
    Dafür wil ich dich preisen.
Steh' auff / mein Hirt' / und suche mich /
Und suchst du mich / so find' ich dich /
Bekehre mich dein schwaches Lamm /
Du meiner Seelen Bräutigam /
Ja finde mich durch deinen Geist /
Der mich ein libes Schäflein heist.

8.

Drauff ruff' ich / HErr / mit heller Stimm':
                              O du

72. Muf. Hertzens Andacht aus Hab. 2. v. 3. 4.

einzigs mahl? Wenn wirstu hören mein Geschrei?

Wenn kömt dein Hülff und macht mich frei?

Die zwei und Siebenzigste Musikalische Hertzens-Andacht/

Uber die schönen Wohrte des Propheten Habakuks/ welche uns der Göttliche Hülffe/ ob sie schon bißweilen etwas ziehet/ träfftiglich versichern/ wie dieselbe sind beschrieben in seiner Weissagung am 2. Kapitel/ v. 3. 4. und also lauten.

Die Weissagung wird erfüllet werden zu seiner Zeit/ und wird endlich frei an Tag kommen/ und nicht aussen bleiben. Ob sie aber verzeucht/ so harre ihr/ Sie wird gewißlich kommen/ und nicht verziehen. Sihe/ wer halsstarrig ist/ der wird

Die Weissagung wird erfüllet werden zu seiner Zeit/ꝛc.   443

wird keine Ruhe in seinẽ Hertzen haben,
Den der Gerechte lebet seines Glaubẽs.
Dieses kan auch gesungen werden nach der Melodie unsers
allgemeinen Bethgesanges:
Vatter unser im Himmelreich/ꝛc.

1.

ACh HErr/ wie magst du meiner doch
So lange Zeit vergessen noch?
Wird den die bittre Leidens Zahl
Erfüllet nicht ein einzigs mahl?
Den wirst du hören mein Geschrei/
Den komt dein Hülff und macht mich frei?

2.

Mein Kreutz hast du mir abgezehlt/
Auch so/ daß nicht ein einzigs fehlt/
Das Eine folgt dem Andern nach/
Biß endlich alles Ungemach
Geschlossen wird gantz Ritterlich/
Und dein Erlöster freuet sich.

3.

Gedult die sänfftigt mir das Hertz/
Gedult verschafft auch daß der Schmertz
Mich nicht so gahr verdrüssen kan/
Gedult die führt mich Himmel ann/
Gedult die bringt mir Fried' und Ruh/
Gedult schliest all mein Elend zu.

4.

Doch der Gerechte lebt allein
Des Glaubens/ Er kan sicher sein/

Daß

Daß er bei Gott in Gnaden steht
Und mit Gedult entgegen geht
Der Hülffe/die sein Hertz erquikt/
Welch' ihm von Gott wird zugeschickt.

5.

„ Es hat doch alles seine Zeit/
„ So wol die Freud' als Traurigkeit/
„ Kein Trübsahl trifft uns ungefehr
„ Von oben komt es alles her/
„ Der Schöpffer hats fürlängst versehn
„ Wenn diß und jennes sol geschehn.

6.

Drum heben wir in Noht und Pein
Zu Gott Hertz/Haupt und Mund all[ein]
Den/der hat alles in der Hand/
Glük/Unglük/Reichthum/Ehr' uñ Sch[and]
Ihm muß gehorchen Angst und Noht/
Fluch/Segen/Leben/Höll' und Tod.

7.

Ob ich nun schon zu meiner Buhß
Viel Schmach und Hohn erleiden muß/
Ja dulden Krankheit ohne Zahl
In disem Angst und Thränentahl/
So weiß ich/daß in kurtzer Frist
Erlösung doch fürhanden ist.

8.

Das Leiden hat ja seine Zeit/
Die Rettungsstund' ist auch nicht weit/

Doch

Die Weissagung wird ja erfüllet werden zu seiner Zeit.

Doch bleibt sie Gott allein bewust/
Der seinen Kindern hilfft mit Lust/
Der weiß auch/wenn die Mahß' ist voll/
Und wenn das Kreutz sich ändern soll.

9.

Des Leidens Zahl ist Gott bekant/
Er hat die Straffen in der Hand/
Nicht minder auch die Stund' und Zeit/
Wenn der Geplagter wird befreit/
Wie nun der HErr diß alles fügt/
Da bleib' ein jeder mit vergnügt.

10.

Es wil sich ja gebühren nicht/
Daß Gott uns gebe selbst Bericht/
Zu welcher Stund' er kommen wil;
Der muß ein Christ fein halten still/
Denn Gott hat dises wol bedacht
Nur vorbehalten seiner Macht.

11.

Gott hats verordnet recht und wol/
Wie lang der Mensch hie leben sol:
Gleich wie nun er das Ziel durchs Wohrt
Gesetzt/so hat er auch den Ohrt
Bestimmet/wo der Mensch in Ruh'
Und Angst die Zeit sol bringen zu.

12.

Gleich wie nun Gott von Ewigkeit
Uns hat verordnet Ohrt und Zeit;

So

So bringen diß auch die Beschwehr
Des Kreutzes und der Trübsahl her/
Drum weiß der Schöpffer Zeit/Ohrt/Ziel/
Als seiner Kinder Unglüks Spiel.

13.

Doch ist den Frommen nicht allein
Ein Ziel gesetzt in Noht und Pein;
Die böse Schaar muß auch daraun/
Die Gottes Volk so plagen kan /
Wenn ihre Zeit verflossen ist/
Trifft sie die Straff in schneller Frist.

14.

Ihr Brüder/seyd gedültig doch /
Bald wird der HErr der Feinde Joch
Zerbrechen/und uns lassen sehn/
Daß niemand kan für ihm bestehn/
Drum tret' ein jeder frei herfür/
Der Richter steht schon für der Thür.

LXXIII.

Nun laß' ich gäntzlich fahren die Welt samt
Welch'in vergangnē Jahren mir etwan

Ich aber wil mich freuen und frölich seyn in Gott/ꝛc. 447

aller lust } Daß eit le muß ver-
was be wust

ſwinden Ich weiß auch nicht zu finden In diſer

kurtzen Zeit. Freud' und Ergetzligkeit.

Die drei und Siebenzigste Musikalische Hertzens Andacht/

Uber einen zugleich sonderbahren Freudenspruch/ und sehr träfftige Trostrede wegen hertzlicher Erlösung aus grossem Jammer und Elende/ beschrieben von dem Geistreichen Propheten Habakuk/ in seiner Weissagung am 4. Kapittel/ v. 18. 19. in Teutscher Sprache also lautend:

Ich aber wil mich freuen und frölig seyn in Gott, meinem Heil. Denn der HErr HErr ist meine Krafft/ und wird meine Füsse machen wie Hirschfüsse/ und wird mich in die Höhe heben/ daß ich singe auf meinem Saitenspiel.

Dieses kan auch nach der Melodie meines/ unter den Teutschen Liedern wolbekanten Lobgesanges gesungen werden:
Von Gnade wil ich singen/ u. s. w.

1.

Nun laß' ich gäntzlich fahren
   Die Welt samt aller Lust/
Welch' in vergangnen Jahren
   Mir etwan war bewust/
Das Eitle muß verschwinden/
Ich weiß auch nicht zu finden
   In diser kurtzen Zeit
   Freud' und Ergetzligkeit.

2.

Wen alle Lust auff Erden
   In Eins verschmoltzen wer'/
Und mir schon könte werden
   So gahr des Kaisers Ehr'/

Ich

Ich aß ich die Welt könt' haben/
So würde doch nichts laben
   Mein Hertz in Noht und Pein/
   Als Gottes Güht allein.

3.

Ich darff kein Unglük scheuen
   In Trübsahl kan ich mich
Von gantzer Seel' erfreuen
   Und trauen festiglich;
Den/ sol mirs übel geben/
So wird mir nur geschehen
   Das/ was mein Schöpffer wil/
   Dem halt' ich billig still.

4.

Itz hab' ichs recht getroffen/
   Itz hab' ich Gott erblikt/
Den Himmel seh' ich offen/
   (O Glantz der mich erquikt!)
Da steht zu Gottes Rechten
Samt seinen libsten Knechten
   Der rechte Gnadenthron/
   Gott und des Menschen Sohn.

5.

O was für Freud' entspringet
   In meines Hertzens Schrein/
Demnach sich Jesus dringet
   In meine Seel' allein!
O Nam'! O Wohrt des Lebens!

Nun seuftz' ich nicht vergebens/
O Jesu/ bleib in mir/
Ich bleib auch stets an dir!

6.

Ob ich gleich bin beladen
Mit manger Angst und Noht/
So kan mir doch nicht schaden
Der Teufel/ Welt noch Tod;
Ja wen sie mir schon dräuen/
Wil ich mich doch erfreuen/
Und Rüstig sein in dir/
O Jesu/ meine Zier.

7.

Wen Krankheit solt' entstehen
Und plagen mich gahr sehr/
Wird sie doch bald vergehen/
Wen ich nur mehr und mehr
Mich hin zu Jesu wende/
Der legt alsden sein' Hände
Auf mich/ und macht in Eil
Mich von der Krankheit heil.

8.

Und wen ich gahr muß sterben/
So sol in Todes Pein
Mein Trost für dem Verderben
Der Name Jesus sein/
Den Würger laß' ich pochen/
Mein Jesus hat gebrochen/

Des Todes List und Macht
Durch seine Leidensschlacht.

9.

Mein Jesus wird vom Bösen
　　Zuletst noch wunderlich
Durch seine Güht' erlösen
　　Und widrum trösten mich;
Zwahr pflegt er zu betrüben/
Jedoch sein hertzlichs liben/
　　Das uns der Angst befreit/
　　Bricht schnell die Traurigkeit.

10.

Drauf sol für allen Dingen
　　Mein Hertz/Zung' und Gemüht'
JEsu dir Lobsingen/
　　Daß du so grosse Güht'
In mir hast gern erwiesen/
O JEsu sei gepriesen/
　　O JEsu/ meine Kraft/
　　Die stets mir Hülffe schaft!

11.

O Retter meiner Sachen/
　　Du kanst mich Freudenreich
Und meine Füsse machen/
　　Daß sie den Hirschen gleich
Aus grosser Noht entrinnen/
Den Sieg mus ich gewinnen/
　　Die Feinde wird man sehn
　　Mit Schanden hie bestehn.

12.

Wolan / ich bin erhoben
 Gahr herlich aus dem Schlamm /
Drauf wil ich freudig loben
 Itz meinen Bräutigam.
Auf Saitenspiel! Auf Psalter!
 Auf / du mein Lobgesang!
O Jesu / biß ins Alter
 Bring ich Dir Lob und Dank.

LXXIV.

Ich ruff' in meinem Schmertzen O
Demnach ich fühl' im Hertzen Viel

ser Gott zu dir /
lends für und für /
Du hörst mich a ber

nicht

Die vier und Siebenzigste Musikalische Hertzens-Andacht

Uber das gedultige Hertz des Königes und Propheten Davids/ welches er uns gantz klärlich hat gewiesen in folgendē Worten/ von ihme beschrieben in seinem 130. Psalm v.6. welche in unserer Teutschen Sprache also lauten:

Meine Seele wartet auf den HErren von einer Morgenwache biß zur Anderen.

Dises kan man auch singen nach der Melodie unsers bekanten Morgengesanges:
Aus meines Hertzengrunde/ u.s.w.

1.

Ich ruff in meinem Schmertzen
 O grosser Gott zu dir/
Demnach ich fühl' im Hertzen
 Viel Elends für und für;
Du hörst mich aber nicht/
 Du lässest mich hie sitzen
 Und in dem Jammer schwitzen/
Daß schier mein Haupt zubricht.

2.

Was mag ich aber klagen
 Und zwahr mit Ungedult?
Was darf ich dich viel fragen?
 Es ist bei mir die Schuld/
Mein Murren hörst du zwahr/
 Das nichts doch kan erwerben/
 Es bringt nur viel Verderben/
Ja stürtzt mich in Gefahr.

3. Ich

3.

Ich würde sehr verletzen
 HErr/ deine Lindigkeit/
Wen ich dir wolte setzen
 Im Leiden Mahss' und Zeit/
Du selber weist das Ziel/
 Drum/ wer in seinen Sachen
 Nur dich/ mein Gott/ läst machen/
Der hat gewonnen Spiel.

4.

So lang' ich leb' auff Erden
 Empfind' ich manche Pein/
Das offenbahr mag werden
 Das du nur müssest sein
Ein Helffer in der Noht/
 Der uns von allem Bösen
 Gantz kräfftig könn' erlösen/
Ja führen aus dem Tod'.

5.

Ach Gott/ wie mus ich schmekken
 So vielmahls Myrrensafft/
Auf das du mügst entdekken
 In mir des Glaubens Krafft!
Du merkst auf meinen Streit/
 Du schauest an mein kämpfen/
 Und ob ich werde dämpfen
Des Kreutzes Bitterkeit.

Ff iij 6. Du

6.

Du lässest auch erfahren
    Mich mangen Unglüksfall/
Durch solches zu bewahren
    Die Demuht überall/
Ach HErr/ wen Trübsahl muß
    Uns gleich mit Füssen treten/
    So geht es an ein Behten/
Drauf folgt erst wahre Buhß.

7.

Ach/ lasset uns nicht sorgen/
    Es ist dem Höchsten nicht
Die Stund' und Zeit verborgen/
    Wen uns das Freuden-Licht
Sol widrum gehen auf/
    Der HErr wird wahrlich kommen/
    So bald nur seine Frommen
Verbracht den Jammerlauf.

8.

Was wollen wir viel klagen/
    Da doch so freundlich ist
Gott denen/ welche fragen
    Nach ihm zur jeden Frist?
Wie köstlich ist es doch/
    Nur auff den HErren hoffen/
    Wer dises recht getroffen/
Fühlt kaum des Kreutzes Joch.

9. Es

9.

Es ist ja dise Tugend
	Hochrühmlich/ wen ein Mann
In seiner zahrten Jugend
	Das Kreutz recht tragen kan.
Wen er gedultig bleibt/
	Ob gleich viel Angstpfeil schnurren/
	Er gleichwol alles Murren
Aus seiner Seelen treibt.

10.

Drum/ hat mich schon getroffen
	Ein Kreutz/ das grausahm geht/
So wil ich dennoch hoffen/
	Da nichts zu hoffen steht/
Den Gottes Macht ist groß/
	Sein' Hand kan vielmehr schenken
	Als einer mag gedenken/
Und disem glaub ich bloß.

11.

Wer seinem Gott vertrauet
	In disem Trähnenthal/
Und auff die Wunder schauet/
	Welch' er ohn End' und Zahl
Fast Stündlich läst geschehn/
	Der wird im Kreutz nicht klagen/
	Viel weiniger verzagen/
Noch gahr zu Bodem gehn.

458   75. Muf. Hertzens Andacht aus Zach. 8. b. 16. 17.

12.

Was magst du dich betrüben
    Mein Seelichen/ sag' ann/
Sol dich das Kreutz nicht üben/
    Das uns so läutern kan?
Ach/ sei doch still in Gott/
    Den/ wer in allem Leiden
    Stets hoft auf ihn mit Freuden/
Wird nimmermehr zu Spott.

LXXV.

Kommet   all' ihr Christenleute/

Richter/ groß uñ klein/ kommet da sihr lernet heute

Was

75. Muſ. Hertzens Andacht aus Zach. 8. v. 16. 17.

Die fünf und Siebenzigſte Muſikaliſche Hertzens-Andacht

Uber die ernſtliche Ermahnung Gottes zur Treue und Redligkeit/ welche er gethan durch den Geiſtreichen Propheten Zachariam/ in deſſelben Weiſſagung am 8. Kap. v. 16. 17. beſchrieben/ in unſerer Teutſchen Sprache alſo lautend:

Das iſts das ihr thun ſollet: Rede Einer mit dem Andern Wahrheit/ und richtet recht/ und ſchaffet Friede in euren Thoren. Und denke keiner kein Arges in ſeinem Hertzen wieder ſeinen Näheſten/ und liebet nicht falſche Eide/ den ſolches alles haſſe ich/ ſpricht der HErr.

Dieſes kan auch geſungen werden nach der Melodie ſonſt wolbekanten Neuen Jahrs Liedes:
Hilf Herr Jeſu/ laß gelingen/ u. ſ. w.

1.

Kommet all'/ ihr Chriſten Leute/
  Prieſter/ Richter/ Groſſ und Kleine
Kommet/ daß ihr lernet heute/
  Was der HErr euch ins gemein'/
Als auch jedem unverhohlen/
Auszurichten/ hat befohlen.

2.

Höret doch/ ihr Gottes Lehrer/
  Redet nur was Wahrheit iſt/
Täuſchet nicht die Schaar der Höhrer/
  Welche ja durch Menſchenliſt

Eigne

Eigne Werk' und Scheingeberden
Leichtlich kan verführet werden.

3.

Schaffet Fried' in ewren Thoren/
       Auff ihr Richter richtet recht/
Heil und Wolfahrt ist verlohren
       Wen ein' Obrigkeit nur schlecht
Eignen Vortheil hie begehret/
Und das arme Volk beschwehret.

4.

Keiner lass' in seinem Hertzen
       Listige Gedanken sein/
Gott der läst nicht mit sich schertzen/
       Er erkent den falschen Schein
Samt den meuchlischen Gedanken
Ja so wol/ als ofnes Zancken.

5.

Unrecht schwehren sol man meiden/
       Falscher Eyd bringt anders nicht
Als zur Rach ein schwehres Leiden/
       Das oft Leib und Seele sticht/
Niemand sol dem Negsten liegen/
Noch im Himmel ihn betriegen.

6.

Wahrheit sol man gerne hören/
       Doch vorauf wens Gott betrift/
Lügen/ welch' uns oft bethören/
       Sind ein rechtes Höllen-gift/

Son-

Sonderlich in solchen Sachen/
Welch' uns müssen selig machen.

7.

Ruft ihr Jungen mit den Alten/
    Daß der HErr der Herligkeit
Wolle ja sein Wohrt erhalten
    Unter uns zu diser Zeit/
Da die Wahrheit so viel Plagen
Und Verfolgung muß ertragen.

8.

Leget ab die lose Lügen/
    Lasset doch das heuchlen sein/
Schämet euch/ den zu betriegen/
    Der ins Hertze schaut hinein/
Libt die Wahrheit/ seid beflissen/
Das ein Jeder sie mag wissen.

9.

Höchlich ist es zu beklagen/
    Daß die Welt so voller List/
Die kein Frommer kan ertragen/
    Und so reich von Falschheit ist/
Da man oft von freien Stükken
Wil einander unterdrükken.

10.

Höret doch ihr Sachenschlichter/
    Gott der ruft/ drum seid nicht taub/
Richtet als gerechte Richter/
    Hühtet euch für fremden Raub/

Und

Und für Frevel/ daß die Frommen
Nicht üm ihre Wolfahrt kommen.

11.

Richtet nicht/ nach eurem Willen/
 Daß ihr schädlich müget sein/
Und nur euren Beutel füllen/
 Sprechet nicht: Das Dein' ist mein;
Ach die Thränen der Gerechten
Können scharffe Ruhten flechten!

12.

Richtet recht/ und schont der Waisen/
 Thut den Wittwen nicht Gewalt/
Die sich oft mit Thränen speisen/
 Und für Unmuht werden alt;
Denkt doch/ daß sich Gott der Armen
Und der Fremden wil erbarmen.

13.

Lasset uns mit Freuden jagen
 Dem so theuren Friede nach/
Lasset uns nach Eintracht fragen/
 Fried' ist solch' ein' edle Sach'/
Als sonst auf dem Bau der Erden
Schwehrlich mag gefunden werden.

14.

Niemand sol in seinem Hertzen
 Arges auch gedenken nicht/
Ach es muß dem Negsten schmertzen/
 Wen sein Freund den Glauben bricht!

Gott

Gott/ der auch ins Hertz kan sehen/
Läst es nicht ümsonst geschehen.

15.

Hühtet euch für falschen Eyden/
    Den wer seinem Negsten schwehrt
Und nicht hält/ der mus ja leiden/
    Das ihn Gottes Grim verzehrt/
Den Gott selbst wil Zeug hie heissen
Und den Lügenstrik zerreissen.

16.

Gott gefält kein schändlichs Wesen/
    Drum wer Lust zu Lastern hat/
Der wird nimmermehr genesen/
    Gott der straft die Missethat/
Christen/ die recht Christlich leben/
Wil er nur den Himmel geben.

LXXVI.

Solt' ich mein Gott nicht täglich dich von gantzer
Daß du nicht wollest straffen mich noch deinen

lehre mich thun nach Deinem Wolgefallen/2c.   465

Gg   Die

Die sechs und Siebenzigste Musikalische Hertzens-Andacht/

Uber die schönen Wohrte des Königes and Propheten Dabids/ in welchen er Gott bittet/ daß ihn sein guhter Geist auf ebener Bahn führen/ und ihn lehren möge/ den Willen Gottes recht zu vollenbringen / wie den solches ernstliches Gebeht wird beschrieben im 143. Psalm v. 10. in unserer Teutschen Sprache also lautend:

Lehre mich thun nach deinem Wolgefallen/ den Du bist mein Gott/ Dein guhter Geist führe mich auf ebener Bahn.

Dises kan auch gesungen werden nach der Melodie seres wolbekanten Christlichen Haus- und Kirchenliedes:
Wie es Gott gefält/ so gefält mirs auch/ 2c.

1.

Solt' Ich/ mein Gott/ nicht täglich
Von gantzer Seele bitten/
Daß Du nicht wollest straffen mich/
Noch Deinen Grim ausschütten?
Weiß ich doch wol/
Daß ich bin vol
Von Sünd' und Ubertreten/
Drum komm' ich fein
Zu Dir allein/
Jm Glauben recht zu behten.

2.

Dich ruff ich ann/ wie du gesagt/
HErr Gott in meinen Nöhten/

Da

Da Satan mich so grausahm plagt/
 Da mich die Welt wil tödten/
  Da mir das Hertz
  Der Sünden Schmertz
 So jämmerlich itz drükket/
  Doch fühl' ich/ daß
  Ohn unterlaß
 Dein Wohrt/ HErr/ mich erquikket.

3.

Dein Wohrt ist ja die rechte Lehr'/
 Ein Licht/ daß uns erleuchtet/
Das uns erquikt je mehr und mehr/
 Ein Tau/ der uns befeuchtet/
  Ein süsser Trank/
  Wen wir uns krank
 Befinden an der Seelen/
  Es führt uns recht/
  Ja lehrt auch schlecht
 Entgehn des Satans Höhlen.

4.

So hilf mir nun/ mein frommer Gott/
 Doch thun nach Deinem Willen/
Das sagen ist ja nur ein Spott/
 Man muß es auch erfüllen;
  Den wer viel spricht/
  Und thut es nicht/
 Der wird dort nicht bestehen/
  Ein Heuchler muß

Ohn alle Buhß
Ins Loch der Höllen gehen.

5.

Ach aber/ daß wir sind so schlecht/
Und zwahr in Gottes Sachen/
Ach/ daß wir von uns selber recht/
Es nimmer können machen!
Drum sei Du HErr
Der Prediger/
Der uns die Wahrheit lehret/
Der uns macht klug
Und from genug/
Dazu den Glauben mehret.

6.

HErr/ leit auch mich auf Deinem Weg/
Und führe ja mich Blinden/
Auf daß zuletst den Glaubenssteg
Ich richtig möge finden/
Du bist der Geist/
Der allermeist
Des Glaubens Licht mir schenket/
Der in der Noht/
Ja gahr im Tod'
Aus Lib' an mich gedenket.

7.

Verleih' HErr/ daß ichs willig thu/
Was Du zu thun befohlen/
Hiedurch kan ich die wahre Ruh
Für meine Seele hohlen/

Drum

Drum steht hie still
Mein eigner Will'/
Hie darf kein Fleisch sich regen/
Auch Satan muß
Hie seinen Fuß
Als in den Kerker legen.

8.

Solt' ich nicht thun/ was Du begehrst
O Gott/ sehr groß von Gaben/
Der Du so reichlich uns beschehrst
Was wir von Nöhten haben?
Bin ich doch nur
Die Kreatur/
Der Du Leib Seel' und Leben
Geschenkt fürwahr/
Die sich auch gahr
Dir in der Tauff ergeben.

9.

HErr/ laß mich Deinen guhten Geist/
Den mir Dein Sohn erworben/
Der Advokat und Tröster heist/
Wen mich schier gahr verdorben
Der Sünden Macht/
Zu Tag und Nacht
Auf ebner Bahn doch leiten/
Wo der mich lehrt
Und recht bekehrt/
So werd' ich from bei Zeiten.

470   77 Muf.Hertzens-Andacht aus Sir. 41. b.3.4.

10.

Der Glaub' ist ja die rechte Bahn/
Die wir im Geiste wandlen/
Drauf wir nicht nach des Fleisches Wahn/
Besondern Christlich handlen/
Die Bahn ist eng'/
Und sehr gedreng'/
Ach Gott/ Du wirst uns führen
Auf diser Zeit
Zur Herligkeit/
Da stets zu Jubiliren.

LXXVII.

Ey solt' es auch wol müglich sein/ daß
Da doch daſſe ben kan allein Uns

den Tod be   geh   ren/   Die letste
und Luſt ge   weh   ren?

Die sieben und Siebenzigste Musikalische Hertzens-Andacht/

Uber den schönen Lobspruch des zeitlichen Todes/ welcher sonst von Jedermann so heftig wird gefürchtet und gescholten/ wie denselben verzeichnet hat der weise Haußlehrer Sirach/ in seinem Buche am 41. Kapittel v. 3. 4. in unserer Teutschen Sprach also lautend:

O Tod/ wie wol thust du dem Dürfftigē/ der da schwach und alt ist / der in allen Sorgen stekt/ und nichts bessers zu hoffen noch zu gewarten hat.

Dieses kan auch gesungen werden nach der Melodie unsers schönen Kirchen-Psalms:
Durch Adams Fall ist gantz verderbt/ ꝛc.

1.

Ey solt' es auch wol müglich sein/
   Daß wir den Tod begehren/
Da doch das Leben kan allein
   Uns Freud' und Lust gewehren?
     Die letste Noht
     Heist ja der Tod/
Der in die Welt gedrungen
     Durch Satans Neid /
     O Grausahmkeit/
Welch' alles Fleisch bezwungen!

2.

Es ist der Tod/ der Sünden Sold/
   Zur Straff uns aufgeleget/
Wie kan man sein dem Dinge hold/
   Das so viel Pein erreget?

Er

Er raubt doch gahr
Was unser war/
Er trennet Leib und Seele/
Der Leib muß fohrt
Von seinem Ohrt/
Und faulen in der Höhle.

3.
Der Tod benimt uns das Gesicht/
Er hindert auch das sprächen/
Er läst uns endlich hören nicht/
Bald muß das Hertz zerbrechen;
Wie kans den sein/
Daß solche Pein
Uns solte noch behagen?
Ja Mensch vernimm
Itz Gottes Stimm
Und laß dirs deutlich sagen.

4.
Ein Mensch der arm und elend ist/
Der hie muß Mangel leiden/
Begehrt gahr oft/ in schneller Frist
Aus diser Welt zu scheiden/
Oft ligt er für
Der Reichen Thür/
Bei welchen kein Erbarmen/
Da muß allein
Sein' Hoffnung sein
Der Tod/ das Heil der Armen:

5. Ein

5.

Ein armer Mann wird in der Noht
Von Freunden oft verlaſſen/
Wie könt ein' ſolcher nun den Tod
Des Lebens Anfang haſſen?
  Der Armuht Pfeil
  Verletzt in Eil'
Oft hochbetrübte Hertzen/
  So heftig zwahr/
  Daß ſie fürwahr
Nichts achten Todes Schmertzen.

6.

Noch ferner wird der Tod ſehr wehrt
Von denen auch geſchätzet/
Die Krankheit Tag und Nacht beſchwehrt/
Ja ſie mit Thränen netzet/
  Da hilft kein Guht/
  Noch friſcher Muht/
Die Krankheit kan diß dämpfen/
  Sehr Jamrig iſt
  Ein ſolcher Chriſt/
Der ſtets mit Ihr muß kämpfen.

7.

Drum fürchtet Er den Würger nicht/
Er wünſchet abzuſcheiden/
Er weiß/ daß/ wenn der Tag anbricht/
An welchem er mit Freuden
  Sol aufferſtehn
  Und Jeſum ſehn/

Er

Er den bald wird bekommen
   Kraft/Macht/Stärk'/Ehr'/
   Und was ihm mehr
Der Tod hat hingenommen.

8.

Was ist das Alter? Eine Last
  Des hochbemühten Lebens/
Viel ärger/als die Krankheit fast/
  Drum wünschet nicht vergebens
   Ein Alter bald/
   Auch die Gewalt
Des Todes nur zu schmekken/
   Sein Spies der kann
   Den schwachen Mann
Im weinigsten erschrekken.

9.

Wie mancher muß der Kinder Spott
  In seinem Alter werden?
Drum sehnet er sich stets nach Gott
  Als eine Last der Erden;
   Hie wird man blind/
   Bald gahr ein Kind/
Kan nichts hinfohrt verwalten/
   Nur Himmel ann/
   Da findet man
Die grosse Schaar der Alten.

10.

Noch ferner wird kein Mensch erschrekt
  Vom Tode/der in Sorgen

78. Muſ. HertzensAndacht aus Mal. 4. v. 1/2/3.

Und unerhörter Trübſahl ſtekt
Vom Abend biß zum Morgen/
    Die Sorge macht/
    Daſ oftmahls kracht
Das Hertz/ und manger ſchreyet:
    O ſüſſer Tag/
    Da mich der Plag
Ein ſanfter Tod entfreiet!

II.

Was haben wir in diſer Welt
O liber Menſch zu hoffen?
Uns iſt ein ander Hauſ beſtelt/
So bald unſ nur getroffen
    Des Todes Stich;
    Drum ſchikke dich
Schnell guhte Nacht zu geben
    Der Eitelkeit/
    Bald komt die Zeit/
Welch' ewig dich macht leben.

LXXVIII.

Herann ihr Spötter welche ſich   Für Gottes
Beſondern noch wol freventlich   Sich ihrer

Zorn

kluger Mann der Frieden kan be wah ren.

Die Acht und Siebenzigste Musikalische Hertzens Andacht/

Uber die zugleich ernstliche Buhß = und dabenebenst liebreiche Trostpredigt des Propheten Malachias/ beschrieben in seiner Weissagung am 4. Kapittel v. 1. 2. 3. in Teutscher Sprache also lautend:

Siehe/ es komt ein Tag/ der brennen sol wie ein Ofen/ da werden alle Verächter und Gottlosen Stroh sein/ und der künftige Tag wird sie anzünden/ spricht der HErr Zebaoth / und wird ihnen weder Wurtzel noch Zweig lassen. Euch aber die ihr meinen Namen fürchtet/ sol auffgehen die Sonne der Gerechtigkeit/ und Heil unter desselben Flügeln/ und ihr solet auß- und ingehen/ und zunehmen wie die Mastkälber. Ihr werdet die Gottlosen zutreten/ den sie sollen Aschen unter euren Füssen werden/ des Tages/ den ich machen wil/ spricht der HErr Zebaoth.

Dises

Siehe/es komt ein Tag/der brennen sol/ ꝛc.

dieses kan man auch singen nach der Melodie unsers bekanten Weihenachtliedeleins.
Ein Kindelein so löbelich/ꝛc.

1.

HEran ihr Spötter/welche sich
  Für Gottes Zorn nicht scheuen/
Besondern noch wohl freventlich
  Sich ihrer Boßheit freuen/
Da man doch solte Tag und Nacht
Nur auf das Ende sein bedacht/
  Und alles lassen fahren/
Das Haß und Neid entzünden kan/
Der ist fürwahr ein kluger Mann/
  Der Frieden kan bewahren.

2.

Bedenk'/O Mensch/der letsten Noht/
  Die dich wird überfallen/
Es nahet sich gahr bald der Tod/
  Auch sol die Stimm' erschallen/
Daß Christus Jesus zum Gericht'
Erscheinen wird/vergiß ja nicht
  O Sündenknecht/der Höllen/
Samt der Verdamten Angst und Pein/
Wo kein Geschöpff dir gnädig sein
  Noch Lindrung kan bestellen.

3.

Der Richter wird sich lassen sehn/
  Daran ist nicht zu zweifeln/
Drauf werden die Verdamten gehn
  Zu den verfluchten Teufeln/

Ju

In ihren Pfuhl der feurig ist/
Der grausahm wird zur jeden Frist
  Von Pech und Schwefel brennen/
Den wird sichs finden in der That
Was Jhnen der gedreuet hat/
  Den sie nicht wolten kennen.

4.

Auf Jhr Verächter/ welche Gott
  Von Hertzen nie gelibet/
Besondern Jhn mit Hohn und Spott
  Habt mangesmahl betrübet!
Auf Jhr Verführer/ die das Wohrt
Des HErren an so mangem Ohrt'
  Auf ketzrisch ausgeleget!
Auf Jhr Ruchlose/ welcher Haß/
Geitz/ Unzucht/ Schand'/ ohn unterlaß
  Hat Ergerniß erreget!

5.

Nur fohrt zum Feur und Strafgericht'
  Ihr Kleine samt den Grossen/
Jhr seid von Gottes Angesicht'
  In Ewigkeit verstossen/
Laufft zu den schwartzen Geistern hinn/
Die sollen euch sich zum Gewinn'
  Ohn End' und Labung quählen/
Es ist fürbei die Gnadenzeit
Itz kan die Pein der Ewigkeit
  Kein Menschenkind erzehlen.

6. Die

6.

Die Flamme brennet Lichterloh/
 Und die Verdamten schreien/
Sie sind die Stoppeln und das Stroh/
 Drum kan sie nichts befreien/
Das Stroh vergeht/ sie nimmermehr/
Und brennt die Höll' auch noch so sehr/
 Sie können nicht verbrennen/
O Menschenkind/ diß nim in acht/
Wach' auf und lern' ihr wolbedacht
 Diß alles recht erkennen.

7.

Euch aber/ welcher kindlichs Hertz
 Des HErren Namen liebt/
Euch sol nicht plagen Angst noch Schmertz/
 Noch was uns sonst betrübet/
Es sol euch nach der Leidenszeit
Die Sonne der Gerechtigkeit
 Zur Freud und Ehr' aufgehen/
Ihr sollet Jesum/ Gottes Sohn/
Der Menschen Heil und Gnadenthron
 In seiner Klarheit sehen.

8.

Die Sonn ist Gottes Wunderwerk/
 Was wir an Christo spühren/
Als seine Weisheit/ Macht/ und Stärk
 Ist billig zu berühren.
Die Sonn ertheilet ihren Glantz

Dem tunklen Mohn bald halb bald gantz;
    So wil auch Christus geben
Den treuen Lehrern diser Zeit
Die Strahlen seiner Libligkeit/
    Des Geistes Kraft daneben.

9.

O JEsu/ wunderschöne Sonn'/
    O Licht der frommen Seelen/
Wen fahren wir mit Lust davon
    Zu Dir auf diser Höhlen?
Ach/ könt' es doch nur bald geschehn/
Daß wir dein Antlitz möchten sehn
    O JEsu/ dich zu kennen!
So würd' ein solcher Himmelsglantz
Ja solch ein Licht uns machen gantz
    In Deiner Libe brennen.

10.

Ach HErr/ wen wird doch dises Heil
    Uns Armen widerfahren?
Wen wird dein Antlitz uns zu Theil/
    Wen wird sich offenbahren
Die Sonne der Gerechtigkeit/
Die wir in diser Gnadenzeit
    Von weitem nur erblikket?
Reiss uns aus diser Marterhöhl:
Alsden wird unser Leib und Seel'
    In deinem Reich erquikket.

Die neun und Siebenzigste Musikalische Hertzens-Andacht

Uber eine gantz ernstliche Ermahnung zu wahrer Busse unnd Bekehrung / unnd eine sehr herliche unnd überaus tröstliche Verheissung der Göttlichen Gnade / wie selbige verzeichnet zu finden bei dem Geistreichen Propheten Joel/ in seiner Weissagung am 2. Kap. v. 12/13. in unserer Teutschen Sprache also lautend:

So spricht nu der HErr: Bekehret euch zu mir/von gantzem Hertzen/mit Fasten/ mit Weinen/mit Klagen/ Zureisset eure Hertzen/ und nicht eure Kleider/ und bekehret euch zu dem HErren eurem Gott/ den er ist gnädig und barmhertzig/ gedultig und von grosser Güthe/ und reuet bald der Straffe.

Dises kan auch gesungen werden nach der Melodie des wolbekanten Hauß-und Kirchenliedes: Auf meinen lieben Gott/ ꝛc.

1.

Ihr Sünder geht herfür/
Die Straff ist für der Thür/
Itz nahen Angst und Schmertzen/
Drum kehret euch von Hertzen
Zu dem/ der euch gegeben
Witz/ Nahrung/ Fried' und Leben.

2.

Des Lebens gantze Zeit
Sol man in Frömmigkeit
Und Busse recht verschliessen/
Dafern man wil geniessen

Des

Des Allerhöchsten Segen/
Worann so groß gelegen.

3.
Heut' ist der rechte Tag/
Daran ein jeder mag
Die Gnadenquelle finden/
Die niemahls auszugründen/
Welch' alle Sünder labet
Und herlich sie begabet.

4.
O thörichts Volk/ vernim/
Was sagt des HErren Stimm'/
Itz ist das Stündlein kommen/
Da du wirst angenommen/
Itz must du schmertzlich büssen/
Viel Thränen auch vergiessen.

5.
Gedenk an deine Pflicht
Spahr' itz die Buhsse nicht/
Bis Krankheit dich beschwehret/
Ja gahr dein Fleisch verzehret/
Verzeuch nicht from zu werden/
Du Hand vol Staub und Erden.

6.
Sprich nicht: Ich bin noch stark/
Es ist ja weit zum Sark/
O thörichte Gedanken!
Der Tod zerreist die Schranken

Des Lebens / daß wir sterben
Und unbekehrt verderben.

7.
Du gehst nach eitlem Wahn
Mensch / in der Sündenbahn /
Laß ab von solchen Wegen
Die Gottes Grim erregen /
Hör' auf von Sündenwesen /
Alsden wirst du genesen.

8.
Wer Gottes Angesicht
In Demuht sihet nicht /
Wer nicht sein Hertz außschüttet
Und üm Vergebung bittet /
Der wird nicht wie die Frommen
Zu Gnaden angenommen.

9.
Es muß von Hertzen gehn /
Im Fall' hie sol bestehn
Das Bühssen und Bekehren /
Wie dise Wohrt' uns lehren /
Es heist / von gantzem Hertzen /
Hie gilt fürwahr kein Schertzen!

10.
Ach / daß so manger Christ
Ein grober Heuchler ist /
Der sich zum Schein nur stellet /
Als wen er sich gesellet

Zu längst bekehrten Leuten/
Die nie von Gott abschreiten.

11.

Gott/ als der Warheit Mund/
Schaut auf des Hertzens Grund/
Drum laßt uns sonder Gleissen
Auch unser Hertz zerreissen/
Und nicht/ wie vielmahls leider!
Geschieht/ nur bloß die Kleider.

12.

Wenn man nun dergestalt
Gleich wird für Trauren alt/
So kan man klährlich spühren/
Wie Gott pflegt zu berühren
Den Geist/ der gantz zuschlagen
Nach Ihm allein muß fragen.

13.

Barmhertzig/ gnädig/ guht
Ist Gott/ der willig thut/
Was wir von Ihm begehren/
Drum sol uns nicht beschwehren
Die Straff' und Lohn der Sünden/
Sein Grim muß oft verschwinden.

14.

Sind gleich der Sünden viel/
So hat dennoch kein Ziel
Des Allerhöchsten Gühte/
Sein freundliches Gemühte

488   80. Muſ. Hertzens Andacht aus Pſal: 145. b. 15. 16.

Das iſt ſo reich von Gnaden/
Daß uns kein Feind kan ſchaden.

16.

O Lieb'/ O Freundligkeit/
Welch' unſer Hertz befreit
Von Trübſahl/ Angſt und Schrekken/
Laß meinen Geiſt doch ſchmekken
Dein Freudenöl' im Leiden/
So ſcheid' ich ab mit Freuden.

LXXX.

Es wahrtet alles Her: auf dich u. in der

re get Was in der Luft und Waſſer ſich durch

deine

Aller Augen wahrten auf dich/ ıc. 489

deine Kraft beweget Es schaut auf dich das Klein uñ Groß/ auch wz der runder Erden Kloß in seinem Umkreiß heget.

Hh v   Die

Die Achtzigste Musikalische Hertzens-Andacht

Uber unser aller Ohrter wolbekantes Tischgebeht/ welches uns lehret und beschreibet der König und Prophet David in seinem 145. Psalm v. 15. 16. also lautend:

Aller Augen wahrten auf dich/ und Du gibst ihnen ihre Speise zu seiner Zeit/ du thust Deine milde Hand auf/ und sättigest Alles was lebt/ mit Wolgefallen.

Dises kan auch gesungen werden nach der Melodie unsers wolbekanten Dank- und Kirchenliedes:
Allein Gott in der Höh sei Ehr/ ꝛc.

1.

ES wahrtet Alles/ HErr/ auf Dich/
 Was in der Welt sich reget/
Was in der Luft und Wassern sich
 Durch deine Kraft beweget/
Es schaut auf Dich das Klein und Gross/
Auch was der runder Erdenkloos
 In seinem Umkreis heget.

2.

Es kan sich ja kein Menschenkind
 Durch eigne Kraft versorgen/
Den ob wir schon bemühet sind
 Vom Abend biß zum Morgen:
So thut man alles doch umsunst
Im Fall/ O HErr/ sich deine Gunst
 Uns Armen hält verborgen.

3. Wen

3.
Wen wir mit Adam hakken schon/
Und mit Elisa pflügen/
So werden wir doch schlechten Lohn
Von solcher Arbeit kriegen/
Wo du nicht/ HErr/ an uns gedenkst/
Und deinen Segen reichlich schenkst/
Der treflich kan vergnügen.

4.
Was hilft es das ich früh' und spaht
Viel pflantz' im Feld' und Gahrten?
Wer dich/ HErr/ nicht zum Helffer hat/
Des Thun wird sich nicht ahrten/
Dein Segen nützt uns weit und breit/
Er lehrt uns auch/ der Ernde Zeit
Fein mit Gedult erwahrten.

5.
Ja/ liber HErr/ wie soltest Du
Die Menschen nicht ernähren?
Dein' Hand ist nie geschlossen zu/
Die Rohtturft zu bescheren/
Dein Segen zeigt sich nah' und fern/
Den jungen Raben gibst du gern/
Auch das/ was sie begehren.

6.
Die Sperling' hüpffen auf dem Dach/
Und finden doch ihr Essen/
Die Hirsche gehn dem Futter nach/
Und werden nicht vergessen/

Du

Du nährest allerlei Geblüht'/
Ach HErr/ wer kan doch deine Güht/
   Und Libe recht ermessen?

7.

Doch/ wen man nicht erkennen wil
   Was deine Recht' uns schenket/
So hält dein Segen plötzlich still/
   Ditweil dein Hertz sich lenket
Alsden zur Straff' und Hungers-Noht/
Da fehlt es bald am liben Brod'/
   An dem auch/ was uns tränket.

8.

Sprich nicht: Die Frucht/ Korn/ Oel und Wein
   Sind durch mein' Arbeit kommen/
O Mensch/ laß doch dein rühmen sein/
   Du hasts von Gott genommen/
Der grosse Schöpfer weis es nur/
Was seiner armen Kreatur
   Zur rechten Zeit kan frommen.

9.

Wie/ wen ein treuer Vater pflegt
   Die Kinder zu begaben/
Und ihnen auf die Taffel legt
   Das/ was sie nöhtig haben;
O frommer Gott/ so stehn auch wir
Als deine Kinder stets für dir/
   Du must uns täglich laben.

10. Drum

10.

Drum aber ſol man ſagen nicht
    Mein Gott wird mir wol geben/
Was mir in diſer Zeit gebricht/
    Ich wil nur ruhig leben/
Nein/liber Menſch/du biſt gemacht/
Durch Fleiß und Arbeit/Tag und Nacht
    Der Nahrung nachzuſtreben.

11.

Drauf glaubet den ein frommer Chriſt
    Und fähet an zu bitten/
Nicht zweiflend/daß in kurtzer Friſt
    Der Höchſte werd' ausſchütten
Den Segen/welchen er begehrt/
Alsden wird ihm ſein Theil beſchert/
    Und das ſind Gottes Sitten.

12.

Du ſchlieſſeſt auf/Luft/Erd und Meer/
    Daß ſie gantz häufig bringen/
O Gott/was ich von dir begehr'/
    Ach ſeht doch nur wie dringen/
Die Vogel/Fiſch/und zahme Thier/
Dazu das Wild/und Korn herfür/
    Samt tauſend andern Dingen!

13.

O groſſe Weisheit/Hülff' und Gunſt/
    Die du der Welt erzeigeſt!
Diß ſchaffet deiner Libe Brunſt/
    Das du ſo gnädig ſteigeſt

Von

494 81. Muf. Hertzens Andacht aus Prov. 13. v. 26.

Von deinem Thron herab zu mir/
Wie sol ichs gnugsahm danken Dir/
　　Daß du so tief dich neigest?

14.

Nun HErr/ du machst den Leib mir satt
　　Nach deinem Wolgefallen/
Doch ist mein' arme Seel auch matt/
　　Ach speise sie für allen/
HErr/ segne mich in diser Zeit/
Dein Lob sol in der Ewigkeit
　　Durch meinen Mund erschallen.

LXXXI.

Die Weisheit Gottes ruft uns zu　Sie

schreiet auf der Gaſſen/　Wer finden wil die

wahrt

wahre Ruh der ſol nicht un ter laſ ſen

zu meiner Lehr' uñ Zucht zu komen/wol dem/ der

ſolch hat recht vernomen/ Drum ſaumt ja nicht/mein

ſüſſer

81. Muſ. Hertzens Andacht aus Prov. 23. b. 26.

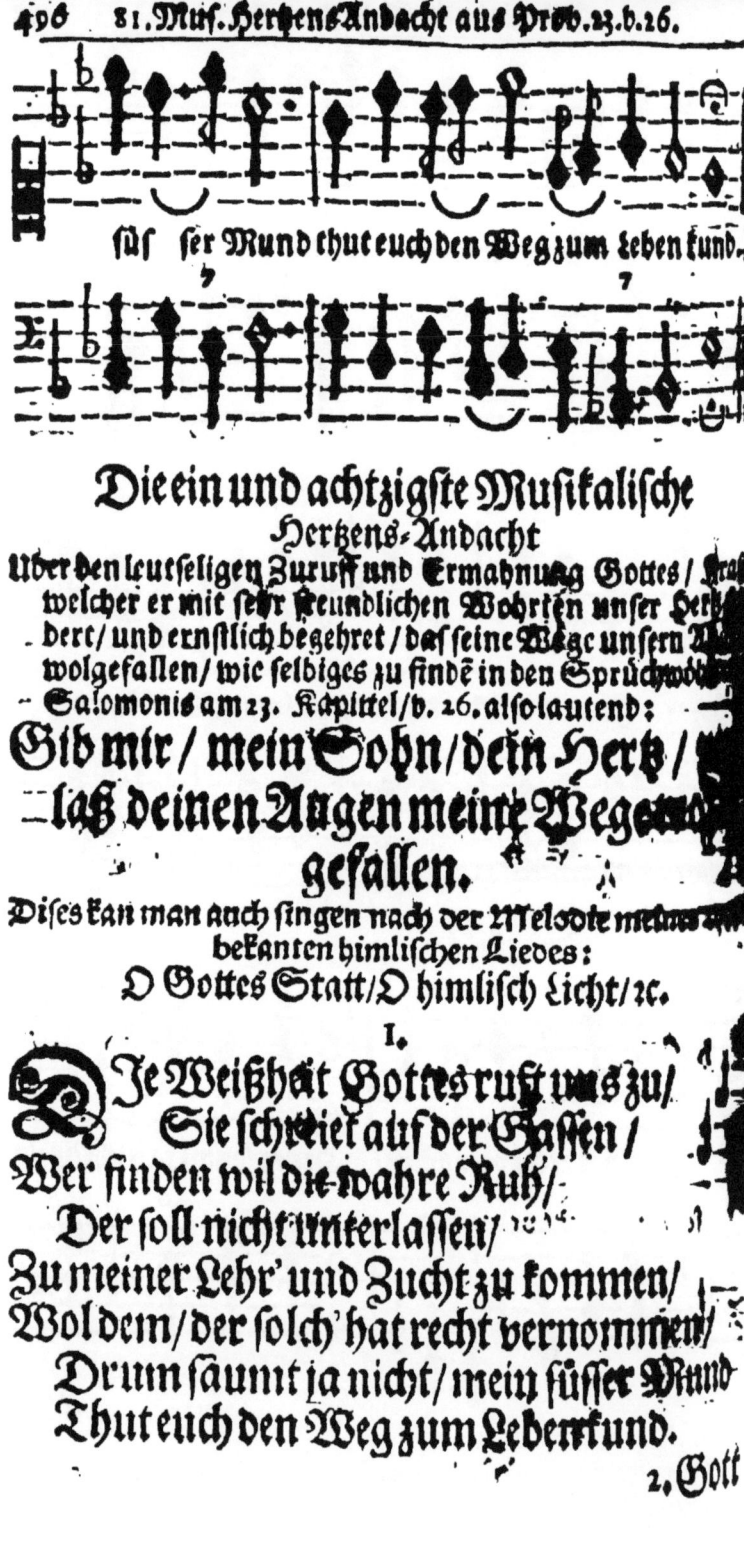

ſüſ ſer Mund thut euch den Weg zum Leben kund.

Die ein und achtzigſte Muſikaliſche Hertzens-Andacht

Uber den leutſeligen Zuruff und Ermahnung Gottes/ kraft welcher er mit ſehr freundlichen Wohrten unſer Hertz begehrt/ und ernſtlich begehret/ daß ſeine Wege unſern Augen wolgefallen/ wie ſelbiges zu finden in den Sprüchwörtern Salomonis am 23. Kapittel/ b. 26. alſo lautend:

Gib mir / mein Sohn / dein Hertz / laß deinen Augen meine Wege gefallen.

Diſes kan man auch ſingen nach der Melodie medias des bekanten himliſchen Liedes:
O Gottes Statt/ O himliſch Licht/ ꝛc.

I.

DJe Weißheit Gottes ruft uns zu/
Sie ſchreiet auf der Gaſſen/
Wer finden wil die wahre Ruh/
Der ſoll nicht unterlaſſen/
Zu meiner Lehr' und Zucht zu kommen/
Wol dem/ der ſolch' hat recht vernommen/
Drum ſäumt ja nicht/ mein ſüſſer Mund
Thut euch den Weg zum Leben kund.

2. Gott

2.

Gott ſelbſt der fordert unſer Hertz
   Zu ſeinem Dienſt' und Ehren/
Fürwahr/ er braucht hie keinen Schertz/
   Er wil unſ klüglich lehren/
Daſ man allein Ihn billich nennet
Die Weisheit/ die kein Menſch recht kennet/
   Welch' alle Ding' auch wol bedacht
   Dort in der Schöpffung hat gemacht.

3.

Ja/ diſe Weisheit iſt der Sohn
   Von Ewigkeit erzeuget/
Des Vaters Bild und Gnadenthron/
   Der unſ hat zugeneiget
Des Vatters Hertz/ durch ſeine Wunden/
Welch' er für unſre Sünd' empfunden/
   O Weisheit/ die verborgen ligt/
   Und Gottes Zorn dennoch vergnügt!

4.

Gott fodert unſer Hertz allein/
   Daſ wir ihm treulich dienen/
Und nicht verſtokket mügen ſein/
   Demnach gahr reich erſchienen
Des Allerhöchſten Lib' und Gühte/
Nun kennen wir ja ſein Gemühte/
   Daſ wil und ſucht zur jeden Zeit
   Nur unſer Heil und Seligkeit.

           Ji   5. Wol

5.

Wol dem der Gott recht dienen mag/
　Gott ist ja hoch zu preisen/
Er pflegt den Seinen Nacht und Tag
　Viel Guhtes zu beweisen/
Er wil gahr reichlich uns belohnen/
Auch/ wenn wir fehlen/ gnädigst schonen/
　Den Er sucht unser wolergehn/
　Läst grösse Ding' an uns geschehn.

6.

Wir sind verpflichtet früh' und spack
　Uns diensthaft zu beweisen
Dem Gott/ der uns erschaffen hat/
　Den alle Welt muß preisen/
Den Er hat uns Leib/ Seel' und Leben
Zu Seiner Ehr' und Dienst gegeben/
　Wer alles diß betrachtet recht/
　Spricht bald: Ich bin des Herren Knecht.

7.

Mein Hertz schenk' ich ihm willig hin:
　Und das ohn alles Heuchlen/
Ich weiß/ daß ich sein Diener bin/
　Was solt ich den viel Schmeichlen?
Gott kennet ja/ Hertz/ Seel' und Nieren/
Nichts härters ist/ als ihn verkehren/
　Drum such' ich ihn mit höchstem Fleiß/
　In dem' ich ja sein Diener heiß.

8. D

8.

O Gott/ mein Hertz das opfr' Ich Dir/
 Den es ist eine Quelle/
Woraus gahr herlich springt herfür
 Der Glaube/ der so helle/
Daß seine Werk' im tunklen scheinen/
Drum sol mein Hertz auch treulich meinen/
 Was sonst geredet hat der Muhd/
 Diß bleibt mein unbewegter Grund.

9.

Mein Gott/ dein fodern ist nicht schlecht/
 Hier gilt kein Kurtzweil treiben/
Es kans kein Mensch erhalten recht/
 Was wir dir schuldig bleiben/
Sehr hart war unser wiederstreben/
Scheinpfenning' haben wir gegeben/
 Hertzpfenning' aber unsrer Pflicht
 Die sah' und fand man nirgends nicht.

10.

Doch tröst' ich mich/ daß ich von Dir
 Mein Sohn genennet werde/
Den Du versorgest für und für
 Auch noch auf diser Erde;
Und was viel mehr/ wir sind nicht minder
Auch durch den Glauben Deine Kinder/
 Als welch' ein säubres Wasserbad
 Längst hat versichert Deiner Gnad'.

Ri ij   11. Auch

II.

Auch ich bin dein ergebner Sohn /
Dein Kind heiß' ich mit Freuden /
Diß schätz' ich für des Kaisers Krohn /
Und wil nun das auch leiden /
Was mir mein Vater auf wird legen /
Er schenkt mir doch zuletst den Segen /
Den ich bin Sein und Er bleibt mein /
Diß Hertz sol gantz Sein eigen sein.

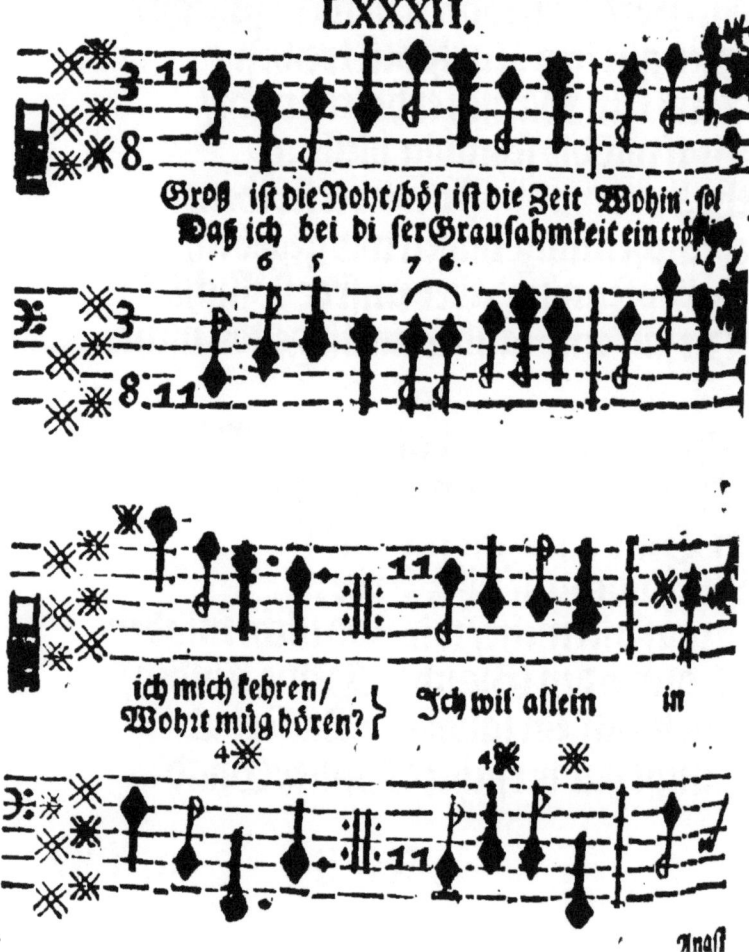

Groß ist die Noht / bös ist die Zeit Wohin sol
Daß ich bei dieser Grausahmkeit ein tröst-
ich mich kehren / Wohrt müg hören? Ich wil allein in

Ich wil auf den Herren schauen/ ꝛc. 501

Angst und Pein auf Gott den Helf fer schauen und
herßlich ihm vertrauen.

Die zwei und Achtzigste Musikalische Hertzens-Andacht/

Uber die herliche und gahr tröstliche Glaubens Wohrte/ des Geistreichen Propheten Micha/ in welchen er sich so wol über sich/ zu Gott seinem Hertzen/ alß auch in und auff sich selber wendet/ wie diselbe verzeichnet zu finden in seiner Weissagung am 7. Kapittel/ v. 7. 8. 9. in unserer Teutschen Sprache also lautend:

Ich wil auf den HErren schauen/ und des GOttes meines Heils erwahrten/ mein Gott wird mich hören. Freue dich nicht/ meine Feindinn/ daß ich darnie-

Ji iij   der

der lige/ Ich werde wieder aufkommen/ und so ich im finstern sitze/ so ist doch der HErr mein Licht. Ich wil des HErren Zorn tragen/ den ich habe wider ihn gesündiget; Biß er meine Sache ausführe/ und mir Recht schaffe: Er wird mich ans Licht bringen/ daß ich meine Lust an seiner Gnade sehe/ɪc.

Dises kan man auch singen nach der Melodi/ mit kle in der ersten himlischen/ wolbekanten Liedes.

O grosser Gott ins Himmels Thron/ɪc.

1.

BOs ist die Noht/ bös ist die Zeit/
   Wohin sol ich mich kehren/
Daß ich bei diser Graysamkeit
   Ein tröstlichs Wohrt müg' hören?
     Ich wil allein
     In Angst und Pein
   Auf Gott den Helffer schauen/
   Und hertzlich ihm vertrauen.

2.

Nach Menschen frag' ich nicht ein Haht/
   Es können mich nicht schützen
Die grossen König' in Gefahr/
   Viel minder wird mir nützen
     Guht/ Stärke/ Macht/
     Glük/ Reichthum/ Pracht/

Und

Und was sonst mehr zu finden/
Diß alles muß verschwinden!

3.
Mein' Augen heb' ich auf zu Dir/
Der Du hast lassen werden
Des Himmels Schloß/ der Sonnen Zier/
Dazu den Ball der Erden/
Dich sieh' ich ann/
Dein' Allmacht kann/
Wen wir in Trübsahl schreien/
Gantz herlich uns befreien.

4.
Doch wil ich Dir/ du grosser Gott/
Nicht Zeit noch Weil fürschreiben/
Gahr schwehrlich werden die zu Spott/
So dir getreu verbleiben/
Ich wahrt' auf dich
HErr inniglich/
Als dem ich Leib und Leben
Fürlängst schon hab' ergeben.

5.
Gedultig wil ich halten auß
Die wolverdienten Schläge/
Wer weis/ ob nicht durch disen Strauß
Ich meine Feind' erlege?
Drum Seele/ still/
Was mein Gott wil/

Das

Das sol und muß geschehen/
Nichts kan ihm wiederstehen.

6.

Es sol die Freundschaft diser Welt
　Durchauß mich nicht bethören/
Mein Gott/dem Demuht wolgefält/
　Wird mein Gebeht erhören/
　　Da zweifl' ich nicht/
　　Des Glaubens Pflicht
　Ist gantz befreit vom Wanken/
Gott hilft/ihm wil ich danken.

7.

Der Glaube spricht: Gott ist mein Heil/
　Mein Fels/mein Trost/mein Leben/
Mein Hohrt/und meiner Seelen Theil/
　Mein Hertz sol ihn erheben/
　　Er ist der Mein'/
　　Ich bin der Sein'/
　Er wird ohn hintertreiben
Der Mein auch stets verbleiben.

8.

So trotze nun/du Spötter Schaar/
　Die du die Frommen plagest/
Man wirds noch sehen offenbahr/
　Wie du für Angst verzagest/
　　Heut gilt es mir/
　　Doch Morgen dir/
　Durch Gott werd' ich noch siegen
Wen du must unten liegen.

9. Gott

9.
Gott läst mich ja der Neider Strikk
Oft wunderlich entgehen/
Sein Zorn der währt ein Augenblik/
Den kan man widrum sehen
Die Freuden Sonn'/
Es fährt davon
Nach so viel Jammertagen
Mein Sorgen/Angst und Klagen.

10.
Immittelst sag' ich frei herauß/
Daß ich mich oft verlauffen/
Drum komt die Straff' auch itz zu Hauß
Und quählet mich mit Hauffen/
Doch dein Gericht
HErr/tadl' ich nicht/
Laß deinen Zorn mich tragen/
Gedult wird dir behagen.

11.
Ich glaub' es dennoch fästiglich
Daß ich werd' Hülffe spühren/
Und du getreuer Gott für mich
Wirst meine Sach' außführen/
Es wird zuletzt/
Der gantz verhetzt
Bloß suchte mein Verderben/
Recht als ein Wühtrich sterben.

12. Als-

12.

Alsdenn werd' ich befreiet stehn /
Und meiner Neider lachen /
Ja meine Lust an ihnen sehn /
Den werd' ich Lieder machen /
Den werd' ich dich
Hertzinniglich
O Gott mit süssen Weisen
Biß an mein Ende preisen.

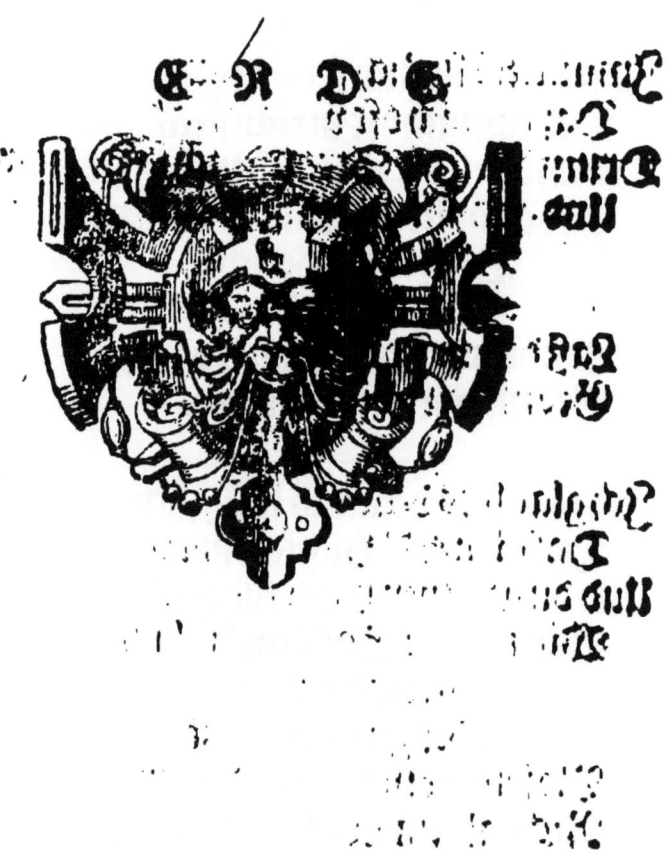

Dreifaches Register oder Blatweiser/

Derer erstes in sich begreiffet

Die Sprüche der H. Schrift/
welche in disem Werke abgehandelt.

Liede.		Blat
I.	1. Buche Mosis/32. Ich lasse dich nicht/ du segnest mich den/ꝛc.	4
II.	Psal. 4. Erkennet doch/daß der Herꝛ seine ꝛc.	11
III.	Esa.1. Waschet euch/reiniget euch/ꝛc.	16
IV.	Buch Judith/9. Es haben dir die Hoffärtigen noch nie gefallen/ꝛc.	22
V.VI.	Psalm.31. In deine Hände befehle ich meinen Geist/ꝛc.	28.34
VII.	Buch Hiobs/5. Auf sechs Trübsahlen wird dich der Herꝛ ꝛc.	39
VIII.	Buch der Weißheit/6. Wer sich gern läst ꝛc.	45
IX.	Esa. 12. Ihr werdet mit Freuden Wasser ꝛc.	52
X.	Sir. 1. Mein Sohn/stehe zu/daß deine Busse	59
XI.	Psal.34. Kömt her Kinder/höret mir zu/ꝛc.	65
XII.	Psal.39. Ach Herꝛ/lehre doch mich/daß es/ꝛc.	72
XIII.	Esa.61. Sie werden genennet Bäume der Gerechtigkeit/ꝛc.	78
XIV.	Sprüchwörter Sal.6. Dise sechs Stükke hasset der Herꝛ/ꝛc.	84
XV.	Sir. 7. Was du thust/so bedenke das Ende ꝛc.	91
XVI.	Psal.50. Ruffe mich an in der Noht/ꝛc.	96
XVII.	Psal.51. Herꝛ thue meine Lippen auf/ꝛc.	102
XVIII.XIX.	Esa.48. Ich wil dich außerwehlt machen im Ofen/ꝛc.	108.114
XX.	Psal. 34. Schmekket und sehet wie freundlich der Herꝛ ist/ꝛc.	120
XXI.		

XXI. Psal. 39. Wie gahr nichts sind alle Menschen/
126
XXII.XXIII. Prediger Salomon. 4. Bewahre deinen
Fuß/ꝛc. 132.138
XXIV. Sirach/ 14. Alles Fleisch verschleisset wie ein
Kleid/ꝛc. 144
XXV. Psalm/ 71. Verwirf mich nicht mein GOtt
im Alter/ꝛc. 150
XXVI.XXVII. Psalm/ 73. Herr wen ich nur dich ha-
be/ꝛc. 156.162
XXVIII.XXIX. Esa. 42. Das zerstossene Rohr wird er
nicht zubrechen/ꝛc. 168.174
— XXX. Sirach/ 28. Wer sich rächet/ an dem wird
sich der Herꝛ/ꝛc. 180
XXXI.XXXII. Psalm/ 77. Wen ich betrübt bin/ so ge-
denke ich an Gott/ꝛc. 187.192
XXXIII. Buch Hiobs/ 13. Ob mich der Herꝛ gleich
tödten würde/ꝛc. 198
XXXIV. Esaiæ/ 49. Du solst erfahren/ daß ich der
Herꝛ bin/ꝛc. 204
XXXV. Esaiæ/ 55. Wollan alle/ die ihr durstig seid/ꝛc.
211
XXXVI. Sir. 38. Mein Kind/ wen einer stirbt/ꝛc. 217
XXXVII. Psalm/ 84. Wie lieblich sind deine Woh-
nungen/ Herꝛ/ꝛc. 224
XXXVIII. Buch Judith. 9. Es haben dir die Hofför-
tigen noch nie gefallen/ꝛc. 230
XXXIX. Psalm/ 84. Mein Leib unnd Seele frewen
sich/ꝛc. 237. (den. 243
XL. Esaiæ/ 55. Suchet den Herren/ weil er zu fin-
XLI. Esaiæ/ 56. Der Gerechte komt üm/ und Nie-
mand ist/ꝛc. 250
XLII.XLIII. Hohe Lied Salom. 3. Ich wil suchen/ den
meine Seele liebet/ꝛc. 256.262
XLIV.XLV. Psal. 85. Wilt du den ewiglich über uns
zürnen? 269.275. XLVI.

XLVI.	Pf.86. Weise mir Herz deinen Weg/ꝛc.	281
XLVII.	Pf.86. Erhalte mein Hertz bei dem/ꝛc.	287
XLVIII.	Esa.66. Ich sehe an den Elenden/und.ꝛc.	293
XLIX.	Jer.31. Ist nicht Ephraim mein theurer/ꝛc.	298
L.	Ezech.33. So wahr ich lebe/spricht der ꝛc.	304
LI.	Buch Hiobs/19. Ich weis/das mein ꝛc.	310
LII.	Pf.91. Er begehret mein/so wil ich ihm ꝛc.	318
LIII.	Buch Dan.9. Und nun unser Gott/ꝛc.	324
LIV.	Sirach/39. Wer sich aber drauf gebē sol/ꝛc.	330
LV.	Pfal. 92. Der Gerechte wird grühnen wie ein Palmbaum/ꝛc.	338
LVI.	Hoseæ/am 11. Was sol ich auf dir machen Ephraim/ꝛc.	343
LVII.	Joel/2. So spricht der Herr: Bekehret ꝛc.	350
LVIII.	Joel/2. Bekehret euch zu mir von gantzem Hertzen/ꝛc.	357
LIX.	Joel/2. Den der HERR ist gnädig / barmhertzig/ꝛc.	362
LX.	Pfalm/102. Ich esse Asche wie Brodt/ꝛc.	369
LXI.	Pfalm/102. Meine Tage sind dahin/ wie ein Schatte/ꝛc.	375
LXII.	Prediger Salomonis/7. Der Tag des Todes ist besser ꝛc.	379
LXIII.	Michæ/6. Es ist dir gesagt Mensch/ was guht ꝛc.	386
LXIV.	Michæ/7. Wo ist ein solcher GOtt / wie Du bist/ꝛc.	393
LXV.	Pfalm/104. Herr mein GOtt / Du bist herlich und schön/ꝛc.	399.
LXVI.	Nahum/1. Der Herr ist guhtig/und eine Feste	405
LXVII.	Nahum/1. Der HERR ist ein eiferiger Gott/	411
LXVIII. LXIX.	Pfalm/116. Sei nun wieder zu frieden meine Seele/ꝛc.	418.424

Erstes Register.

LXX. Buch Tobiæ/3. Das weis ich fürwahr/wer Gott dienet/2c. 429

LXXI. Psal.119. Ich bin wie ein verirret und verlohren Schaf/2c. 436

LXXII. Habakuk/2. Die Weissagung wird ja erfüllet/2c. 442

LXXIII. Habakuk/4. Ich aber wil mich freuen und frölich sein/2c. 448

LXXIV. Psalm/130. Meine Seele wahrtet auf den Herren/2c. 454

LXXV. Zach.8. Das ists/das ihr thun sollet/2c. 460

LXXVI. Psalm/143. Lehre mich thun nach deinem Wolgefallen/2c. 466

LXXVII. Sirach/41. O Tod/ wie wol thust du dem/ der/2c. 472

LXXVIII. Malachiæ/4. Siehe/es komt ein Tag/der brennen wird/2c. 478

LXXIX. Joel/2. So spricht nun der Herr/ Bekehret euch/2c. 484

LXXX. Psal.145. Aller Augen wahrten auf dich/2c. 490

LXXXI. Sprüchwörter Salomonis/23. Gib mir/ mein Sohn/dein Hertz/2c. 496

LXXXII. Michæ/7. Ich wil auf den Herren schauwen/ 2c. 501.

Zwei-

Ander Register.

Zweiter Blatweiser

Zeigend die fürnehmsten Lehr-
stükke / welche dises Seelen Paradis in
sich begreift / dasse ein Jeder nach Beschaf-
fenheit seines Anligens darinnen fin-
den kan.

A.   Blat.

Abscheid von diser Welt / wie man ⎰ denselben machen sol 28
⎱ an denselben den-
ken sol 91
Alle Menschen berufft Gott zur Seligkeit. 211
Alles speiset und ernehret Gott. 490
Alter / wie man darin sich Gott befehlen sol. 150
Anfechtung / wie man diselbe überstehen könne. 108. 114.
Anfechtung wegen Schwachheit des Glaubens. 174
Anruffung Gottes 96. 256. 262.
 in schwehrer Anfechtung. 108. 114
Arbeitsam sol man sein / so wil uns Gott ernähren. 490
Aufferstehung. 310.

B.

Barmhertzigkeit Gottes. 343. 362. 393
Bäume der Gerechtigkeit sind die Frommen. 78
Bekehrung wie die sol beschaffen sein. 350. 356
Beruf der Menschen zum Gnadenreiche Christi. 211
Betrachtung / der Süssigkeit und Frucht eines seli-
 gen Todes. 380. 472
 der Höllen und jüngsten Gerichts 478
Bußfertige nimt Gott willig auf. 298
Busse / wie sie recht anzufangen. 16. 350. 356. 484
 sol man bei Zeiten thun / 243. 350. 484

War-

Warum man Busse thun sol.
Ihre wahre Eigenschaften. 368.

C.

Christenthum / wie es sol beschaffen sein / und wie
recht zu führen / 45.59.66.337.
Christus ein Exempel der Demuht.
Eines gantz tugendhaften Lebens.
ist die himlische Weißheit. 4

D.

Demuht. 22.230.2
im Gebeht. 3
Drei Stände der Welt wie sie sich verhaltē sollē. 4

E.

Ehrsucht zu fliehen.
Eifer Gottes wider die Gottlosen.
Ende des Lebens / wie man bedenken / und sich dar[auf]
reiten sol.
Errettung auf Noht und Gefahr.
wie man diselbe erhalten kan.

F.

Feindschaft / zu vermeiden.
Freude in Gott.
Freundligkeit des Herrn Jesu.
Friedfertigkeit / Vermahnung.
Fröligkeit so zulässig.
Fromme nimt Gott zeitig dahin.

G.

Gahrten Gedanken.
Gebeht / dessen Nohtwendigkeit und Frucht. 256.26
Gebrechligkeit der Menschen. 126.14
Gedult im Kreutze. 429.45
Gelehrte sind Gott lieb.
Gerichts und Höllen Betrachtung. 47
Glaubens Kampf und Sieg.

Gli

Ander Register.

Glieder Mißbrauch und rechter Gebrauch.	84
Gnade Gottes sol man suchen/weil es noch Zeit ist.	243
Gnadenreich Christi/ wie wir dazu ingeladen werden/	211. 490
Gott beschehret die Nohtturft und Nahrung/	132
Gottesdienst in der Kirchen/wie man verrichten sol.	132
Gottesfurcht/wie sie sol beschaffen sein.	66. 281. 287
Gottes Wohrt sol man fleissig hören/ und wie man es hören sol.	132. 138
Guhter Werke fleissige Ubung.	45.

H.

Haß sol man meiden/	180
Heiliges Leben sol man führen/ auch wie man es führen sol.	45
Herligkeit und Pracht Gottes.	399
Hertz/sollen wir Gott eigen ergeben.	496
Heuchelei/ wie diselbe zu vermeiden.	59
Hoffahrt zu fliehen.	22. 230
Hoffnung/ was sie für Nutzen schaffe/ und wie sie sol beschaffen sein.	204
Höllen und jüngsten Gerichts Betrachtung.	478
Hülffe Gottes aus Nöhten.	318. 326
wird durch unnachlässiges Gebeht erlanget	269. 275

J.

Jesu Freundligkeit und Leutseligkeit.	120
Jesus ist der beste Schatz.	156. 162
Jüngsten Gerichts Betrachtung.	478

K.

Kampf des Glaubens.	4
Kinder Gottes sind wir.	496
Kirche Gottes wird von ihm beschützet.	405
Kirchen gehen wie man recht anfangen und vollenden sol.	132
Kreutz/warum es Gott den Seinen zuschikte/ wehret	11. 454

Kk

wehret nicht fohrt u͞o fohrt / sondern wird
endlich von Gott weggenommen. 429.442
    wie man es ertragen sol. 40.429.454
Kunst und Wissenschaft gefället Gott wol. 330
Labsahl der Seelen. 52
Laster/die ein Christ meiden sol. 84
Lebens Ende wie man bedenken/und sich dazu bereiten
    sol. 91
Libe gegen dem Nächsten/wie man sie üben sol. 386
Lieder und Gesänge vertreiben die Traurigkeit. 187
    ihr grosser Nutz 187.192
Lob Gottes/ stehet nicht in unsern Kräften / wir müs-
    sen ihn darum anruffen. 102
    Wie wir es außbreiten sollen. 187.192
    wird durch alles außbreitet / so auf der
    Welt ist. 187

M.
Menschen Fall und wieder Aufrichtung. 78
    Ihre Nichtigkeit. 144.126
    Sind einem Schatten gleich. 374
    Sind Sünder allzumahl. 304
Mund und Zunge wie man recht gebrauchen könne. 102

N.
Nahrung in disem Leben gibt Gott. 490
Nichtigkeit der Menschen. 126.144
Nohtturft des Lebens beschehret Gott. 490
Noht und Anliegen sol man Gott offenbahren/der wil
    daraus erretten. 269.275.318.324.501.

P.
Pracht und Herligkeit Gottes. 399

R.
Rache sol man Gott befehlen. 182
Rechtschaffene Christen. 337
Richter / wie sie sich verhalten sollen. 460
Ruhe der Seelen in Gott. 224.418

Schönheit Gottes. 39
Schuhlen sind von Gott gestiftet/ Ihr Lob. 33
Schutz Gottes wider alle Noht und Gefahr. 40
Schwachgläubige wil GOtt aufrichten und stärken.
168.174
Seele/ wie man die Gott befehlen sol. 28.3
Seeligs Ende wie zu erlangen. 7
Stände ingesamt wie sie sich verhalten sollen. 46
Sterbekunst. 7
Sterben müssen alle Menschen. 14
Sterbens Gedanken. 38
Stoltz zu fliehen. 12
Straffe Gottes/ wie sie gelindert werde. 3
Sünden Artznei. 1
Sünden Klage. 43
Sündennoht/ wie man sich darin zu GOtt kehren so
275.43
Sünder ruffet GOtt zu sich/ und erbarmet sich ihrer
298.304.39
Sünder sind alle Menschen. 30

T.

Tag und Nacht sol man Gott loben. 19
Tod ist den Frommen nur tröstlich und angenehm
246.30
an ihn sol man täglich gedenken / und sich wohl
dazu bereiten. 9
Todten / wie man Christlich klagen und zur Erde be-
statten sol. 2F
Trost in Anfechtungen. 108.11
im Kreutz. 40.162.44
in Schwachheit des Glaubens. 168.174
In Unglük/ Gefahr/ und Widerwärtigkeit/ 96.
198.269.442
Wider den Tod. 310.418

Wider

Wider die Sünde. 52. 243. 424.
Trübsahl/wie man in derselben Gott anruffen sol. 187
    Wie man sie ertragen sol. 40
    Wie uns Gott daraus erlöset. 49.

V.

Verachtung alles irdischen. 156, 162
Vergebung der Sünden/ wie sie zu erlangen. 16
    ist bei Gott willig zu erlangen. 392
Verlangen nach der Gnade Gottes. 243
    nach dem Tode. 472
Verleugnung sein selbst. 293
Verlust des Zeitlichen/ wie man ertragen sol. 304
Vermahnung zur Busse. 484
Versöhnligkeit gegen dem Nechsten. 189
Vertrauen sol man auf Gott setzen. 198

W.

Wissenschaft und Künste gefallen Gott wol. 330
Wohrts Gottes Kraft und Nutzbarkeit. 466
Wunderbahre Führung Gottes. 11

Z.

Zank und Zorn sol man meiden. 189
Zier und Herligkeit Gottes. 399
Zorn zu fliehen. 186
Zufriedenheit der Seelen. 418
Zunge und Mund wie man recht gebrauchen kösse. 102
Zuversicht sol man fest auf Gott setzen. 198.

Dritter Blatweiser/
Nach dem ABC/ auf die Lieder/ so in disem Musikalischen Seelen Paradise enthalten/ gerichtet.

A.

	Blat
Ach/ daß mir Gott doch gönnte/ꝛc.	165
Ach Herꜩ/ wie magst du meiner doch/ꝛc.	441
Als erst die Welt erschaffen war	311
Auf meine Seel'/ und rüste dich	120

B.

Brich iꜩ herfür mit Freud' und Wonn	361
Brich O Morgensonne	199

C.

Christus spricht: Ein fauler Baum	85

D.

Der Tag des Todes ist fürwahr	380
Die Weisheit Gottes ruft uns zu	496
Du schnöde Sündenfrucht/ꝛc.	241

E.

Ermuntert euch ihr Christenleut	133
Es handelt Gott sehr wunderlich	1
Es wahrtet alles Herꜩ auf Dich	490
Ey solt' es auch wol müglich sein	473

F.

Frisch auf/ es sol erheben	237
Fürwahr Herꜩ/ deine Freundligkeit	211

G.

Gahr gros ist meine Missethat	102
Geh' in dein Herꜩ/ O Menschenkind	357
Gott/ der du bist das höchste Guht	399

Gott

Drittes Register.

Göttlichs Feur/ das mich entzündet	257
Gros ist die Noht/ bös ist die Zeit	502

H.

Hat jemand Lust zu wissen	198
Herr Jesu Christ/ du wahres Licht	287
Heran ihr Spötter/ welche sich	479
Herr unser Gott du hast gesagt	138
Heis ich den nicht ein sündlichs Kind	436

J.

Ich bin ein armes Schülerlein	73
Ich ruff in meinem Schmertzen	454
Ich wandl'/ O grosser Gott/ im Thal	28
Ich weis/ Herr Gott/ wie schwach/ ꝛc.	
Jesu solt' ich nicht befehlen	
Ihr Sünder geht herfür	484
In diser letsten Zeit	

K.

Kan ich gleich gahr nicht meiden	
Kom Seelichen zu lernen	
Kommet all' Ihr Christen Leute	460
Komt/ last uns wandlen gehen	
Komt/ meine Kinder/ komt/ ꝛc.	

L.

Lasset uns dem Herren dienen	430
Libste Seele/ laß uns finden	

M.

Mit Thränen wird gebohren	
Mus nicht in disem Meer der Sünden	

N.

Niemand ist ein rechter Christ	377
Nun/ ich ~~l~~ mich selbst erkennen	375
Nun ~~l~~ ich gäntzlich fahren	448
Nun weis ich was mein höchster Schatz	28

O.

O/ daß ich könte mit der That	46

O recht

O recht ein väterlichs Gemüht	350
O Spiegel aller Tugend	22
O tödlichs Gift/ O Krankheit/ꝛc.	52
O was für grosse Seligkeit	386

P

Pakket euch ihr Wiedersacher	06

R.

Recht wird das Leben diser Zeit	251
Recht wird der Mensch auf Erden	144

S.

Sagt mir doch ihr Menschenkinder	127
Schweiget nun/ ihr lose Spötter	331
Sehr schwehr ist meiner Sünden Last	369
Sei zu frieden/ meine Seele	205
So führst du mich im Leben noch	108
Solt' ich mein Gott nicht täglich dich	466

T.

Tritt itz herzu/ du schnöde Welt	344
Trotz immer hin/ du schnöde Welt	157

V U.

Verdamter Satan trolle dich	174
Verfluchte Sünd' hinweg mit dir	412
Verwundre dich mit Dankbarkeit	393
Verzeih' es mir auf Gnaden	275
Unmüglich kans geschehen	59

W.

Was bin ich doch/ mein Herz und Gott	29
Was sind die Menschen Kinder	304
Wer bin ich/ Jesu/ meine Lust	235
Wem sol ich dich vergleichen	299
Wen Trübsahl/ Angst und Schmertz	97
Wie bitter ist mein Leben doch	424
Wie/ das du dich itz kränkest	418
Wie selig war ich in der Zeit	114
Wie sol ich doch/ O Gott/ zu dir	263

Drittes Register.

Wohin sol ich mich wenden
Wollan nun wil ichs wagen.

Z.

u dir sol unser Hertz und Mund
u͞ser angenehmen Zeit
um. Streit bin ich/ O GOtt/ bereit
u wem sol ich in diser Zeit.

ENDE